Arnulf Krause
König Artus

Arnulf Krause

König Artus

Mythos und Geschichte

marixverlag

Inhalt

1. Wer war Artus? Facts, Fiction, Fantasy

Artus, der Jahrtausendheld

Wer kennt sie nicht, die Geschichte des britischen Mythenkönigs Artus: mit Zauberkraft gezeugt, als unerkannter Königssohn großgezogen, als kaum beachteter Knappe derjenige, der das Schwert Excalibur aus Amboss und Stein zieht – und damit zum König und Retter Britanniens wird. Ein heldenhafter Herrscher, der an seinem glanzvollen Hof Camelot die Ritter der sagenhaften Tafelrunde versammelt, darunter Lanzelot, Galahad, Gawain und Parzival, die ihre eigene Heldengeschichte erleben. Wie auch der geheimnisvolle Zauberer Merlin, der Artus berät, dessen Träume er deutet und der seine Prophezeiungen verkündet. Aber die Herrschaft des Königs endet tragisch: Er sieht sich gezwungen, seinen verräterischen Sohn Mordred zu töten und findet dabei selbst den Tod. Seine Frau Ginevra hat ihn mit dem edelsten Ritter Lanzelot betrogen, in Camelot machen sich Zwietracht und Streit breit. Die Gemeinschaft der Tafelrunde bricht auseinander, als sich ihre Ritter auf die Suche nach dem mysteriösen Gral begeben. Und Artus? Er soll gar nicht gestorben, sondern schwer verwundet auf einem Schiff von mythischen Frauen ins ferne Avalon gebracht worden sein. In dieser Form und mit zahlreichen Varianten und Nebengeschichten erzählte man sich die Artussage in vielen europäischen Ländern vom 12. bis ins 15. Jahrhundert. Seit 200 Jahren wird der Stoff vermehrt aufgegriffen und immer wieder aufs Neue dargestellt: als literarischer Text, in den bildenden Künsten und in den Genres des Hollywoodfilms und der digitalen Medien. König Artus erweist sich als Jahrtausendheld, der immer noch und immer wieder sein Publikum findet.

Eines der jüngeren Zeugnisse dieses anhaltenden Interesses ist die Verfilmung *King Arthur: Legend of the Sword*, die der britische Regisseur Guy Ritchie (*1968) 2017 präsentierte. Eine actionreiche Version mit hohem Tempo, deren Szenerien wenig mit Höfisch-Ritterlichem zu tun haben und umso mehr mit archaischen Fantasy-Welten, in denen sich der Held lange als Underdog bewegt, der unwillig ist, das Legendenschwert zu ergreifen. Viele Figuren und Details erzählt die Filmstory anders und ungewohnt. Gleichwohl bekundete Guy Ritchie seine enge und fast lebenslange Vertrautheit mit dem Stoff, der zu den fest verankerten englischen Erzählungen gehört (obwohl er ursprünglich eine keltische Geschichte ist, in der die Vorfahren der Engländer das Feindbild abgeben, doch dazu in diesem Buch mehr). Am Ende des Films rückt eine Art Tafelrunde ins Blickfeld, was darauf deutet, dass weitere Artusfilme geplant sind, die sich dann zu einem »Tafelrunden-Universum« vereinigen könnten (Berliner Morgenpost, 9. Mai 2017).

Auch im Rheinland hörte man gern von den Geschichten des britischen Königs und das bereits vor 800 Jahren. Ein anschauliches Zeugnis bringt der Zisterziensermönch Caesarius (ca. 1180–1240) aus dem Kloster Heisterbach nahe Bonn in seinem *Dialogus Miraculorum* (»Dialog über Wunder«, um 1220). Demzufolge habe sich der Abt während einer Predigt über seine unaufmerksamen und schläfrigen Mitbrüder geärgert. Zur Abhilfe habe er sich unterbrochen und direkt an die Zuhörer gewandt: »Hört, hört, Brüder! Ich weiß euch eine schöne neue Geschichte: Es war einmal ein König, der hieß Artus [...]« (Distinctio 4, cap. 36). Sofort konnte er sich einer mehr als hohen Aufmerksamkeit sicher sein. Guy Ritchie und Caesarius von Heisterbach bezeugen die Popularität der Artussage über die Jahrhunderte. Zweifelsohne wird die Geschichte stets aufs Neue erzählt und variiert werden. Zudem wird im Folgenden zu zeigen sein, dass sie weit über Caesarius zurückreicht – wahrscheinlich um 700 Jahre.

Die Artuswelt: Höfische Pracht, Mythen und Esoterik

Die Artussage wächst im Laufe ihrer Überlieferung zu einer regelrechten Artuswelt heran, die außer ihren Ursprüngen allerlei Figuren, Motive und Requisiten an sich bindet. Manches davon mag inselkeltischer Herkunft sein und sich für die Rezipienten der letzten zwei Jahrhunderte mit der vielberufenen Magie des britischen Nordens verbinden: Avalon, Merlin, Feen und Anderweltkreaturen gehören dazu, womöglich sogar die Gralsvorstellung, die aber auch zutiefst mit dem Christentum verbunden ist. Jedenfalls ist der Figur des Artus ein archaisch-mythischer Zug nicht fremd, der zu vorchristlichen Stammesgemeinschaften und ihrer Religion führt. Auf den ersten Blick bietet sich die Artuswelt jedoch in einem höfischen Umfeld dar, wie es in der Ritterkultur des hohen Mittelalters verwurzelt ist. Verantwortlich für diese Dominanz ist vor allem der Engländer Sir Thomas Malory († 1471), dessen Werk über Artus und die Ritter der Tafelrunde nicht nur den fulminanten Schlusspunkt der mittelalterlichen Artusliteratur setzt, sondern auch als umfangreichster Text dieser Literatur eine ergiebige Quelle der Artuswelt bietet. Ihm kam zugute, dass es 1485 mittels des neu erfundenen Mediums des Buchdrucks publiziert wurde – dies war der Anfang seiner heutigen Erfolgsgeschichte, bietet es doch den bis dahin arg verwickelten und zersplitterten Stoff als geschlossenes Ganzes, das zudem gut lesbar ist. Artusfilme verweisen darum gern im Abspann auf Thomas Malory als Quelle.

Zumeist folgt man ihm auch in der Darstellung Camelots als höfische Welt, die den Idealen der Ritterkultur verpflichtet ist. Sie äußern sich in einer prächtigen Szenerie voll von aristokratischem Luxus und geprägt von religiöser Inbrunst. Die Ritter der Tafelrunde feiern mit ihren edlen Damen in Festsälen bei Wein und Gesang; deren kultivierte Sitten prägen das Bild einer höfischen Festkultur. Den eigentlichen Höhepunkt bilden die Turniere, in denen die Ritter ihre Kampfstärke messen. Camelot symbolisiert diese Kultur auf höchste Weise und bezieht dabei notwendigerweise höfische Bildung und ritterliche Tugenden wie Freigebigkeit und Tapferkeit mit ein. Thomas Malorys zivilisierte Artuswelt bietet jedoch aus der modernen Perspektive alles andere als ein rationales Bild, ist sie doch von ritualisierten Obsessionen durchdrungen: Dazu gehört die Aventiure-Sucht der Ritter, die geradezu zwanghaft Camelot verlassen, um Abenteuer zu bestehen – bestenfalls mit einem Gegner von gleichem Stande (vgl. Kap. 2). Aber diese teilweise symbolisch verrätselte Artuswelt der höfischen Kultur lässt immer wieder das andere durchschimmern, das erheblich älter ist und sich auf die oben angesprochenen mythisch-magischen Wurzeln der Inselkelten zurückführen lässt. Deren Gestalten tauchen aus den dunklen Winkeln der Natur auf, aus Wäldern, Höhlen und Gewässern. Figuren wie der Zauberer Merlin und die Fee Morgane repräsentieren offensichtlich eine ganz andere Seite der Artuswelt, gewissermaßen deren Tiefe – worauf sich etwa die amerikanische Autorin Marion Zimmer Bradley (1930–1999, vgl. Kap. 3) bezieht.

Folglich haben Forscher und Interpreten Artus nicht nur als mehr oder weniger säkulare Heldengeschichte mit einem mutmaßlichen historischen Kern verstanden, sondern auch auf einer mythischen wie archetypischen Grundlage. Demnach wären der Sagenkönig und seine Ritter vielleicht auf keltische Gottheiten zurückzuführen und böten somit ebenso eine Erklärung über die Ursprünge der Welt. Tiefenpsychologisch-esoterisch (diese Verbindung mag man mir hier nachsehen) kann etwa die Gralssuche des jugendlichen Helden als eine archetypische Suchbewegung des Menschen begriffen werden. Der Artusstoff verbindet jedenfalls wirkliche oder imaginierte historische Wahrheit mit paganen und christlichen Elementen, mit höfischer Dichtung und reicher Fantasiegestaltung. Auch Märchen und Mythen lässt er sich zuordnen, bis er schließlich als reichhaltige und tiefgründige Quelle der populären Fantasy-Kultur dient.

Der König als Held unter Helden

Unbestritten muss Artus als Heldengestalt gesehen werden, die sich in ihrem höfischen Gewand einer langen Reihe von Helden und Heldinnen zuordnen lässt. Keine Kultur kommt anscheinend ohne Gottheiten und Heroen aus, deren Beziehungen untereinander sehr unterschiedlich artikuliert werden. Die homerischen Helden um Hektor und Achill sind ebenso wie der spätere Herkules der Götterwelt eng verbunden, bis hin zum Status des Halbgottes. Die inselkeltischen Helden Irlands wie der legendäre Cú Chulainn weisen hingegen größere Distanzen zum Göttlichen auf, während es in der germanischen Überlieferung bei Dietrich von Bern, Siegfried oder Beowulf nicht mehr greifbar ist respektive als hochmittelalterliche fiktive Ausschmückung auftritt. Held und Heldin sind allerdings grundsätzlich außergewöhnliche Menschen, die positiv wie negativ bewertet werden. Zu ihren bemerkenswerten und sie heraushebenden Charakteristiken gehören unter anderem Herkunft und Geburt (bei Artus dient Merlins Magie als Unterstützung seiner Zeugung), eine Jugend im Verborgenen, die in eine außerordentliche Tat mündet (das Schwert im Stein), Tapferkeit im Kampf, aber auch das tragische Ende (Zerfall der Tafelrunde und Artus' Fall). Der amerikanische Literaturwissenschaftler Joseph Campbell (1904–1987) ging in seiner umfangreichen Untersuchung *The Hero with a Thousand Faces* (1949, »Der Heros in tausend Gestalten«) den weltweiten Grundzügen von Heldenfiguren nach und entwickelte daraus eine Art von »Monomythos«. Seine Erkenntnisse haben sich sogar Drehbuchschreiber und Regisseure Hollywoods zunutze gemacht: In der Star-Wars-Reihe erfüllt etwa Luke Skywalker etliche der von Campbell formulierten heroischen Eigenschaften.

Sie finden sich auch in der Artusgestalt, wobei der König Britanniens besondere Züge annimmt. Denn recht bald entwickelt er sich von der Heldenfigur zum idealen König, der mit seinem Hof den anderen aktiveren Heroen der Tafelrunde einen angemessenen Rahmen bietet. Als idealer Herrscher nimmt er zudem die Rolle eines gebändigten Helden an, der seine persönlichen und heroischen Antriebe hinter die Gesetzte seines Reiches stellen muss – so etwa, wenn er sich außerstande sieht, selbst für Ginevras Ehre und Leben zu kämpfen. Ungebändigt gibt er sich hingegen als König mit einem geradezu imperialen Machtanspruch, demzufolge er viele Länder Europas erobert. Dabei erweist sich Artus mehr als Kriegs- denn als Friedensherrscher. Aber die von ihm gleichsam dominierte wie symbolisierte Artuswelt kennt bekanntlich eine Unzahl von Helden in Rittergestalt, und je nachdem darf man auch ihre weiblichen Figuren zum Heldenpersonal zählen.

Sie alle sind in ihren literarischen Überlieferungen im Mittelalter entstanden, im Jahrtausend zwischen 500 und 1500. Im hohen Mittelalter lassen sich die populären Heldengeschichten in mehreren Gruppen bündeln, die mal höfisch, mal archaisch, mal historisch geprägt sind. So unterschied man in der dominierenden französischen Kultur zwischen der *Matière de Rome* (dem römischen Stoffkreis), die Helden der antiken Überlieferung in ihren Mittelpunkt stellt, insbesondere den Kampf um Troja, Aeneas und die Gründung Roms sowie die Taten Alexanders des Großen, und der *Matière de France* (dem französischen Stoffkreis), deren Stoff auf Karl den Großen zurückführt und seinen treuen Gefolgsmann Roland. Als drittes kommt die *Matière de Bretagne* hinzu, also der bretonische bzw. britische Stoffkreis um König Artus, die Ritter der Tafelrunde und den Gral. Eine barbarischere Welt scheinen die irischen Helden Cú Chulainn und Finn mac Cumaill zu repräsentieren, deren ursprüngliche Handlungsräume in den Stammesgesellschaften des vorchristlichen Irlands zu finden sind. Walisische Heroengeschichten changieren zwischen diffusen Diesseits- und Jenseitswelten, die durchaus Anklänge an die Artuswelt des europäischen Kontinents aufweisen. Germanische Heldensagen stellen im Großen und Ganzen einen eigenen Stoff dar, der in Deutschland und Skandinavien Verbreitung fand. Dort stoßen wir auf die Geschichten von den Nibelungen um markante Heroen wie Siegfried (Sigurd im Isländischen), König Gunther, Hagen und die bemerkenswerten Heldinnen Kriemhild und Brünhild, aber auch den umfangreichen Sagenstoff um Dietrich von Bern. Als Kuriosum sei das einzige germanische Heldenepos *Beowulf* erwähnt, in angelsächsischer Sprache um das Jahr 1000 niedergeschrieben. Die Geschichten des Helden Beowulf sind in Südschweden und auf den dänischen Inseln angesiedelt. Ihren Kern mögen jene Angeln und Sachsen nach England mitgebracht haben, die König Artus so erbittert bekämpft hat, denen aber trotz seiner Siege letztendlich die Eroberung großer Teile der Britischen Inseln gelang.

Zurück zu den Wurzeln: Die dunklen Jahrhunderte

Ob heroische Gestalten auf mythologische Vorstellungen oder Schemata der Märchen zurückgeführt werden können, ist umstritten. Größere Sicherheit herrscht hinsichtlich ihrer historischen Wurzeln. Bereits antiken Helden unterstellte man eine mehr oder weniger reale Verknüpfung mit der Geschichte, so im archaischen Griechenland. Für Alexander den Großen (reg. 336–323 v. Chr.) erübrigt sich die Frage, ist er doch einwandfrei als historische Person bezeugt, die als Ausgang fabelhaften Gestaltens wirkte. Den irischen Sagen kann man nicht mehr als die Vorlage früher Stammeskriege auf der grünen Insel unterstellen, für das Wissen authentischer Personen fehlt schlichtweg die Überlieferung. Das *Beowulf*-Epos der Angelsachsen wird in seinen historischen Ursprüngen recht glaubwürdig mithilfe anderer Überlieferungen in die Zeit um 500 n. Chr. datiert. Selbstredend gilt das nicht für den Riesen- und Drachenkampf des Helden, der später um den geschichtlichen Kern fabuliert wurde. Erheblich glaubwürdiger wirkt hingegen die in Rolandsliedern gefeierte Heldengestalt aus dem Umfeld Karls des Großen, die als dessen Paladin Roland bezeugt ist, der 778 im Kampf fiel. Für manche germanischen Helden konnten historische Vorbilder gefunden werden, so im Burgundenkönig Gunther des Nibelungenliedes ein realer burgundischer König Gundaharius († 436) oder in Brünhild die fränkische Königin Brunichildis († 613). Insbesondere für Dietrich von Bern ist als Vorbild zweifelsfrei der ostgotische Herrscher Theoderich der Große (reg.

493–526) festzumachen. Ob der Drachenkämpfer Siegfried hingegen historische Wurzeln hat, ist mehr als umstritten. Für die Erforschung der Heldensagen ist nicht nur die Identifizierung mit realen historischen Personen ein Problem, sondern auch, wie sich um eine solche Gestalt neben der Aufnahme in historiografischen Chroniken eine Sage gebildet hat. Jedenfalls greifen Heldensagen das Geschehen einer Epoche auf, das für die jeweilige Gesellschaft von herausragender Bedeutung war oder später doch zumindest so angesehen wurde. Eine solche Zeit wird als *Heroic Age* bezeichnet, als heroisches Zeitalter, dem die Nachfahren eine große Bedeutung beimaßen. Für die Griechen war das die archaische Ära um den Trojanischen Krieg (dessen historische Authentizität umstritten ist). Die Isländer sahen die Zeit nach der Besiedlung ihrer Insel als ihre erinnerungswürdige Geschichte an (10. Jahrhundert) und schrieben 200 Jahre später darüber Isländersagas. Für die germanische Heldensage gilt die sogenannte Völkerwanderungszeit (375–568) als heroische Epoche, was sich in Migrationsbewegungen und Reichsbildungen ausdrückt, deren Geschehen personalisiert und damit an Taten und der Tragik des Einzelnen festgemacht wird.

Wie lässt sich die Gestalt des Königs Artus in diesem Zusammenhang fassen? Historischer Kontext und Realitätsbezug dieser literarischen Figur wurden schon in der mittelalterlichen Überlieferung angesprochen und diskutiert. Denn für Britannien und seine Monarchie hatte sie außer der sagenhaft-fabelhaften eine exponierte politische Bedeutung. Diese findet sich bereits in Geoffrey of Monmouths *Historia regum Britanniae* (»Geschichte der Könige Britanniens«, ca. 1136), mit der der »Hype« um König Artus begann. Prominente Förderer fand dieses Geschichtswerk in der normannischen Oberschicht, die ihre Herrschaft gegen das angelsächsische England damit legalisieren und weiter etablieren wollte (vgl. Kap. 4). Der britische Artus diente dabei als exemplarischer Held im Kampf gegen die eingewanderten Angelsachsen. Die Sagenthematik des wiederkehrenden Artus und die Historisierung des Königs gingen bereits im 12. Jahrhundert Hand in Hand: So erzählt etwa der Benediktiner

Hermann von Laon († 1147, auch Hermann von Tournai) in seiner Sammlung von Marienwundern *De miraculis Sanctae Mariae Laudunensis* (»Von den Wundern der heiligen Maria von Laon«, II, 15; um 1140) von einem handfesten Streit, der im Kloster Bodmin in Cornwall ausgebrochen sei – das übrigens nur etwa 20 Kilometer von König Artus' angeblichem Geburtsort Tintagel entfernt lag: Die einheimischen Briten (Britones) hätten sich der Behauptung eines Mannes mit einem lahmen Arm angeschlossen, wonach König Artus noch am Leben sei. Dies hätten die anwesenden Franzosen (Franci), nämlich Kanoniker aus Laon, bezweifelt. Diese Auseinandersetzung mag dem regionalen Volksglauben Cornwalls geschuldet gewesen sein. Einige Jahrzehnte später ging man von historischen Fakten aus, was im Fund des angeblichen Grabes von Artus und Ginevra einen Niederschlag fand – und das in Glastonbury in Somerset, das für Artus und seine Welt bis heute von größter Bedeutung ist. Dort soll man auch ein Bleikreuz mit einer rätselhaften Inschrift gefunden haben: *Hic iacet sepultus inclitus rex Arturius in insula Avalonia,* »Hier liegt der berühmte König Artus auf der Insel Avalon begraben« (Wolf 2009, 36).

Ob diese lateinische Inschrift auf irgendeine Art und Weise mit jener Steinplatte korrespondiert, die in Tintagel gefunden wurde, dem 6. Jahrhundert zugeschrieben wird und möglicherweise den Namen des Königs überliefert (vgl. Kap. 8)? Wenigstens führt uns diese in jene Zeit der britischen Geschichte, die später unter den Inselkelten als *Heroic Age* gesehen wurde, nämlich das 5. und 6. Jahrhundert. Für die Geschichtsschreibung gilt diese Epoche bis heute als die der *Dark Ages* (»Die dunklen Jahrhunderte«, auch als sogenanntes *Dark Age*). Die Bezeichnung verdankt sich der Armut an schriftlichen Quellen, was die Verortung eines Königs Artus in dieser Zeit umso schwieriger macht und Spekulationen und mehr oder weniger gewagten Theorien zu einem historischen Vorbild Tür und Tor öffnet.

Die vorliegende Monografie schließt sich der vorherrschenden Meinung an, der sagenhafte König Artus sei (in einem Kern zumindest) auf eine historische Person der *Dark Ages* zurückzuführen und – womöglich noch wichtiger – auf grundlegende

Verhältnisse und vielleicht sogar einzelne Ereignisse des 5. und 6. Jahrhunderts. Für den einzelnen Leser gilt es abzuwägen, was interessanter, was faszinierender ist: die fiktive Gestalt einer Sagenfigur mit mythischen, märchenhaften und geradezu okkulten Attributen oder ihr vermutetes fernes reales Vorbild, das mit diffusen Konturen die Herausforderungen seiner Zeit zu bestehen versuchte.

Eine Anmerkung zum Namensgebrauch: Das Buch verwendet die im Deutschen und Französischen übliche Form Artus, während es im Englischen Arthur heißt. Diese Variante taucht in Zitaten und in entsprechendem Kontext auf. Gemeint ist aber immer der *famosus rex Arthurus,* »der berühmte König Arthur«, wie ihn Hermann von Laon lateinisch um 1140 und hier frei zitiert nennt: ARTUS.

2. Die Artuswelt des Thomas Malory

Artus als Buchdruck – Thomas Malory und William Caxton

Wenn sich Artus-Verfilmungen auf Thomas Malory beziehen, entspricht dies nicht ganz der historischen Wahrheit. Denn ohne den ersten englischen Buchdrucker William Caxton (ca. 1420–1491) wäre Malorys Werk kaum bekannt. Erst 1934 entdeckte man die bislang einzige erhaltene Handschrift, Caxtons Druck von 1485 sorgte hingegen für große Verbreitung und begründete damit seinen bis heute anhaltenden Ruhm. Auch für den üblich gewordenen französischen Titel *Le Morte Darthur* (»Der Tod Arthurs«) zeichnet er verantwortlich – der Titel bezieht sich auf das Ende des Buches, wird aber seinem Umfang nicht gerecht, der letztlich die »Summe des gesamten Artuswissens« (Wolf 2009, 87) darstellt. Malory hatte für das Werk eine passende Bezeichnung vorgesehen: *The hoole book of Kyng Arthur and of his noble knyghtes of the Rounde Table* (im ungewohnten Schriftenglisch des 15. Jahrhunderts, »Das ganze Buch von König Arthur und seinen edlen Rittern der Tafelrunde«). Caxtons Entscheidung zugunsten einer kurzen und prägnanten Griffigkeit dürfte allerdings zum Erfolg der Artusgeschichte beigetragen haben.

In seiner Vorrede zum Buch spricht Caxton die Problematik der historischen Wahrheit an und wiederholt etwa als Argument, »es habe ein solcher Arthur niemals gelebt, und alle Bücher über ihn seien nur erdichtet und bloße Erfindungen, weil einige Chroniken nicht über ihn berichteten noch irgendetwas über ihn und seine Ritter erwähnten« (Sir Thomas Malory 1977, 10). Doch dies lässt er nicht gelten und führt Gegenbeweise an, so das erwähnte Grabmal im Kloster Glastonbury, die Runde Tafel von Winchester, Gawains Schädel in der Burg von Dover, ebenso Lanzelots Schwert und andere Dinge. Zudem hätte man von Artus Spuren in Wales gefunden, »in der Stadt Camelot, die großen Steine und wunderbare Metallarbeiten, die unter dem

Erdboden liegen, und königliche Gewölbe, die mehrere jetzt Lebende gesehen haben« (ebd., 11). In der Westminsterabtei in London fände sich am Schrein des heiligen Edward der Abdruck eines Siegels in rotem Wachs, von Kristall umschlossen, das unzweifelhaft dem Herrscher Artus zuzuschreiben sei, nenne und bezeichne ihn doch die Inschrift mit »Patricius Arthurus, Britannie, Gallie, Germanie, Dacie, Imperator« (ebd., 11) und damit als Kaiser und Beherrscher eines Großteils Europas. Die Beweiskraft derartiger mittelalterlicher Befunde und Requisiten mag für uns nicht schlagkräftig sein – die Epoche gilt immerhin als Glanzzeit der Urkundenfälschung –, für Caxton stand die historische Existenz des Artus außer Zweifel; denn es »[…] kann kein Mensch vernünftigerweise leugnen, daß es einen König dieses Landes namens Arthur gegeben hat« (ebd., 11).

Bevor wir uns weiter mit Caxtons Druck beschäftigen, sei ein Blick auf dessen Vorlage und ihren Verfasser geworfen und damit auf jene Handschrift, »die Sir Thomas Malory aus gewissen französischen Büchern zusammengestellt und ins Englische übertragen hat« (ebd., 12). Von diesem belesenen englischen Adligen ist im Grunde recht wenig bekannt, zumal die Quellen des 15. Jahrhunderts sechs Männer dieses Namens überliefern. Die Forschung hat sich mittlerweile für jenen Thomas Malory als glaubwürdigsten Verfasser des *Morte Darthur* entschieden, der aus dem mittelenglischen Warwickshire stammte, ein Gefolgsmann des Earl of Warwick war und etwa von 1410 bis 1471 lebte. Seine Vita scheint bewegt gewesen zu sein: Als Adliger pflegte er ein höfisch-ritterliches Leben, das von der Jagd und Turnieren geprägt wurde, von dem er aber auch offensichtlich mehrere Jahre in Haft verbrachte. Nicht zuletzt in diesen Gefängnisjahren widmete er sich seinem Artusroman. Dafür griff der anscheinend passabel französisch sprechende Edelmann auf jene Werke zurück, die Caxton in seiner Vorrede erwähnt und die wir noch kennenlernen werden (vgl. Kap. 4). So entstand im Laufe der Jahre eine lose Folge von Prosatexten, die er zu acht Romanzen gliederte und wohl um 1470 kurz vor seinem Tod abschloss. Die Ereignisse um den glorreichen, aber letztlich tragisch endenden König Artus mit dem Zerfall seines Camelot-Reiches dürften ihm wie ein Spiegelbild der eigenen Zeit erschienen sein.

Denn mit dem Ende des Hundertjährigen Krieges mit Frankreich (1337–1453) verlor England fast sämtliche Besitzungen auf dem Kontinent. Der praktisch regierungsunfähige König Heinrich VI. (reg. 1422–1461, 1470/71) konnte den politischen Zerfall nicht aufhalten, weswegen der lokale Adel an Macht gewann. Daraus entwickelten sich die über drei Jahrzehnte währenden »Rosenkriege« (*Wars of the Roses*, 1455–1485) zwischen den beiden den Thron beanspruchenden Häusern Lancaster (mit dem Feldzeichen einer roten Rose) und York (Feldzeichen einer weißen Rose). Der englische Adel griff abwechselnd zwischen beiden Kriegsparteien in die Kämpfe ein, die von äußerster Härte geprägt wurden und in denen Massaker, Hinrichtungen und Morde üblich waren. Am Ende war ein Großteil des Adels vernichtet – einen sinnfälligen Ausdruck fanden die blutigen Auseinandersetzungen in der Schlacht von Bosworth, in der König Richard III. (reg. 1483–1485) den Tod fand (seit William Shakespeares Drama *The Tragedy of King Richard the Third* (1597) ist er als angebliches Scheusal bekannt) und das Haus Tudor mit Heinrich VII. (reg. 1485–1509) die neue Dynastie stellte.

Fast zeitgleich erschien Caxtons Artusbuch, das demzufolge das Publikum nicht nur historisch und sagenhaft, sondern in der Grundstimmung sogar aktuell gelesen haben dürfte. Der mittlerweile verstorbene Thomas Malory hatte die Entwicklung der Geschichte mit dem Verfall der ritterlichen Tugenden und der Auflösung der Tafelrunde verbunden und damit eine Stimmung des Zweifels und schließlich der Hoffnungslosigkeit erzeugt. Misstrauen und Verrat riefen die Kämpfe unter den Artusrittern hervor und schufen ein Abbild der zeitgenössischen Rosenkriege. Andererseits bot Malory eine flüssig geschriebene und gut lesbare Prosa, die aus zahlreichen Abenteuergeschichten in einer sowohl höfischen wie auch geheimnisvollen und geradezu magischen Mythenwelt bestand. Aus diesen Bestandteilen setzen sich noch heute Bestsellerromane und filmische Blockbuster zusammen.

Diese Qualitäten der Malory-Handschrift erkannte William Caxton, der als Händler während etlicher Jahre in Flandern und Köln den Buchdruck kennengelernt hatte. Nach London zurückgekehrt, war er unter anderem als Buchverleger tätig, der die Druckerpresse in England einführte. Malorys Werk gliederte er in 21 Bücher mit 507 Kapiteln sowie einem Prolog und einem Epilog. Zwecks besserer Übersicht legte er zudem ein Verzeichnis mit Inhaltsangaben der einzelnen Kapitel an. Dem letzten Teil mit Artus' Ende entnahm er bekanntlich den Buchtitel, dessen elegischer Ton die vorherrschende Stimmung in England treffen mochte. Aber Caxtons Druckwerk bot viel mehr, nämlich »edles Rittertum, Höflichkeit, Menschlichkeit, Freundlichkeit, Kühnheit, Liebe, Freundschaft, Feigheit, Mord, Haß, Tugend und Sünde« (Sir Thomas Malory 1977, 12) und somit zahlreiche Aspekte der menschlichen Natur. Dies alles ruft jene Faszination hervor, die von Artus und den Rittern seiner Tafelrunde bis heute ausgeht.

Mit Zauber gezeugt und von Feen entrückt – Die Vita des Artus

Aus Malorys und Caxtons Werk lässt sich eine Vita des Königs Arthur erschließen (im Folgenden in der englischen Namensform der literarischen Vorlage. Wie der Artusname wechseln auch viele andere Figurennamen in mehreren Varianten. Darauf wird nicht weiter eingegangen, sofern sich der Name eindeutig erkennen lässt). Vorgeschichte und Anfänge werden bereits von Wunderbarem und Magischem beherrscht: Der englische König Utherpendragon begehrt Igraine, die Frau seines Gastes, des Herzogs Gorlois von Cornwall. Dieser verlässt darum heimlich mit ihr den königlichen Hof, was Uther zornig als Missachtung versteht. Es kommt zum Krieg, in dem Lady Igraine in der Burg Tintagil (Tintagel an der Nordwestküste Cornwalls) in Sicherheit gebracht wird, während sich Gorlois auf der benachbarten Festung Terrabil der Belagerung durch König Uther stellt. Ihr trotzt der Herzog mit Erfolg, was den Liebestollen geradezu krank vor Wut und Leidenschaft macht. Zum ersten Mal tritt der Zauberer Merlin auf den Plan, und zwar in der Verkleidung eines Bettlers. Er weiß bereits von des Königs Begierde und verspricht Abhilfe. Er will jedoch als Bedingung das von Uther mit Igraine gezeugte Kind. Dieser lässt sich darauf ein, worauf Merlin einen magischen Gestaltwechsel vornimmt: Uther reitet in der Gestalt des Herzogs nach Tintagil, wird selbstverständlich zur Burgherrin vorgelassen und wohnt ihr bei – just zu diesem Zeitpunkt findet Gorlois den Tod im Kampf. Damit endet der Krieg, und schließlich vermählt sich Uther mit Igraine. Nach der Geburt seines Sohnes wird dieser wie vereinbart in aller Heimlichkeit Merlin übergeben. Der wiederum vertraut das Kind dem ehrenwerten Ritter Sir Ector (Hector) an, der es wie seinen eigenen Sohn aufzieht und auf den Namen Arthur taufen lässt. Während Arthur heranwächst, herrscht Utherpendragon siegreich über England. Aber nach schwerer Krankheit und frühem Tod erheben die Lords ihre Machtansprüche. In dieser Situation erweist sich Merlin als graue Eminenz, die die Fäden in der Hand hält. Obwohl dubioser heidnischer Herkunft rät er dem Erzbischof von Canterbury, wegen Uthers Nachfolge alle Lords und Ritter zu Weihnachten nach London zu laden. Dort werde Jesus ein Wunder bewirken. »In der größten Kirche Londons« – damit könnte St. Paul's Cathedral gemeint sein – tritt die Versammlung nach Morgengebet und Messe hinaus auf den Vorplatz und erblickt »einen großen viereckigen Stein, wie ein Marmorblock, und mitten darauf etwas, ungefähr einen Fuß hoch, das wie ein stählerner Amboß aussah, darin stak, tief hineingestoßen, ein blankes Schwert, um das in goldenen Buchstaben geschrieben stand: Wer dieses Schwert aus diesem Stein und Amboß herauszieht, der ist der rechtmäßige König von ganz England« (Sir Thomas Malory 1977, 24). An diesem mythischen Objekt, das zu den bekanntesten und rätselhaftesten Requisiten der Artuswelt gehört, versuchen sich sogleich einige Lords – doch erfolglos.

Während das Schwert streng bewacht wird, findet ein großes Turnier statt. Zu diesem kommen auch Sir Ector und sein Sohn Kay sowie dessen vermeintlicher Bruder Arthur. Als der Ritter

Kay sein Schwert für das Turnier vermisst, schickt er seinen Knappen Arthur, es zu holen. Nach erfolgloser Suche tritt dieser zum gerade unbewachten Schwert in Amboss und Stein und zieht es mit Leichtigkeit heraus, um es Kay zu übergeben. Der erkennt das Schwert sofort, maßt sich den Königstitel an, gibt dann aber in der Kirche beim Bibelschwur zu, es von Arthur erhalten zu haben. Sir Ector erklärt diesen zum König – das Schwert kann er leicht wieder in den Stein stoßen. Der Magie der Zeugung folgt das Wunder des Schwertes, das den jungen Knappen zum König macht. Als Ector ihn über seine Herkunft aufklärt, bekennt sich Arthur zur Nachfolge seines Vaters Uther und macht seinen Stiefbruder Kay zum Seneschall, also zum führenden Beamten seines Hofes. Doch der Widerstand der Barone und anderer hoher Herren bleibt bestehen, obwohl all ihre Versuche, das Schwert aus Stein und Amboss zu ziehen, scheitern. Dem Ratgeber Merlin schwant Gefahr für den jungen Herrscher, weswegen er Uthers meistgeschätzte Ritter zum Pfingstfest nach London kommen lässt, um Arthur zu schützen. An diesem in der Artuswelt wichtigsten Fest zieht Arthur das Schwert erneut und legt es auf den Altar. Dann schlägt ihn der Erzbischof zum Ritter und krönt ihn zum König Englands. Als solcher erweist er sich sofort als Herrscher, der Gerechtigkeit und andere Tugenden gelobt und zugleich geschehenes Unrecht seines Vaters rückgängig macht. Dann besetzt er die Hofämter mit seinen Vertrauten und unternimmt erste Feldzüge, auf denen er Englands Norden, Schottland und Wales erobert.

Dort kommt es in Carlion (Carliun, Caerleon in Südwales) zu einem Aufstand, vor dem er sich in einer Burg verschanzen muss. Wiederum erscheint Merlin und enthüllt den Aufständischen die wahre Herkunft Arthurs. Von den meisten Rittern wird er jedoch als »Hexenmeister« geschmäht. Obwohl er trotzdem für den König freies Geleit erwirkt, kommt es zum Streit mit den Rebellen. Arthur zieht sich in seine Burg zurück, Merlin wird von König Lot von Orkney verhöhnt. Selbst er rät nun zum Angriff. Als Lot während des Kampfes Arthur in Bedrängnis bringt, wählt dieser das letzte Mittel: »Darauf zog er sein Schwert Excalibur, das strahlte so hell in den Augen seiner Feinde, als leuchteten dreißig Fackeln« (ebd., 31). Was bislang ein Ritterkampf war, wird daraufhin zum Volksaufstand; denn die einfachen Menschen von Carlion erheben sich, bewaffnen sich mit Keulen und Knütteln und töten viele Ritter, die Überlebenden suchen ihr Heil in der Flucht. Damit ist der Krieg um England jedoch nicht beendet; ganz im Gegenteil nimmt er an Härte zu. In London beratschlagt sich Arthur mit Merlin, auf dessen Rat er ein Bündnis mit König Ban von Benwick (Bonewig, Benoic, wohl in der Bretagne oder Normandie verortet) und dessen Bruder König Bors von Gallien eingeht. Zu Allerheiligen begehen die drei Verbündeten ein großes Fest nebst dem üblichen Turnier. Merlin führt derweil ein Heer von 10 000 Reitern von Frankreich nach Dover, das er »auf den verborgensten Pfaden« nach Norden in den Wald Bedegraine (wahrscheinlich im englischen Pennines-Mittelgebirge) befiehlt, wo in einem Tal ein geheimes Lager errichtet wird. Die drei Könige ziehen ihrerseits mit 20 000 Mann in den Norden. Dort haben sich immerhin elf Könige gegen Arthur verbündet, darunter die Herren von Northumberland, Irland und Cornwall. Alles läuft auf eine Entscheidungsschlacht hinaus, in deren Vorfeld das Land verwüstet und Arthur von einem seiner vielen Träume heimgesucht wird. Unter Merlins Rat kommt es zur großen Schlacht, die ausführlich geschildert wird: »Arthur war so mit Blut bedeckt, daß man ihn nicht einmal an seinem Schild erkennen konnte, und sein Schwert troff von Blut und Hirn« (ebd., 45). Aber die elf Könige verteidigen sich standhaft. Merlin rät, die Feinde unbehelligt ziehen zu lassen. So endet die große Schlacht im Norden mit Arthurs Sieg, auch wenn er nicht vollständig ist. Der Feldzug zeitigt noch ein anderes Ergebnis: Mit der Grafentochter Lionors zeugt Arthur seinen Sohn Borre, später Ritter der Tafelrunde.

Heimgekehrt nach Carlion begeht Arthur ungewollt einen ersten Sündenfall: Die Frau König Lots sucht ihn in dessen Auftrag mit einer Botschaft auf, hat aber Verrat im Sinn. Sie ist nämlich Arthurs Halbschwester Morgause (die Schwester Morganes), mit der er ahnungslos Mordred zeugt. Einer bösen Vorahnung mag es dann geschuldet sein, dass Arthur von Greifen und

Schlangen träumt, die sein Land verwüsten und ihn schwer verwunden. Am Tag hat er rätselhafte Erlebnisse, so begegnet er auf der Jagd einem seltsamen Tier, aus dessen Bauch Lärm dringt. Ein anderes Mal führt ihn Merlin zu einem See, in dessen Mitte »sah Arthur einen Arm, der in weißen Brokat gekleidet war und ein prächtiges Schwert in der Hand hielt« (ebd., 63). Die Dame vom See erscheint und rät Arthur, zum Schwert zu rudern und es nebst Scheide an sich zu nehmen. Merlin erklärt ihm die Bedeutung der Scheide, denn wenn er sie an sich trage, könne er kein Blut verlieren – die Überlieferung um dieses Zauberschwert setzt es teils mit Excalibur gleich oder versteht das Schwert im Stein als Excalibur bzw. ein anderes Schwert. Als Nächstes möchte Arthur für sich eine Königin gewinnen und seine Wahl fällt auf die geliebte Ginevra (Ginover, Guenevere), die Tochter des Königs Lodegrance von Cameliard (in Südwestengland oder Schottland). Obwohl Merlin ihm von dieser Wahl abrät und auf die Liebe zwischen Ginevra und Lanzelot verweist (die in der Tat das Ende Camelots befördern wird), macht er für Arthur den Brautwerber. Lodegrance stimmt gern zu und verspricht als Hochzeitsgeschenk jene runde Tafel, die einst Uther gehörte und auf Merlin zurückzuführen ist. Von den 150 Rittern, die die Tafelrunde komplettieren, stellt Arthurs Schwiegervater allein 100. Damit kommt die neben Excalibur zweite wichtige und bekannte Requisite der Artuswelt ins Spiel. Auf den Sitzen rund um den Wundertisch prangen die Ritternamen in goldenen Buchstaben, wobei zwei Stühle namenlos bleiben. Mit Ginevra und der Tafelrunde ist Camelot zum prächtigsten Hof geworden. Dort findet auch die Trauung des Königspaares statt.

Die Herrschaft Arthurs erfährt eine neue Bedrohung, als zwölf Boten aus Rom eintreffen, Abgesandte des Kaisers Lucius, »Diktator oder Prokurator des Gemeinwesens von Rom«. Dieser lässt den »König von Britannien« grüßen, fordert aber zugleich Unterwerfung und Tribut. Bislang sei Arthur nämlich ein Rebell, entgegen den Gesetzen, die »Iulius Caesar, der Eroberer dieses Gebietes und der erste Kaiser von Rom« (ebd., 181) erlassen habe. Die versammelten Barone sowie die Ritter der Tafelrunde drängen wie die Herrscher Schottlands und der Bretagne den König zum Krieg. Arthur lässt sich überreden und erhebt schließlich sogar Anspruch auf den Kaisertitel. Lucius ruft in Rom derweil eine große Heeresmacht zusammen, darunter angeblich 16 Könige und 50 Riesen. Mit ihnen zieht er über die Alpen und marschiert durch Frankreich. Arthur bestimmt Statthalter für sein Reich und schifft sich ein. Wiederum kommt ihm ein Traum, in dem ein Drache von Westen mit einem schwarzen Eber aus dem Osten ringt. Gedeutet wird ihm dies als Kampf zwischen ihm, dem Drachen, mit dem Tyrannen, der als Eber auftritt. Der Sieg wird jedenfalls dem Drachen und damit Arthur zufallen. In der Normandie gelandet, bezwingt er einen schrecklichen Riesen, der auf dem Mont-Saint-Michel haust und das Land terrorisiert. Der König und seine Tafelritter – Männer wie Gawain, Bors, Lionel, Bedivere und der unvergleichliche Lanzelot – bestreiten etliche Kämpfe, bis es schließlich im Tal von Soissons zur entscheidenden Schlacht kommt. Dabei versetzt Lucius Arthur eine Wunde im Gesicht, woraufhin dieser ihm mit Excalibur den Kopf spaltet. Damit sind Schlacht und Krieg entschieden, und Arthur dringt über die Alpen nach Italien vor. Jeglichen Widerstand bricht er, zum Weihnachtsfest wird er in Rom vom Papst zum Kaiser gekrönt. Er ordnet sein neu gewonnenes Reich und kehrt nach England zurück.

Arthurs Herrschaft steht im Zenit, an Macht und höfischer Pracht kommt ihm niemand gleich. Da bahnt sich Ungemach an: »In eben dieser Maienzeit erhob sich ein großes Unheil, das nicht aufhörte, bis die besten Ritter der Welt vernichtet und erschlagen waren« (ebd., 929). Seinen Anfang nimmt diese tragische Entwicklung bei den Söhnen König Lots, Gawain, Agrawein, Gaheris und Gareth sowie ihrem Halbbruder Mordred, Arthurs illegitimem Sohn. Insbesondere dieser und Agrawein hegen Hass gegen Ginevra und Lanzelot, denen eine Liebesbeziehung nachgesagt wird. Folgerichtig beschuldigen sie die Königin öffentlich des Ehebruchs. Gawain und Gareth halten dies für falsch und ahnen Schlimmes: »Nun wird großes Unheil über dieses Reich kommen und die edle Gefolgschaft der Tafelrunde zersprengt werden« (ebd., 930). Während Arthur auf der Jagd ist, besucht Lanzelot Ginevra heimlich in Carlisle (Cumberland, Nordengland). Agrawein, Mordred und zwölf Ritter überraschen das Paar. Obwohl Lanzelot unbewaffnet ist, gelingt es ihm, alle bis auf Mordred zu töten. Ginevra muss mit dem Todesurteil ihres Gemahls rechnen, lehnt aber die Flucht mit Lanzelot ab. Und so kommt es: Der erzürnte Arthur befiehlt, Ginevra auf dem Scheiterhaufen zu verbrennen, wogegen sich Widerstand erhebt. Lanzelot und seine Freunde greifen zu Pferd in das Geschehen ein und befreien die Königin. Viele Ritter werden dabei getötet, darunter auch versehentlich die unbewaffneten Brüder Gaheris und Gareth. Ihr Tod hat die fatale Folge, dass ihr Bruder Gawain, der bislang gegen Lanzelot versöhnlich gestimmt war, Rache gelobt und zum regelrechten Kriegstreiber wird. Arthur verfällt derweil in Trauer und Klagen, weil ihn die geliebte Gattin und sein bester Ritter betrogen haben. Dann kommt es zur Schlacht unter den Rittern Camelots, in der Lanzelot und Arthur aufeinanderstoßen. Der erste besiegt den König, schont ihn aber und hilft ihm sogar. Er zeigt eine Ritterlichkeit, die Arthur zu Tränen rührt. Schon bald gehen die Kämpfe weiter, bei denen sogar der Papst zu vermitteln versucht. Schließlich bringt Lanzelot Ginevra zu Arthur zurück, der ihr vergibt. Nachdem sich ihr Geliebter nach Frankreich zurückgezogen hat, treibt Gawain weiterhin zum Krieg an.

Mit einem neuerlichen Heerzug nach Frankreich beginnt das letzte Kapitel der Artusgeschichte. Denn während Arthur und Gawain das Land Lanzelots verwüsten, übt auf des Königs Geheiß dessen Sohn Mordred die Regentschaft in England aus. Und derweil Arthur von dem unerbittlichen Gawain immer wieder zur Schlacht gegen Lanzelot getrieben wird, aber beide sich letztlich doch versöhnen, zeigt Mordred sein wahres Gesicht: Er täuscht den Tod Arthurs vor und lässt sich zum König krönen. Dann zieht er in seine Residenz Winchester und will Ginevra heiraten. Diese täuscht ihre Zustimmung vor, reist jedoch nach London und verschanzt sich im Tower. Der Bischof von Canterbury bezichtigt den Verräter des Staatsstreichs, und der muss daraufhin die Flucht ergreifen. Er lässt sich in der Nähe von Glastonbury als Klausner nieder und lebt fortan in der Einsamkeit einer Kapelle. Derweil weiß man auch in England Arthur am Leben. Nun beginnt Mordred Gerüchte zu streuen und ihn zu verleumden: Er wolle den Frieden, Arthur hingegen suche den Krieg. Immer mehr Menschen wenden sich deswegen von diesem ab. Endlich landet er mit seiner Flotte in Dover, wohin Mordred mit seinem Heer gezogen kommt. Bei den Kämpfen findet Gawain den Tod – sterbend erkennt er seine Rachsucht gegen Lanzelot und schreibt diesem einen Brief, in dem er um Hilfe für Arthur bittet. Bestattet wird er in der Burg von Dover, wo Caxton seinen Schädel als Zeugnis für Arthurs Existenz anführt. Schlacht reiht sich an Schlacht, bis Mordred Verhandlungen zustimmt. Sie beginnen mit der Anweisung, bei einem gezückten Schwert des Feindes sofort anzugreifen. Als eine Natter einen Ritter in den Fuß beißt und er sein Schwert zückt, sieht man darin einen Angriff. Aus diesem nichtigen Anlass beginnt die große finale Schlacht, die 100 000 Tote gefordert haben soll. Auf Arthurs Seite leben schließlich neben dem König nur noch Lucas, der Kellermeister, und Bedivere. Arthur erkennt schmerzvoll das Ende der Tafelrunde: »Wo sind meine edlen Ritter geblieben?« (ebd., 987). Auf der anderen Seite erblickt er Mordred, allein auf sein Schwert gestützt. Obwohl ihn seine Begleiter vor der Unglückseligkeit des Tages warnen, ergreift Arthur eine Lanze mit beiden Händen und stürmt auf Mordred los. Dieser rennt ihm mit gezücktem Schwert entgegen. Auf diese Weise töten sich Vater und Sohn gegenseitig. Der König jedoch ist schwer verwundet und wird in eine Kapelle gebracht. Nach Lucas' Tod bleibt Bedivere sein einziger Ritter. Ihm befiehlt Arthur, mit Excalibur an den Strand zu reiten und das Schwert dort ins Meer zu werfen. Zweimal belügt er den König, weil er dies nicht übers Herz bringt. Doch Arthur durchschaut ihn und gibt sich erst zufrieden, als Bedivere beim dritten Mal von einer Hand berichtet, die das Schwert ergriffen und dreimal geschwungen habe. Dann bringt der Ritter Arthur selbst an den Strand, wo eine kleine Barke mit klagenden Frauen in schwarzen Kapuzen wartet, darunter drei Königinnen.

Nachdem Bedivere den König an Bord gebracht hat, entfernt sich die Barke und bringt den König nach Avalon. Bedivere selbst wird Klausner in einer Kapelle, wo sich angeblich – und verwirrenderweise – das Artusgrab befindet. In *Le Morte Darthur* heißt es weiter: »Mehr konnte ich in den glaubhaften Büchern über Arthur nicht finden, und was die Gewissheit von seinem Tode anlangt, habe ich nie mehr gehört oder gelesen, als daß er auf einem Schiff hinweggeführt wurde, auf dem drei Königinnen waren, nämlich seine Schwester Königin Morgan le Fay, die Königin von Nordwales und die Königin von den Wüsten Ebenen. Ferner war Nimue auf dem Schiff, die oberste Dame vom See, die mit dem guten Ritter Pelleas vermählt war [...] Über die Bestattung des Königs Arthur habe ich nie mehr erfahren können, als daß Damen ihn zu seinem Begräbnis brachten. Daß ein solcher Leichnam bestattet wurde, darüber hat der Klausner [...] Zeugnis abgelegt. Doch der Klausner wußte nicht mit Gewißheit, ob es sich wahrhaftig um den Leichnam des Königs Arthur handelte, denn diese Geschichte geht auf Sir Bedivere, einen Ritter der Tafelrunde, zurück« (ebd., 993 f.). Königin Ginevra schließt mit dem weltlichen Leben ab und tritt in Almesbury einem Nonnenkloster bei.

Die Ritter der Tafelrunde

Mit Ginevra kam jener kreisrunde Tisch nach Camelot, der bis zu 150 Rittern Platz bot und als Tafelrunde zum Ausdruck dieser Gemeinschaft wurde. Dort, wo die Tafel steht, herrscht eine wundersame Stimmung und seltsame Dinge geschehen: Fenster und Türen schließen sich von selbst, aber trotzdem liegt der Saal nicht in Dunkelheit. Jeder einzelne Sitz weist sich durch eine Inschrift für einen bestimmten Ritter aus, lediglich der sogenannte gefährliche Sitz bleibt unbesetzt und soll genau 454 Winter nach der Passion Christi von einem Ritter eingenommen werden. Arthur vereidigt die Mitglieder der Tafelrunde und lässt sie jedes Jahr am Pfingstfest den Eid erneuern: Schande zu vermeiden sowie auf Verrat, Mord und Grausamkeiten zu verzichten; dagegen solle man sich stets als gnädig erweisen, für die Gerechtigkeit kämpfen und den Schwachen, insbesondere edlen Damen, hilfreich zur Seite stehen. Königin Ginevra wählt die herausragendsten 24 Ritter der Runde aus, um sie in London zu einem Festmahl zu laden: Gawain und seine Brüder Agrawein, Gaheris, Gareth und Mordred, ferner Bors, Blamore und Bleoberis von Ganis, außerdem Galihud, Galihodin, Ector von Maris, Lionel, Palamides und sein Bruder Safere, Sir La Cote Male Taile, Persant, Ironside, Brandiles, der Seneschall Kay, Mador de la Porte, Patrise, Aliduke, Astamore und Pinel le Savage.

In der Runde der edlen Sirs fehlt Lanzelot und mit ihm der beste und erste Ritter überhaupt (diese Bezeichnung findet sich noch im Titel eines Artusfilms, vgl. Kap. 3). Ginevra lädt die anderen ein, um Gerüchte zu zerstreuen, sie bevorzuge Lanzelot – was bekanntlich zutrifft. Bereits über den Knaben weissagte Merlin, er werde »der größte Held in der ganzen Welt« (Sir Thomas Malory 1977, 128). Das galt dem Sohn des Königs Ban von Benwick (in der Bretagne) und seiner Frau Elaine. Durch ein ungewöhnliches Geschick nimmt sich die Anderwelt-Dame Viviane des Jungen an und bringt ihn auf den Grund eines Sees, wo er anscheinend unter Frauen der anderen Welt heranwächst. Dieser Jugendzeit verdankt er seinen Beinamen Lanzelot vom See (Lancelot du Lac). In der Gemeinschaft der Tafelrunde steht er zweifellos an der Spitze der Ritter, womit er Gawain auf die Plätze verweist: »So war zu dieser Zeit Sir Lanzelot der berühmteste Ritter der Welt und wurde von hoch und niedrig am meisten verehrt« (ebd., 246). Aber er bietet nicht nur die Vollendung aller ritterlichen Tugenden, sondern wird auch von den Frauen geliebt, nicht zuletzt von solchen überirdischer Natur und letztlich sogar von Königin Ginevra. Diesem Umstand sind auch seine zahlreichen Abenteuer zu verdanken, denen er als Ritter der Tafelrunde nicht aus dem Weg geht. Auf einer seiner Fahrten nähert sich dem schlafenden Lanzelot ein seltsamer Zug aus vier Edelfrauen, die auf weißen Maultieren sitzen und von vier Rittern begleitet werden, die ein grünes Seidentuch über sie halten und damit vor der Sonnenhitze schützen. Es sind allesamt Königinnen, darunter die Zauberin Morgane (Morgan le Fay), die einen Zauber über den Schlafenden ausspricht. Als er in einer Burg erwacht, wollen die vier Damen den edelsten Ritter zwingen, unter ihnen eine Wahl zu treffen. Aber Lanzelot beschimpft sie als »heimtückische Zauberinnen« (ebd., 216) und entscheidet sich für die angedrohte Kerkerhaft. Eine Edeldame, die ihn bedient, verhilft ihm zur Flucht, bittet aber um Hilfe für ihren Vater. Damit wird der Reigen absonderlicher Abenteuer fortgesetzt, die den Helden mit kampfeswütigen Rittern, Unholden, Zauberinnen und schönen Adelsdamen zusammenführen. Er besteht zahllose Turniere als Sieger und hilft derweil anderen Artusrittern. Unter anderem erschlägt er einen Ritter, der Frauen Gewalt antut, zwei Riesen, die ihn mit Keulen attackieren, und einen Drachen, der in einem Grab haust. Gegner, die ihn zum ritterlichen Kampf fordern, besiegt er und schickt sie zum Hof König Arthurs, dem sie fortan dienen sollen. Die Zauberin Hellawes, Herrin der Burg Nigramous, würde Lanzelot am liebsten einbalsamieren, um ihn für immer bei sich zu behalten. Als er sich dem widersetzen kann und davonreitet, stirbt sie vor Kummer.

Am Hof des Königs Pelles, der mit dem Gralsbringer Joseph von Arimathia (vgl. Kap. 9) verwandt ist, erblickt Lanzelot ein Fräulein mit einem goldenen Gefäß in den Händen – es ist der Heilige Gral, dessen Geheimnis aber auch der erste Ritter nicht lösen kann. Hier nun täuscht die zauberkundige Lady Brisen Lanzelot vor, mit der von ihm verehrten und geliebten Königin Ginevra zu schlafen. Am nächsten Morgen erkennt Lanzelot die Wahrheit, als er in der schönen nackten Frau neben sich Elaine, die Tochter König Pelles' erblickt. Der Sohn beider wird der spätere Tafelritter Galahad. Ginevra erfährt Gerüchte über diese Liaison und ist zutiefst erzürnt. Aber die Zauberin Brisen bringt Lanzelot in eine noch schlimmere Situation: Als nämlich Elaine nach Camelot reist, wendet sie erneut ihre magische Täuschung an und führt den Ritter in Elaines und nicht in Ginevras Kammer. Als diese davon erfährt und den Unglücklichen zur Rede stellt, verfällt er dem Wahnsinn und springt aus dem Fenster. Lange Zeit bleibt Lanzelot verschwunden, obwohl viele Ritter der Tafelrunde nach ihm suchen. Lady Elaine entdeckt ihn schließlich schlafend im Garten, woraufhin sie ihren Vater Pelles um Hilfe bittet. Der Ritter wird in einem Gemach neben den Gral gelegt, worauf er gesundet und vom Wahnsinn befreit wird. Er nimmt wieder seine Abenteuerfahrten auf. Ginevras Wunsch ist es allerdings, dass er den Hof meiden soll, um den Gerüchten über ihre Liebesbeziehung nicht weiter Nahrung zu geben.

Da gerät die Königin in eine Intrige, der zufolge sie einen Giftmord zu verantworten hat. Nur ein Zweikampf kann sie vor dem Scheiterhaufen retten. Auf der Wiese von Westminster rettet Lanzelot Ginevra im letzten Augenblick vor König Arthur und den Rittern der Tafelrunde, als er gegen den Herausforderer Mador antritt: Anfangs gibt er sich nicht zu erkennen, tritt vor Arthur für die Königin ein, schmäht die anderen Ritter wegen ihres Verhaltens und fordert den Zweikampf. Erst nachdem er Mador besiegt, ihm Gnade gewährt und dieser seine Anschuldigung gegen die Königin zurückgenommen hat, nimmt Lanzelot seinen Helm ab. Obwohl sich in Camelot Erleichterung und Freude verbreiten, sorgt die Liebe zwischen Ginevra und Lanzelot für Unruhe. So als er auf einem Turnier eine Schleife an seinem Helm trägt, die Elaine gewidmet ist, aber den Unmut der Königin weckt. Nach diesen Kabalen und Lanzelots Entscheidung, wieder auf *Queste* (altfrz., »Suche« nach Abenteuern bzw. Aventiuren) zu gehen, stirbt Elaine vor Kummer. Die Schuld dafür gibt die Hofgesellschaft ihrem ersten Ritter. Weiteres Ungemach droht von Ritter Meliagaunce, der in Liebe zu Ginevra entbrennt und sie entführen lässt. Es gelingt ihr, Lanzelot eine Botschaft zukommen zu lassen. Auf dem Weg ihrer Befreiung erwirbt er sich seinen Beinamen des »Karrenritters«: Als der gewappnete Ritter sein Pferd verliert, benutzt er sogar einen Karren, um zur Burg Meliagaunces zu gelangen. Dort besiegt er diesen und befreit die Königin – den Gerüchten um ihre Liebe und den Betrug König Arthurs gibt dies alles neuen Auftrieb. Es kommt zu den Beschuldigungen gegen die Königin, die Lanzelot auf dem Scheiterhaufen befreit (vgl. oben). Der beste Ritter der Tafelrunde wird zur tragischen Gestalt, die für die inneren Kämpfe des Artushofes mitverantwortlich ist. Selbst die endliche Versöhnung mit dem König kann dessen Reich um

Camelot nicht mehr retten. Und auch bei der Suche nach dem Gral hat Lanzelot versagt. Nach einem letzten Gespräch mit der geliebten Königin, die sich mittlerweile in ein Kloster zurückgezogen hat, ergreift auch Lanzelot die Mönchskutte und zieht sich zurück. Später bringt er die tote Ginevra zu Fuß von Almesbury nach Glastonbury und bestattet sie in einem Marmorsarg neben König Arthur.

Lanzelots Sohn Galahad bleibt dem Vater treu verbunden, übertrifft ihn aber bei Weitem an Tugendhaftigkeit. Deswegen gilt er als der tadellose und gute Ritter schlechthin, für den von Anfang an der gefährliche Sitz der Tafelrunde bestimmt war. Mit ihm wiederholt sich das Motiv des Wunderschwertes. Ein solches treibt nämlich, in einen Marmorstein gestoßen, einen Fluss hinunter. Dieses prächtige Schwert trägt die Inschrift: »Kein Mann wird mich herausziehen, außer dem, an dessen Seite ich hängen soll, und er wird der beste Ritter der Welt sein« (ebd., 706). Was eigentlich Lanzelot zukäme, lehnt dieser ab; die Bemühungen Gawains und Parzivals bleiben erfolglos. Erst Galahad gelingt es, das Schwert aus dem Stein zu ziehen. Damit besteht er etliche Abenteuer und gewinnt die Zuneigung mancher schönen Frau, deren Avancen er jedoch stets widersteht. Denn letztlich kommt ihm eine geradezu spirituelle Aufgabe zu, findet er doch den Heiligen Gral, dessen Aufgaben er allein erfüllt. Der Suche nach dem Gral geht dessen Erscheinung vor der Tafelrunde voraus: Eine Dame auf einem weißen Pferd kündigt es an, worauf nach kräftigem Donnern gleichsam schwebend der Gral in der Halle erscheint, mit golddurchwirktem Damast bedeckt und von süßen Düften begleitet. Nach dieser Erscheinung gelobt Gawain die Suche nach dem wunderbaren Gegenstand und viele Ritter folgen ihm. Aber Galahad erweist sich als der Erwählte, der von den Geschichten um Joseph von Arimathia und dem Heiligen Gral erfährt. Er weiß dem Gralskönig die rechte Hilfe zukommen zu lassen und verstirbt schließlich in dem wunderbaren Land Sarras. Danach soll den Gral kein Mensch mehr erblickt haben (vgl. Kap. 9).

Aus Arthurs und Lanzelots Viten kennen wir die Bedeutung Gawains, der über seine Mutter Morgause ein Neffe des Königs war. Als Ritter der Tafelrunde scheut er keinen Kampf, wie er auch Affären mit Edelfrauen nicht abgeneigt ist. Bei den blutigen Auseinandersetzungen innerhalb Camelots nimmt er eine tragische Rolle ein und findet den Tod (vgl. oben). Beispielhaft für Gawains Abenteuer sei jenes angeführt, das Merlin der Tafelrunde als »ein seltsames und wunderbares Abenteuer« (ebd., 107) ankündigt. Es beginnt mit einem weißen Hirsch, der von einem weißen Spürhund und einer Schar von schwarzen Hetzhunden getrieben wird. Die Episode nimmt einen kuriosen Verlauf, als ein Ritter den Spürhund packt und mit ihm davonreitet – eine Dame auf einem weißen Pferd klagt über den Verlust ihres Hundes, bis sie von einem Ritter selbst entführt wird. König Arthur ist zwar froh, »als sie fort war, weil sie solches Geschrei gemacht hatte« (ebd., 107). Aber Merlin warnt vor großer Schande, wenn nicht alle zurückgebracht würden. So sucht nun Gawain den Hirsch, während die Tafelritter Tor und Pellinore den Ritter mit dem Spürhund bzw. den mit der Dame verfolgen. Werfen wir den Blick auf die Fahrt Gawains in Begleitung seines Bruders Gaheris: Zuerst treffen sie auf einen Ritter, der die Verfolgung des Hirsches unterbinden will, jedoch von Gawain getötet wird. Sie gelangen in eine Burg, wo Hunde den Hirschen zur Strecke gebracht haben. Ein um den Hirsch trauernder Ritter tötet seinerseits einige Hunde, was zum Zweikampf mit Gawain führt. Als der Ritter bezwungen wird und um Gnade fleht, will ihm Gawain gleichwohl den Kopf abschlagen. Dieses Geschick ereilt dann eine hinzutretende Dame aus Versehen. Zurück in Camelot ist man auf Gawain zornig, und ein weibliches Gericht entscheidet, er solle immer für Damen eintreten, für sie kämpfen und sich ritterlich verhalten.

Tristan gehört zu den berühmtesten Rittern der Tafelrunde, dessen unglückliche Liebe zu Isolde sprichwörtlich wurde und dessen Geschichte außerhalb des Artusstoffes überliefert ist. Der Neffe König Markes von Cornwall verliebt sich in dessen Ehefrau Isolde, eine irische Prinzessin. Der später »der traurige Ritter« geheißene Tristan erfährt eine leidvolle Geburt, da seine Mutter Elisabeth dabei stirbt. Sein Vater, König Melodias von Liones, wird derweil von einer Zauberin gefangen gehalten.

Erst Merlin gelingt es, den König zu befreien und Tristan zu ihm zu bringen. Später droht ihm Gefahr von der bösen Schwiegermutter. Aber Tristan trotzt allen Gefahren und bildet sich in Frankreich zu einem vorbildlichen Ritter und einem begnadeten Harfenspieler aus. In Britannien gerät er in den Streit zwischen seinem Onkel Marke von Cornwall und dem Herrscher Anguish von Irland, der von Ersterem Tribut fordert. Ein Zweikampf zwischen Tristan und Anguishs Bruder Marhaus, einem berühmten Artusritter, soll den Zwist entscheiden. Dabei erhält Marhaus eine so tiefe Wunde, dass er später in Irland daran stirbt. Auch Tristan ist schwer verwundet – nach dem Rat einer weisen Dame kann ihm nur in Irland Heilung widerfahren. Dort wird er unter einem falschen Namen am Hof König Anguishs aufgenommen und von Isolde gesund gepflegt. Als sie ihn als den Töter ihres Bruders entlarvt, ist er bereits der Liebe zu ihr verfallen. Gleichwohl erhält er freien Abzug vom irischen Hof. Zurück in Cornwall, entsendet ihn sein Onkel als Brautwerber für Isolde erneut nach Irland. Nach vielen Kämpfen für König Anguish wird er dort von allen geschätzt. Doch erfüllt er auch den Auftrag Markes, Isolde nach Cornwall zu bringen. Auf der Überfahrt kommt es zu einer fatalen Verwechslung: Tristan und Isolde trinken den Liebestrank der Königin, der eigentlich für Marke vorgesehen war. Trotzdem findet die Hochzeit am Hof König Markes statt. Danach verlässt Tristan den Hof, Isolde wird von einem Ritter entführt und von Tristan wieder zu ihrem Ehemann zurückgebracht. Dessen Eifersucht ist mittlerweile geweckt, und es nimmt eine Handlung ihren Lauf, der hier nicht weiter gefolgt werden soll, die jedenfalls in dem sattsam bekannten tragischen Doppeltod des Liebespaares ihr Ende findet.

Auch die Geschichte um Parzival erfreut sich jenseits des eigentlichen Artusstoffes großer Beliebtheit. Der Sohn König Pellinores verliert frühzeitig seinen Vater und wird von seiner Mutter aufgezogen. Gegen deren Willen bricht er zum Artushof auf, um dort ein Ritter der Tafelrunde zu werden, was ihm nach allerlei unhöfischen Missgeschicken auch gelingt. Etliche Abenteuer besteht er auf der Suche nach dem verwirrten Lanzelot und später nach dem Heiligen Gral. Bei einer Klausnerin, die sich als seine Tante entpuppt, erfährt er von den Geheimnissen der runden Tafel und des Grals. Den damit verbundenen kranken König Evelake kann Parzival aber nicht heilen. Die Geheimnisse und Aufgaben um den Gral vermag erst Galahad zu lösen.

Merlin und die Macht der Magie

König Arthur und seinen Rittern steht Merlin zur Seite, ein geheimnisvoller Magier und Prophet unbekannter Herkunft, dem sogar die Abkunft vom Teufel nachgesagt wird. Seine Gestalt ist ohne festes Erscheinungsbild, zumeist tritt er urplötzlich und mit wechselndem Aussehen auf: etwa als Bettler und armer Mann, aber auch auf einem großen schwarzen Ross. Zu Arthur tritt er im Sherwood Forest mit den Attributen der Jagd, ganz in schwarzen Schafspelz gekleidet, mit hohen Stiefeln und rotbraunem Umhang, bewaffnet mit Pfeil und Bogen und mit geschossenen Wildgänsen in der Hand. Ein anderes Mal tritt er als 14-jähriger Bursche, dann wieder als 80-jähriger Greis auf. In vielerlei Gestalt wirkt Merlin zahlreiche Arten von Zauber. Erinnert sei an die äußere Verwandlung Utherpendragons in den Herzog Gorlois von Cornwall, um der schönen Igraine nahezukommen – der Magier begleitet den König in der Gestalt eines Gefolgsmanns des Herzogs. Ihm gelingt es andererseits auch, mit seinen Begleitern von Dritten nicht wahrgenommen zu werden. Und als Parzivals Vater Pellinore Arthur erschlagen will, »warf er einen Zauber auf ihn, daß er in tiefem Schlaf zur Erde sank« (Sir Thomas Malory 1977, 61). Ebenso leistet Merlin als magischer Baumeister Großes, etwa bei den Grabmalen der zwölf im Kampf gegen Arthur gefallenen Könige. Dazu gehören die Figuren der zwölf aus Bronze und Kupfer und reich vergoldet. Jede mit einer Kerze, die Tag und Nacht brannte. »Über die Figuren wurde eine Statue des Königs Arthur gestellt mit einem gezückten Schwert in der Hand, und die zwölf Figuren zeigten die Haltung von Männern, die besiegt waren. All dies vollbrachte Merlin mit seiner erfindungsreichen Kunst, und dann sprach er zum König: Wenn ich tot bin, werden diese Kerzen nicht mehr brennen, und bald darauf werden die Wunder des Heiligen Grals hier geschehen« (ebd., 85). Hier erweist sich der Magier auch als der weitblickende Prophet, der Arthur mit Rat zur Seite steht. Vor dem Verlust der Scheide des Schwertes Excalibur kann er ihn nur warnen, schütze diese doch vor Verletzungen. Auf diese Weise greift Merlin allerorten und jederzeit in das Geschehen ein. Er warnt, wirkt Zauber, prophezeit, ist aber auch in diplomatischen Diensten und weiß sogar ein Heer zu führen. Hinter seiner diffusen Gestalt schimmert ein anderer durch, dessen Weisheit sogar der Zauberer anerkennt – sein Lehrmeister Baise, dem er seine Erlebnisse erzählt und der diese niederschreibt. Merlin erweist sich allerdings trotz all seiner Klugheit, magischen Künste und Sehergabe als hilflos, als er Nimue, dem Fräulein vom See, in Liebe verfällt. Mit ihr reist er nach Frankreich und nach Cornwall, und irgendwann nötigt sie ihm einen Schwur ab, niemals einen Zauber auf sie zu legen. Zugleich lehnt sie sein Begehren ab und bezichtigt ihn als Teufelssohn. Dabei verfolgt sie einen verräterischen Plan: Als Merlin einen Zauber über einen Felsen legt, bringt sie ihn dazu, sich darunterzustellen. Dann bewirkt sie, dass er für immer unter dem Stein gefangen bleibt. Später hört ihn der König Bagdemagus in seinem Gefängnis klagen, aber er kann Merlin nicht helfen.

Die Frauen der Artuswelt

Weibliche Figuren nehmen in der auf den ersten Blick männlich dominierten Ritterwelt um König Arthur eine durchaus wichtige Stellung ein. Diese Erkenntnis veranlasste bereits die amerikanische Fantasy-Autorin Marion Zimmer Bradley, ihren Artusroman »Die Nebel von Avalon« aus einer weiblichen Perspektive zu erzählen (vgl. Kap. 3). Sie bestätigt den Eindruck, dass Frauen als adlige Damen die höfische Welt prägen – wobei sie gleichwohl Gefahren ausgesetzt sind, die sich in Entführungen ausdrücken können und manchmal tödlich enden. Vor allem aber treten weibliche Gestalten als Botinnen bzw. Angehörige einer mysteriösen, magisch bestimmten Anderwelt auf, wodurch sie dem Zauberer Merlin nahestehen, ihn aber an Klugheit wie anderweltlichem Wissen sogar übertreffen.

Ginevra, Tochter des Königs Lodegrance und Arthurs Gattin, verkörpert den Aspekt der höfischen Herrschaft von Camelot. Als Königin steht sie als einzige Frau der Tafelrunde nahe und lädt deren Ritter sogar zu sich. Die treue Liebe zu Arthur wird von ihrem leidenschaftlichen Verhältnis zu Lanzelot überschattet. Dadurch ruft Ginevra ungewollt den Zwist am Hofe hervor, der schließlich zum Untergang Camelots führt (vgl. oben). Mehreren Vorwürfen ist die Königin ausgesetzt, wofür ihr jeweils der Tod auf dem Scheiterhaufen droht. In diesen Situationen bedarf sie der ritterlichen Hilfe eines Lanzelot. Aber letztlich steht sie loyal zu ihrem Gatten Arthur. Als der verräterische Mordred sie zur Ehe zwingen will, entzieht sie sich ihm in den Londoner Tower. Mit Arthurs Tod und dem Untergang Camelots zieht sie sich als Äbtissin in ein Kloster zurück.

Arthurs Mutter Igraine ist erheblich mehr der männlichen Begehr ausgesetzt, empfängt sie doch den späteren König ungewollt von Utherpendragon in der Gestalt ihres damaligen Gatten Gorlois von Cornwall. Später versöhnen sich Sohn und Mutter miteinander. Igraine hat mit ihrem ersten Mann zwei Töchter, die als Halbschwestern Arthurs für die Artusgeschichte von großer Bedeutung sind:

Morgause wird die Ehefrau des Artusfeindes Lot von Orkney, mit dem sie Gawain und drei weitere Söhne hat. Die Lady lässt sich mit Arthur ein, von dem sie nicht weiß, dass er ihr Halbbruder ist. Das Produkt dieser fatalen Liaison ist Mordred, der schließlich das Ende seines Vaters betreiben wird. Aber Morgause endet übel: Ihr Sohn Gaheris überrascht sie mit ihrem Geliebten, dem Tafelritter Lamorak, und tötet sie.

Dieses Geschick droht ihrer Schwester Morgan (Morgane, Morgaine le Fay) nicht, ist sie doch zum einen mit König Urien von Gorre (Nordengland) verheiratet, mit dem sie den Sohn Iwain hat, später ein Ritter der Tafelrunde. Neben dieser menschlichen Seite hat sie jedoch überirdische Eigenschaften, die sie der Anderwelt zuschreiben. Von den einen als Hexe, von den anderen als Fee bezeichnet, stellt sie jedoch auch an sich den Prozess der Alterung fest. Aber sie ist und bleibt eine »Meisterin der Nekromantie« (Sir Thomas Malory 1977, 20), die die Zauberkunst mit ihren dunklen Seiten beherrscht. Diese wendet sie nicht selten gegen ihren Halbbruder Arthur an. So raubt sie sein Schwert Excalibur mit der Schutz gewährenden Scheide und lässt ihn mit einem wirkungslosen Duplikat kämpfen. Ihrem Geliebten Accolon will sie auf diese Weise den Sieg im Zweikampf sichern, was allerdings misslingt. Arthur erkennt ihren Verrat, erschlägt Accolon und lässt den Toten auf einer Bahre nach Camelot schaffen: »Bringt ihn zu meiner Schwester Morgan le Fay und sagt, ich schicke ihn ihr als Geschenk und hätte mein Schwert Excalibur und die Scheide wieder« (ebd., 148). In ihrer Trauer macht sie sich auf den Weg zu Arthur und stiehlt ihm aufs Neue die Schwertscheide. Der zürnende König verfolgt sie bis an einen See, in den Morgan die Scheide wirft (später sollte ihm Merlin wieder dazu verhelfen, vgl. oben). Sie beweist zugleich ihre Zauberkraft, indem sie sich und ihr Gefolge in einen Marmorstein verwandelt, was sie vor Arthur schützt. Arglos nimmt er hingegen einen prächtigen Mantel von seiner Halbschwester an, der sich als vergiftet erweist: Die Überbringerin der Gabe wird gezwungen, den Mantel umzulegen, worauf sie verbrennt. Morganes schwarze Magie und ihr dunkler Charakter zeigen sich ebenso an einem Mordversuch an ihrem Gemahl Urien, den Iwain im letzten Moment verhindern kann, und an ihrer oben geschilderten Zauberei gegen Lanzelot, der gefangen gesetzt wird, um die schönste der Königinnen auszuwählen. Auf die Ambivalenz ihres Charakters verweist, dass Morgane zu jenen Frauen gehört, die den todwunden Artus auf ihrer Barke nach Avalon bringen.

Morgane bleibt nicht die einzige Gestalt, der eine Herkunft aus der Anderwelt nachgesagt werden kann. Dies gilt auch für die Dame vom See (Fräulein vom See, Frau vom See), deren Identität diffus ist – zumal wahrscheinlich mehrere Seefrauen in Erscheinung treten. Zumindest die eine residiert in einem Felsen in der Mitte eines Sees und verschafft Arthur Excalibur (vgl. oben). Sie bedingt sich dafür einen späteren Wunsch aus, der jedoch ihre Zwiespältigkeit verdeutlicht. Denn sie wünscht sich den Kopf eines Ritters oder seiner Dame oder gleich beider, weil sie Schuld am Tod ihrer Verwandten tragen. Der Tafelritter Balin erkennt hingegen in der Frau vom See die Töterin seiner Mutter und enthauptet sie seinerseits. Eine andere Frau des Sees ist jene Nimue, in die sich Merlin verliebt und daraufhin selbst von ihr verzaubert wird. Zauberinnen und Anderweltwesen kennzeichnen die Artuswelt des Thomas Malory und mögen seit jeher zur Sagenwelt des Königs gehört haben. Sie nehmen folgerichtig in den jüngeren Bearbeitungen des Stoffes in Literatur und Film eine bedeutende Rolle ein.

3. Ritter, Zauberer und der Heilige Gral – Die Artuswelt in der Gegenwart

Nachwirkung bis zur Romantik

Das Artusbuch Thomas Malorys machte den sagenhaften britischen König und seine Ritter nicht nur beim heimischen Publikum, sondern auch in anderen europäischen Ländern populär. Artus war seitdem in Kunst und Kultur eine feste Größe. Was die Werke betrifft, in denen er Erwähnung findet oder die von seiner Figur inspiriert wurden, lassen sich die vier Jahrhunderte nach Caxtons Publikation durchaus in einen Blick nehmen. Erst im 19. Jahrhundert erfährt Artus insbesondere im viktorianischen Großbritannien eine Popularisierung, die ihresgleichen sucht und bis heute nachwirkt. Seine Präsenz davor ist eher punktuell zu nennen und sei hier an einigen Beispielen demonstriert.

So in einem der berühmtesten Werke der Weltliteratur, nämlich dem Roman *Don Quijote* (1605, 1615) des Spaniers Miguel de Cervantes Saavedra (1547–1616). Er nimmt in seinem opulenten schelmischen Ritterroman eben jene antiquierte Ritterromantik seiner Heimat aufs Korn, in der sich seit dem 14. Jahrhundert just Artusdichtungen großer Beliebtheit erfreuten, die wiederum in dem ungemein populären Helden Amadis von Gallien einen späten Ausdruck fanden. In seinem tragikomischen Protagonisten Don Quijote de la Mancha kreiert Cervantes einen verarmten Landedelmann, der als »Ritter von der traurigen Gestalt« den längst vergangenen Idealen des Rittertums hinterherjagt und als sprichwörtlicher Kämpfer gegen Windmühlen auf seinem erbärmlichen Klepper nur Spott erfährt. Er selbst aber sieht sich in seiner romantischen Verblendung als Mitglied des Ordens der fahrenden Ritter, der gleichsam als Artusritter auf Aventiure, also Abenteuer, zieht: »So haben Euer Gnaden nie die Annalen und Geschichten von England gelesen, darin so vieles von den weltberühmten Taten des Königs Arturus, den wir im heutigen Spanisch den König Artus nennen, berichtet wird? Wißt Ihr auch nicht, daß von ihm die alte, im ganzen Königreich verbreitete Sage geht, er sei nicht gestorben, sondern durch Zauberei in einen Raben verwandelt, und er werde im Laufe der Zeiten wiederkommen, um Reich und Szepter von neuem in Besitz zu nehmen? […] Unter diesem edlen König wurde nun der berühmte Ritterorden von der Tafelrunde gestiftet […]« (Miguel de Cervantes Saavedra: Der scharfsinnige Ritter Don Quixote von der Mancha. Frankfurt am Main 1975, 153). In diesem Zusammenhang ist ihm auch der »Liebeshändel« zwischen Lanzelot (»Don Lanzarote«) und Königin Ginevra bekannt. Cervantes belegt jedenfalls durch seine ironische Behandlung des Artusstoffes dessen anhaltende Kenntnis und Verbreitung.

Davon zeugt noch etliche Jahrzehnte später, wenn auch weniger offensichtlich, der deutsche Barockdichter Hans Jakob Christoffel von Grimmelshausen (1622–1676) in seinem Schelmenroman *Der Abenteuerliche Simplicissimus* (1669). Die vermeintlich edle Ritterwelt ist dem naiven Tölpel Simplicissimus völlig fremd, vielmehr lässt ihn der Dichter die Grausamkeiten der Landsknechte des Dreißigjährigen Krieges erleben. So bleibt ihm nur die Anspielung auf eine der berühmtesten Requisiten der Artuswelt: Als nämlich Simplicius und sein Kamerad und Kumpan Olivier von sechs Musketieren und einem Korporal angegriffen werden, entbrennt ein wüster Kampf: »[…] darauf wischte Olivier mit seinem notfesten Schwert, welches Haar schur und wohl des Königs Arturi in England Caliburn verglichen werden möchte, von Leder und hieb den fünften von der Achsel an bis auf den Bauch hinunter […]« (4. Buch, 24. Kapitel, zugänglich auf www.projekt-gutenberg.org). Trotz seines hier mit Excalibur verglichenen Schwertes findet Olivier den Tod.

In England nahm man sich des ganzen Stoffes an und brachte ihn auf die große Bühne; denn auch hier war Artus nicht vergessen, galt sogar als Teil der nationalen Geschichte. Dieser Bedeutung wurde Henry Purcell (1659–1695) 1691 in seiner dramatischen Oper *King Arthur, or the British Worthy* (»König Arthur oder der britische Held«) gerecht. Als Libretto diente ihm ein Schauspieltext des arrivierten Dichters John Dryden (1631–1700), der am königlichen Hof höchste Anerkennung genoss. Als *Poeta laureatus* trug er gleichsam die Dichterkrone Britanniens. Ihr wird das Singspiel mit seinem heldenmütigen Artus im Kampf gegen die Sachsen gerecht. Nur er und sein Ratgeber Merlin vertreten die Camelotwelt, ansonsten agieren neben historisierten Hauptfiguren insbesondere germanische Gottheiten wie Wotan und Thor sowie allerlei Allegorien. Viel findet sich nicht mehr von Malorys Artuswelt: Artus will seine Verlobte Emmeline von Cornwall aus den Händen des Sachsenkönigs Oswald von Kent befreien. Während er Hilfe von Merlin erfährt, wird Oswald von seinen Magiern unterstützt. Artus besiegt ihn schließlich im Zweikampf, gewährt ihm Gnade und kann Emmeline endlich wieder in die Arme schließen. Und Merlin verkündet den Frieden, der letztendlich zur Genese Großbritanniens führt.

Eine solche Rezeption erwies sich noch weit vom Monumentalstoff des Thomas Malory entfernt. Dass dessen *Morte Darthur* 1816 nach fast zwei Jahrhunderten wieder publiziert wurde, kann als erstes Zeichen eines erwachenden Interesses an Artus interpretiert werden. Allerdings spricht es für sich, wenn der für historische Romane wie *Ivanhoe* und *Rob Roy* bekannte und gerühmte Sir Walter Scott (1771–1832) sich so gut wie gar nicht des Artusstoffes annahm. Lediglich in der Verserzählung *The Bridal of Triermain* (1813, »Der Bräutigam von Triermain«) lässt er die Camelot-Thematik anklingen.

Anders hingegen die deutsche Romantik mit ihren Nachwirkungen über das ganze 19. Jahrhundert, die allerdings den Schwerpunkt verschiebt. Artus spielt hier eine untergeordnete Rolle, Merlin sowie andere Artushelden stehen im Fokus des Interesses. So legte Dorothea Schlegel (1764–1839) mit der »Geschichte des Zauberers Merlin« (1804) eine Sagensammlung vor. Und der die Epoche durchgehend prägende Ludwig Tieck (1773–1853) präsentierte 1811 mit dem Märchen »Leben und Thaten des kleinen Thomas, genannt Däumchen« ein Drama, das Märchen- und Artusmotive kräftig mischt und sogar Artus, Ginevra und Gawain auftreten lässt. Carl Leberecht Immermann (1796–1840) versuchte sich mit »Merlin. Eine Mythe« (1832)

an einem ganz großen Wurf, mit dem er sogar Goethes Faust Konkurrenz machen wollte – was allerdings misslang: Sein Lesedrama erhöht den Merlinstoff um etliche philosophische Aspekte in eine schwer verständliche metaphysische Dimension. Merlin tritt hier als Satanssohn auf, der sich gegen seinen dämonischen Vater stellt und die Artusritter auf die Suche nach dem Gral bringt. Ein letztlich erfolgloses Unterfangen, das mit ihrem Tod endet. Der Zauberer verfällt in Liebe zu Niniane, einem dämonischen Naturwesen und endet schließlich im Wahnsinn. Die Anmaßung eines christusgleichen Erlösers kann er nicht mehr erfüllen. Als ihn sein satanischer Vater vom Wahnsinn befreit, verschließt er sich dessen Zielen weiterhin und wird schließlich getötet, ohne eine Erlösung erfahren zu haben. Mehr als der klassische Epigone Immermann griff Richard Wagner (1813–1883) in seinen Opern romantische Ideen auf und führte sie weiter. Aus dem Artusstoff realisierte er »Tristan und Isolde« (1865) sowie 1882 das Bühnenweihfestspiel »Parsifal«, das er als religiöses Drama um den Heiligen Gral verstand. Dafür griff er weniger auf Malory zurück, dessen Artusstoff bei ihm nicht zum Tragen kommt, sondern auf die mittelalterlichen Gralsdichtungen wie insbesondere Wolfram von Eschenbachs *Parzival*. Diesen Quellen sind auch Figuren wie der Gralskönig Amfortas und der Zauberer Klingsor geschuldet. Mit dieser Ausprägung bleibt der Artusstoff im deutschsprachigen Raum präsent.

Der Viktorianische Artus

In Großbritannien erlebten die Geschichten um König Artus nach der geringen Resonanz zu Beginn des 19. Jahrhunderts in den folgenden Jahrzehnten eine regelrechte Wiedergeburt, die zu einer ungeahnten Verbreitung und Popularisierung führte. Der Initiator und Hauptvertreter dieser arthurischen Renaissance *(Arthurian renaissance)* war Alfred Lord Tennyson (1809–1892). Dem Sohn eines Geistlichen gelang als Dichter ein beachtlicher gesellschaftlicher Aufstieg, der markiert wurde durch die

Ernennung zum *Poeta laureatus* (engl. Poet Laureate) von Queen Victoria sowie durch die Erhebung zum Peer und damit in den Hochadel. Dies kam nicht von ungefähr, denn für das viktorianische England (Victoria regierte 1837–1901) stellte Tennyson eine Art Nationaldichter dar. Er bot dem sich politisch und wirtschaftlich zum Empire entwickelnden Land mit seinen patriotischen und historischen Themen einschließlich einer verklärenden Mittelaltervision eine Grundlage, die zugleich als Reflexion der Gegenwart diente. Im Mittelpunkt dieser Dichtung standen die *Idylls of the King* (»Königsidyllen«) mit der Artusgestalt als verbindendem Element. Als dieses Epos aus zwölf Versromanzen im archaisierenden Blankvers 1889 vollständig vorlag, hatte Tennyson über vier Jahrzehnte daran gearbeitet, 1859 waren die ersten vier Romanzen veröffentlicht worden.

Auf der Grundlage von Thomas Malory und walisischen Artustexten erzählte er die Geschichten des sagenhaften Königs neu, heroisierend und ästhetisierend, und traf offensichtlich den Nerv des britischen Publikums, das sich etwa von Artus' Abschied von Ginevra begeistern ließ:

»Es ist der Ruf, der mir getreuen Schaar,
Nach ihrem König, der sie weit von hier
Zur großen Schlacht im Westen führen soll.
Dort muß ich kämpfen mit der Schwester Sohn
Und seinem Bund, den Lords vom weißen Roß,
Und den empörten Rittern, – muß ihn todt
Hinstrecken, und vielleicht selbst in den Tod;
Vielleicht, ich weiß nicht welch', geheimnißvoll
Geschick erfüllen. Die Entscheidung wirst
Du hier erfahren, denn du bleibst; doch ich
Ich kehre nie zurück an diesen Ort;
An deiner Seite ruh' ich nimmermehr,
Und seh' dich nimmer wieder. Lebewohl!« [...]
Allein geschlossen blieb, so lang er sprach,
Sein Helm, auf dem der goldne Drache saß
Brittaniens; so konnte sie nicht sehn,
Wie sehr sein Antlitz einem Engel glich.
Doch Pendragon's gewalt'gen Drachen, feucht
Vom Nebel, von den Lichtern angestrahlt,

Sie sah ihn glühn; er wandelte die Nacht
In Feuerdampf; und eben wandte sich
Der König scheidend, und der Nebel wob,
Gleich Dünsten, die den hellen Mond umziehn,
Stets dicht und dichtre Schleier um ihn her.
Dem Schemen eines Riesen sah er gleich,
Und grauer ward der Nebel hinter ihm,
Bis er zuletzt ein Nebel selber ward,
Und wie ein Geist in sein Verhängniß zog.«
(Alfred Tennyson: Königsidyllen (1890),
www.projekt-gutenberg.org)

Ebenso weckte die Schilderung von Merlins Verzauberung durch Viviane Begeisterung:

»Ein Wetter drohte, doch es schwieg der Sturm
Im wilden Walde von Broceliand;
Und unter einer Eiche, riesig, alt
Und hohl, gleich einem halbzerfallnen Thurm,
Lag Viviane, das verschmitzte Weib,
Zu Merlins Füßen. [...]

Da war geschehn, was nimmermehr gesollt,
Denn Merlin, überredet und verführt,
War schwach gewesen, hatte wirklich ihr
Den ganzen Zauber offenbart, und schlief.

Im Nu vollzog sie dann das Werk des Banns
Durch buntverschlungnen Reih'n und Händewink;
Und in der hohlen Eiche lag er starr,
Todt für die Welt, lahm, ruhmlos, namenlos.« (ebd.)

Tennyson verstand seinen Zyklus um den idealen Herrscher – *Flos Regum Arthurus* (»Arthur, Blüte der Könige«) nennt ihn die Titelseite des Werks – als moralischen Sittenspiegel für das Empire. Die Tafelrunde mit ihrem ritterlichen Tugendsystem galt als Vorbild und verdeutlichte den Zivilisationsgrad der staatstragenden Aristokratie. Die Artusgeschichte führt aber bekanntlich auch die Folgen moralischer Degeneration vor Augen, die den Untergang des Reiches verursacht. Davor konnte Tennyson nur warnen und auf die Vorbildlichkeit des Ideals verweisen, das Artus nun für Britannien geworden war. Ideal und

Wirkmächtigkeit der Artusgeschichten weckten ein nie dagewesenes Interesse an Camelot und seiner Welt, die den angelsächsischen Ländern bis heute eine omnipräsente Symbolik bieten. Ebenso wurden einzelne Motive aufgegriffen und sehr beliebt. Exemplarisch gilt dies für Tennysons erstes arthurisches Gedicht, das bereits 1832 entstand: Die Ballade *The Lady of Shalott* (»Die Dame von Shalott«) widmet sich einer der überirdischen Frauenfiguren der Artuswelt, nämlich der Dame vom See, zuweilen auch mit Nimue oder Viviane gleichgesetzt. Hier lebt sie verzaubert im Turm einer Flussinsel, nur durch den Blick in einen magischen Spiegel darf sie die Außenwelt wahrnehmen. Als sie sich in Lanzelot verliebt, wagt sie den direkten Blick, weshalb der Fluch wirkt und der Spiegel zerspringt. Mit dem Boot versucht sie Camelot zu erreichen, was ihr aber den Tod bringt. Die Ballade um Schönheit, Tod und vergebliche Liebe fand die Beachtung der britischen Malerschule der Präraffaeliten, die als Vertreter ästhetizistischer und symbolistischer Kunst das elegische Thema gern aufgriffen. Die Darstellungen von William Holman Hunt (1827–1910, *The Lady of Shalott*, 1850) und John William Waterhouse (1849–1917, gleicher Titel, 1888) trugen zum Erfolg dieser Artusepisode beträchtlich bei.

Der gesamte Stoff war in der zweiten Hälfte des 19. Jahrhunderts allenthalben präsent, sowohl in der Literatur als auch in den bildenden Künsten. Dafür mag das Allroundgenie William Morris (1834–1896) stehen, der als Schriftsteller, Maler, Architekt und Designer die Epoche mitprägte. Inspiriert von Tennyson griff auch er auf Malorys Artusgeschichte zurück und veröffentlichte 1858 eine lyrische Anthologie *(The Defence of Guenevere, and Other Poems)*, in der sich unter anderem vier arthurische Gedichte finden, so um die Liebe zwischen Lanzelot und der Königin oder Artus' Grab. Morris stellte die Verbindung zu Malerei und Dekoration her und folgte damit den älteren Ansätzen: Unter den Präraffaeliten wären neben Hunt und Waterhouse Dante Gabriel Rossetti (1828–1882) zu nennen (*King Arthur's Tomb*, 1854), James Archer (1823–1904) und Edward Burne-Jones (1833–1898), die ein *Arthurian Revival* (»Arthurische Erneuerung«) beförderten. Sie waren zum Teil an den prächtigen

Wandmalereien der Universität Oxford beteiligt, die Ende der 1850er-Jahre gestaltet wurden *(Oxford Union Murals)*. Julia Margaret Cameron (1815–1879) folgte als frühe Fotografin den Anregungen Tennysons und arrangierte Fotoszenen nach Artusmotiven. Aubrey Beardsley (1872–1898) schließlich gab den Szenen aus Thomas Malorys *Morte Darthur* in seinen Illustrationen von 1894 ein bis heute bekanntes und unverwechselbares Gesicht.

Artus und die moderne Literatur

Seit der Etablierung des viktorianischen Artus ist der Camelotstoff weltweit präsent. Im 20. Jahrhundert verliert man über der Masse literarischer Rezeptionen den Überblick (wie etwa die unzähligen Belege in der *New Arthurian Encyclopedia* seit 1996 zeigen). Im Folgenden eine Auswahl der prominentesten und einflussreichsten Werke:

1889 veröffentlichte der wegen seines Jugendromans »Die Abenteuer des Tom Sawyer« berühmte amerikanische Schriftsteller Mark Twain (1835–1910) einen Roman, der sich als kritisch-ironisches Gegenstück zu Tennysons Artus-Pathos verstehen lässt. In *A Connecticut Yankee in King Arthur's Court* (1889, »Ein Yankee aus Connecticut an König Artus' Hof«) mischt der Autor Fantasie mit Humor und Ironie, die sich in einer regelrechten Satire ausdrücken. Diese Bezeichnung scheint angebracht, wenn ein amerikanischer Zeitgenosse Mark Twains, der als Oberaufseher in einer Waffenfabrik arbeitet, einen Schlag auf den Kopf erhält und sich danach im 6. Jahrhundert in Camelot wiederfindet. In einer Welt, die er für völlig absurd hält: »›Camelot – Camelot‹, sagte ich vor mich hin. ›Ich erinnere mich nicht, schon mal davon gehört zu haben. Wahrscheinlich der Name der Irrenanstalt.‹« (Mark Twain. Gesammelte Werke in fünf Bänden. Band IV. München 1967, 253). Doch der moderne Hank Morgan muss schließlich akzeptieren, dass er im finsteren Mittelalter gelandet ist, dessen Unterdrückungsmechanismen von Leibeigenen und Sklaven für ihn als Demokraten nicht akzeptabel sind. Bald schon muss er sich eines üblen Gegenspielers erwehren, nämlich des Zauberers Merlin. Aber der zeitversetzte Amerikaner verfügt über exzellente Kenntnisse des modernen Waffen- und Sprengstoffwesens. Mithilfe dieses Wissens sprengt er Merlins Turm in die Luft und schaltet damit den Konkurrenten aus. Nun nimmt er die zweite Stelle im Staat ein, die er dazu nutzt, das frühmittelalterliche England zu industrialisieren und die feudale Monarchie in eine demokratische Republik umzuwandeln. Allerdings schreckt er auch nicht davor zurück, moderne Technik nebst Elektrizität und Dynamit gegen Ritterheere einzusetzen. Mit der fatalen Folge, dass am Ende einige Dutzend Männer über ein Heer triumphieren und tausende Tote auf dem Schlachtfeld bleiben. Dann greift der wiedererstarkte Merlin ein und versetzt den Amerikaner in einen 1300 Jahre währenden Schlaf, nach dem Hank Morgan wieder in seiner Gegenwart im 19. Jahrhundert erwacht. Der kritische Geist Mark Twains versucht sich hier erfolgreich an einer satirischen Fortschrittsparabel, die einerseits Tennysons Mittelalterverherrlichung angeht, wie sie andererseits Kritik am mittelalterlichen Feudalismus wie am modernen Kapitalismus äußert, dessen Vertreter in kürzester Zeit ein Massaker anrichten kann. Mark Twain initiierte damit einen Weg der satirischen Rezeption, der bis zu *Monthy Python* in den 1970er-Jahren führen sollte.

Ganz anders geht sein Landsmann und spätere britische Staatsbürger T. S. Eliot (1888–1965) mit dem Stoff um: Mit dem Gedicht *The Waste Land* (1922, »Das wüste Land«, »one of the most important and influential poems of the twentieth century« [Lacy 1996, 130]) greift er auf das Gralsthema und die Figur des Fischerkönigs zurück. Weder Artus noch andere Namen aus Malorys Artuswelt finden sich im Text, und doch ist die Grundstimmung des untergehenden Camelot allenthalben präsent. Symbole, Figuren, mehr oder weniger direkte Zitate wie eine Fülle von Assoziationen vermitteln das Bild einer Gegenwart, die aus den Trümmern des Vergangenen besteht.

Der Engländer John Masefield (1878–1967), auch er wie damals Tennyson ein *Poet Laureate*, fühlte sich mehr konventionellen Vorstellungen verpflichtet, denen mystische Gedanken nicht fremd waren. Sein Rückgriff auf die keltische Überlieferung bestärkte das Phänomen des *Celtic Revival* (»Keltische Wiedergeburt«) und damit das Interesse an Artus. Dafür stehen beispielhaft in der Sammlung *Midsummer Night and Other Tales in Verse* (1928) die Gedichte *The Begetting of Arthur* und *The Taking of Morgause*. Ebenso interessierte sich Masefield für die unglückliche Liebesgeschichte von Tristan und Isolde; später schrieb er noch eine kurze Erzählung über eine der legendären Artusschlachten, nämlich die am Badon Hill (*Badon Parchments*, 1947). Für das französische Augenmerk am Artusstoff – nicht zuletzt bedingt durch die bretonische Überlieferung und die mittelalterliche Dichtung – spricht mit Jean Cocteau (1889–1963) einer der Großen der modernen Literatur Frankreichs. Sein Schauspiel *Les Chevaliers de la Table Ronde* (»Die Ritter der Tafelrunde«, 1937 in Paris uraufgeführt) versteht sich als Märchen aus Motiven der Artuswelt. Mit dem Amerikaner John Steinbeck (1902–1968) fand schließlich sogar ein Literaturnobelpreisträger seinen Weg zur uralten Mythenwelt des Königs Artus: In der Erzählung *Cup of Gold* (1929, »Eine Handvoll Gold«) geht es in einer historisch-fiktiven Mischung unter anderem um die Figur Merlins, während der Erfolgsroman *Tortilla Flat* (1935), angesiedelt in der Zwischenkriegszeit in Kalifornien, in der Art eines Schelmenromans die Konstellation von Artus und seiner Tafelrunde burleskenhaft nachbildet. Später hat Steinbeck sogar Thomas Malorys *Morte Darthur* in ein modernes Englisch übertragen – das Buch erschien postum 1977 unter dem Titel *The Acts of King Arthur and His Noble Knights* (»König Artus und die Heldentaten der Ritter seiner Tafelrunde«).

Wie intensiv sich auch die deutschsprachige zeitgenössische Literatur mit dem Artusstoff beschäftigt, mögen die Werke zweier deutscher Dramatiker verdeutlichen: Tankred Dorst (1925–2017) brachte 1981 *Merlin oder Das wüste Land* auf die Bühne, ein opulentes Welttheater in 97 Szenen, das sich der ganzen Artusgeschichte Malorys, aber auch jüngerer Bearbeitungen wie der Immermanns oder T. S. Eliots annimmt. So präsentiert sich ein monumentaler Bilderbogen vom Aufstieg und Fall der Tafelrunde, den die altbekannten Figuren der Artuswelt, aber auch Christus, Engel, Geister, der Teufel, heidnische Götter,

Dämonen, Wald- und Naturgeister sowie ein Clown und der personifizierte Tod als chinesischer Akrobat bevölkern. Selbst Mark Twain hat als vorlauter Amerikaner seinen Auftritt. Mit großer Bilderpracht werden Gattungsgrenzen überschritten, was ebenso für verschiedene Zeitstufen gilt und die Vermischung von Fiktion und Realität, durchzogen von ironischen wie satirischen Grundtönen. Im modernen Kontext greift Dorst auf die Vorstellung zurück, es habe eine Vor-Artuswelt gegeben, die vom Christentum und der höfischen Kultur verdrängt worden sei. So heißt es im Prolog: »Der von tausend Glühbirnen illuminierte Christus vertreibt die heidnischen Götter. Blitze zerreißen den Himmel. Gebrüll. Schrilles Gekreisch. Scheinwerfer stöbern die heidnischen Götter auf. Sie fallen von hoch oben hinunter ins Dunkel. Sie flüchten in die Wälder, sie verstecken sich in den Städten« (Tankred Dorst. Merlin oder Das wüste Land. Frankfurt am Main 1985, 17). Am Schluss, als Merlin in einem Weißdornbusch gefangen ist und Camelot in Trümmern liegt, kehren die heidnischen Götter zurück und streichen um das Schlachtfeld. Die Handlung dazwischen – Merlins teuflisch initiierte Geburt, die Begründung der Tafelrunde, die Gralssuche und der Untergang – versteht sich als Parabel über das letztlich unausweichliche Scheitern von Utopien. Für Dorst ist sein »Merlin« darum »eine Geschichte aus unserer Welt: das Scheitern von Utopien«, die sich des alten Mythos bedient, um ein Statement für die eigene Gegenwart abzugeben. Seine Zweifel drückt Artus in einem letzten Gespräch mit Merlin aus, vor der Entscheidungsschlacht mit Mordred: »Aber sag mir, Merlin: war es denn richtig, was wir da gemacht haben? […] Weil ich vor Augen sehe, wie jetzt alles zugrunde geht. Unsere Ideen scheinen keine Faszination mehr zu haben. Manchmal, wenn ich mit den jüngeren Leuten darüber spreche, sehe ich, daß sie lächeln, fast unmerklich, aber ich merke es doch. Und ich denke: wenn ich mich abwende, sehen mir grinsende Gesichter nach. – Wie haben wir auf den Gral gehofft, du auch!« (ebd., 273). »Und wir haben eine Ordnung gegründet und verteidigt, damit sind wir weltberühmt geworden. Es hat zwar noch Kriege gegeben, aber wenigstens sinnvolle. Und einmal sollte Frieden sein für immer. – Unsere ganze schöne Utopie von der Tafelrunde wird vielleicht morgen in der Schlacht zugrunde gehen« (ebd., 275). So geschieht es, während der sterbende König nach Avalon gebracht wird.

Wenn Tankred Dorst westliche bzw. westdeutsche Befindlichkeiten zum Ausdruck bringen wollte, tat dies einige Jahre später für die DDR Christoph Hein (*1944). Sein Ideendrama *Die Ritter der Tafelrunde* siedelt er in der Halle der Artusburg, also in Camelot an. Endzeitstimmung herrscht auch hier: Ihre Pracht hat die Halle schon lange verloren, unter dem König und seinen alt gewordenen Rittern macht sich Zweifel, sogar Verzweiflung breit. Lanzelot und Gawain suchen noch immer den Gral, dessen Existenz Mordred rundheraus in Frage stellt. Parzival hat Camelot den Rücken gekehrt und arbeitet als Zeitungsredakteur. Die Gralssuche hat er aufgegeben. Das Volk steht nicht mehr hinter König Artus, die Tafelrunde erfreut sich keiner Sympathien. Den symbolträchtigen runden Tisch will Mordred sogar ins Museum stellen. Als Heins Drama im April 1989 in Dresden uraufgeführt wurde, sah das Publikum den maroden Artushof als Gleichnis des zunehmend desolaten SED-Regimes an, das Ende des Jahres bekanntlich zusammenbrach. Hein genügte dieser Interpretation, als er zehn Jahre später in einer Fortsetzung die Artusritter im Gefängnis landen lässt.

Der Fantasy-Artus

Wenn hier die sogenannte Fantasy-Literatur von der Dichtung der Hochkultur getrennt angesprochen wird, ist dies nicht in erster Linie unterstellten Qualitätsunterschieden geschuldet, sondern der massenhaften Rezeption dieser Gattung: Fantasy erfreut sich seit Jahrzehnten und nicht zuletzt in unserer Gegenwart einer derart großen Popularität, dass sie erheblich zur Kenntnis und Ausbreitung alter Mythen- und Sagenstoffe beigetragen hat. Denn solcher tradierten Erzählungen bedient sich Fantasy nur allzu gern, als da insbesondere wären die altnordischen Götter- und Heldengeschichten der germanischen Überlieferung bis hin zu keltischen Motiven und eben den Figuren und Motiven der Artuswelt. Die unterschiedlichen Ausprägungen dieser in Wort und Bild weithin verbreiteten Gattung verbindet der Handlungsraum der Fantasiewelt einer imaginären Vergangenheit. Diese liegt in einer fernen, jedenfalls vortechnischen Epoche, die am ehesten in frühmittelalterlichen Verhältnissen zu finden ist: in einer vorchristlichen barbarischen Gesellschaft, geprägt von Magiern und Kriegern (wofür die übliche Formulierung *Sword and Sorcery* »Schwert und Zauber« steht). Mit anerkannten literarischen Qualitäten hebt sich die *High Fantasy* heraus, deren prominentester und prägender Vertreter J. R. R. Tolkien (1892–1973) wurde, dessen Trilogie *The Lord of the Rings* (»Der Herr der Ringe«) seit ihrer Publikation Mitte der 1950er-Jahre ungeahnte Resonanzen hervorrief, nicht zuletzt mit ihrer Verfilmung zu Beginn des 21. Jahrhunderts. Die Gattung Fantasy besteht aus mannigfaltigen Zwischentönen, in denen diverse Einflüsse und Gestaltungen vermischt werden. Einige Werke erweisen sich als ähnliche Neugestaltungen des Artusstoffes, wie wir sie bereits oben kennengelernt haben. Zwei davon seien besonders herausgehoben:

Der Engländer T. H. White (1906–1964) sorgte mit seiner Artus-Version *The Once and Future King* (1958, »Der König auf Camelot«) für eine umfangreiche Stoffadaption, die einerseits dem Werk von Thomas Malory verpflichtet ist, andererseits aber eine modern gestaltete Variante bietet. Der englische Originaltitel ist dabei eine ganz bewusste Wiedergabe der Grabinschrift, die Thomas Malory zitiert. Die vier Teile des Gesamtbuches präsentieren Whites Camelotgeschichte: »Das Schwert im Stein« (1. *The Sword in the Stone*) erzählt Artus' Geschichte bis zur Krönung. Wie das Pflegekind Wart (»Warze«) den bizarren Zauberer Merlin kennenlernt, der seine Erziehung übernimmt und ihm unter anderem die Verwandlung in Tiergestalten beibringt: »Auch Zauberer befanden sich in jenen legendären Tagen im Wald, dazu seltsame Tiere, von denen die modernen naturgeschichtlichen Werke nichts wissen. Es gab reguläre Banden von geächteten Saxen, die […] zusammenlebten und Grün trugen und mit Pfeilen schossen, welche niemals fehlgingen. Sogar Drachen gab es noch; es waren kleine, die unter Steinen hausten und zischen konnten wie ein Kessel« (T. H. White. Der König auf Camelot. Stuttgart 1976, 19). Schließlich gelingt es Wart auch hier, das Schwert aus dem Stein zu ziehen, was ihm die Herrschaft über Gramarye sichert (so Whites Name für England). »Die Königin von Luft und Wasser« (2. *The Queen of Air and Darkness*) erzählt von Arthurs Machtsicherung und der Gründung der Tafelrunde. Der noch jugendliche König verfällt der Königin Morgause von den Orkney-Inseln (»Vor ihm stand eine schwarz-haarige, blauäugige Schönheit. Sie trug eine Krone« [ebd., 305]). Mit ihr, bekanntlich seine Halbschwester, zeugt er Mordred – was den Erzähler zu einem Kommentar veranlasst über den damit begründeten fatalen inzestuösen Stammbaum: »[…] dieser Stammbaum ist ein wesentlicher Bestandteil der Tragödie von König Arthur. Deshalb nannte Sir Thomas Malory sein äußerst umfangreiches Buch *Der Tod von Arthur.* Obwohl es zu neun Zehnteln von Rittern und ihren Tjosten zu handeln scheint, von der Hohen Suche nach dem Heiligen Gral und vielen anderen Dingen dieser Art, ist die Erzählung doch ein Ganzes, und es geht in ihr um die Frage, aus welchen Gründen der junge Mann am Ende scheitert« (ebd., 306). In »Der missratene Ritter« (3. *The Ill–Made Knight*) geht es um Lanzelot, seine Liebe zu Ginevra und die Gralssuche, was schließlich zum Tod vieler Ritter und zum Zerfall der Tafelrunde führt. Dieser wird ausführlich in »Die Kerze im Wind« (4. *The Candle in the Wind*) erzählt: von den Grübeleien Arthurs, seinen Zweifeln, der Dekadenz seiner Ritter und vom Kampf mit Mordred, dessen Figur als moderne Anleihe durchaus faschistische Züge trägt. So spricht etwa sein Ratgeber Agravaine: »Arthur ist auf Lanzelot angewiesen, er braucht ihn als Kommandeur, als Befehlshaber seiner Truppen. Daher stammt seine Macht […] Aber wenn wir einen hübschen kleinen Krach zwischen ihnen anzetteln könnten, wegen der Königin, dann würde ihre Macht in zwei Teile zerbrechen. Und dann käme der Zeitpunkt für die Politik. Dann käme der Zeitpunkt für die Unzufriedenen: für die Gammler und die Kommunisten und die Nationalisten und all das Gesindel. Dann käme der Zeitpunkt für deine berühmte Rache.« (ebd., 515).

Whites erzählerische Reflexionen über das »finstere Mittelalter« in Gramarye-England mit all seinen Grausamkeiten verherrlichen auch die prächtige Epoche der Kathedralen und die Rolle Arthurs: »Denn der König war – zumindest ist dies Malorys Deutung – der Schutzpatron des Rittertums. Er war kein bedrängter Brite, der im fünften Jahrhundert in einem blauen Färberwaid-Kittel durch die Gegend sauste [...] Arthur war der Herzkönig eines Rittertums, das seine Blüte vielleicht zweihundert Jahre vor dem Zeitpunkt erlebte, da unser altertümlicher Autor sich ans Werk machte. Er war die Kennmarke all dessen, was im Mittelalter gut war, und alles hatte er selbst geschaffen« (ebd., 527). In dieser Vermengung pseudo-historischer und fiktiver Elemente fällt der spielerische Umgang mit der Literaturgeschichte nicht schwer: Arthurs Page Thomas of Warwick erhält vom König den Auftrag, seine Geschichte niederzuschreiben – hinter ihm verbirgt sich niemand anderes als Thomas Malory.

White lässt in »Der König auf Camelot« das Ende der letzten Schlacht insofern offen, als Arthur heranstürmt und schließlich auf die Insel Affalach gebracht worden sein soll. Der Rest sind wie bei Thomas Malory Spekulationen, Sagen, Gerüchte. Der Erzähler erlaubt sich jedoch den literarischen Scherz auf Cervantes zu verweisen: »Der Spanier Don Quichotte, ein sehr gebildeter Herr, der über der Sache den Verstand verlor, behauptet, er sei ein Rabe geworden [...]« (ebd., 160). Dieses rätselvolle Ende Arthurs erzählt White in einem 5. Teilbuch »Das Buch Merlin« *(The Book of Merlyn)*, das erst 1977 postum erschien. Damit endet die umfangreiche Artusgeschichte des T. H. White, der den Stoff fantasievoll seiner Gegenwart anpasste und damit die Themen Gewalt und ihre Minderung ansprach, die Fragen von Bildung und Gerechtigkeit.

1982 sorgte die Amerikanerin Marion Zimmer Bradley (1930–1999) mit dem Roman *The Mists of Avalon* (»Die Nebel von Avalon«) für eine weitere dickleibige Neubearbeitung des Artusstoffes, die seitdem zu einem Weltbestseller geworden ist. Die Autorin traf offensichtlich genau den Zeitgeist und die Lesewünsche und Träume zahlreicher Leserinnen, indem sie die Geschichte einer gleichsam feministischen Neuinterpretation unterzog. Sie erzählt die sagenhaften Ereignisse aus weiblicher Perspektive und macht Morgaine zur eigentlichen Heldin des Geschehens, die Halbschwester Arthurs, der unwissentlich mit ihr einen Sohn zeugt. Bradley macht sie zu einer großen und guten Zauberin, zu einer weisen Frau, die einem ganzen Priesterinnenstand angehört und einer Welt, deren Ende nahe ist. Denn das römisch-keltische Britannien des späten 5. Jahrhunderts ist geteilt in die Welt der Christen und die Welt der Großen Mutter. In deren Anderwelt lebt das Alte Volk, das sich aus der Welt zurückziehen musste. Dort herrscht die Muttergöttin mit ihrem Gefährten, dem Gehörnten. Aber ihre Welt schwindet zusehends und mit ihr die legendenhafte Insel Avalon. Morgaine beschreibt eine Welt, in der zwischen den mythischen Landschaften von Glastonbury und Avalon die Tore in den Nebeln noch offen standen, jene Pforten, die Menschen- und Anderwelt miteinander verbanden. Vor diesem Hintergrund erlebt König Artus Aufstieg und Fall.

Werfen wir – die Fantasy-Literatur abschließend – noch einen Blick auf den bereits erwähnten J. R. R. Tolkien, dessen Bedeutung für dieses Genre gar nicht überschätzt werden kann. Mit seinem Hauptwerk des *Lord of the Rings* (1954/55, »Der Herr der Ringe«) hat er sogar Literaturgeschichte geschrieben und das Interesse an mittelalterlichen Stoffen wie an Mythen und Märchen immens befördert. Für den Oxford-Professor für altenglische (angelsächsische) Sprache und Literatur spielte der keltisch und hochmittelalterlich geprägte Artusstoff nicht die große Rolle wie die ältere Überlieferung der Angelsachsen. Dem bekennenden Engländer (und damit Nachfahren der Angelsachsen) war die Gegenüberstellung von König Artus und den Angelsachsen durchaus bewusst: Im frühen Mittelalter obsiegten bekanntlich die Germanen vom Festland über die römisch-keltischen Britannier, während nach der normannischen Eroberung 1066 die neuen Herren absichtlich den Artusstoff den unterlegenen Angelsachsen entgegenstellten. Tolkien wollte mit seiner Fantasy-Welt eine Mythologie für England schaffen, dessen alte Überlieferungen er verloren sah: »Es hatte keinen Eigenbesitz an (auf seinem Boden und in seiner Sprache heimischen) Geschichten, zumindest keine von dem Charakter, den ich suchte und den ich (als Beimischung) in den Sagen anderer Länder auch fand [...] Natürlich gab es und gibt es die ganze Welt der Artussage, aber sie, so stark sie auch ist, ist doch nur unvollkommen eingebürgert; sie hat auf britischem Boden, doch nicht im Englischen Fuß gefasst und kann nicht ersetzen, was ich vermisste« (so in einem Brief von 1951; J. R. R. Tolkien. Briefe. Übersetzt von Wolfgang Krege. Stuttgart 2002, 3. Aufl., Brief 131). Trotzdem beschäftigte er sich als Mediävist wissenschaftlich mit dem Artusstoff, etwa als Herausgeber der gegen 1400 entstandenen mittelenglischen Ritterromanze *Sir Gawain and the Green Knight* (»Sir Gawain und der Grüne Ritter«), deren Handlung im Umkreis König Arthurs spielt. Und in seiner imaginären Mittelerde-Welt trägt der Zauberer Gandalf durchaus Züge, die an Merlin erinnern: Auch er ist ein einsamer Wanderer, der unvermittelt erscheint, auch er beherrscht Magie und ist der Ratgeber des Königs. Was für Tolkien die »Unsterblichen Lande« weit im Westen sind, ist in der Artuswelt Avalon – beide Vorstellungen wurzeln in den inselkeltischen sagenhaften Wohnsitzen der Elfen und Feen an verborgenen Orten: in Bergen und Grabhügeln, auf dem Grund des Meeres oder auf Inseln weit draußen im Ozean. Schließlich arbeitete Tolkien über Jahrzehnte an einer eigenständigen Gestaltung um König Artus, die erst viele Jahre nach seinem Tod sein Sohn Christopher Tolkien aus dem Nachlass zusammenstellte und publizierte: *The Fall of Arthur* (2013, »König Arthurs Untergang«).

Artus in den modernen Medien

Im 20. Jahrhundert nimmt sich schon bald das Medium des Films der Artusfigur und der Ritter der Tafelrunde an, seit über 100 Jahren erschließt sich damit der Stoff einem breiten Massenpublikum. Doch beginnen wir mit einer Comicreihe, die selbst schon verfilmt worden ist: Die 1937 von dem Amerikaner Hal

Foster (1892–1982) kreierte Serie *Prince Valiant* (»Prinz Eisenherz«) ist zu einem Klassiker geworden. Ihr Protagonist Prinz Eisenherz ist darin ein Prinz von Thule, der mit seinem Vater König Aguar auf der Flucht vor Thronräubern in die Sümpfe Britanniens gelangt. Inmitten dieser nebelverhangenen Inselwelt, in der noch Riesenechsen hausen, wächst er auf, erlernt die Künste der Jagd und des Kampfes und besteht erste Abenteuer mit fremdartigen Bewohnern einer geheimnisvollen Umwelt. Das Schicksal treibt ihn in der ganzen Welt umher – bis nach Amerika, Afrika und an die Große Mauer Chinas. Er kämpft gegen Drachen und Riesen ebenso wie gegen Sachsen und Hunnen. Sein singendes Schwert stammt vom selben Magier wie Excalibur. Aber zuvorderst lockt ihn Camelot, wo er Ritter der Tafelrunde werden will. Er begegnet Lanzelot, wird Knappe Gawains und erhält an Arthurs Hof den Ritterschlag. Foster entführt mit detailgenauem Realismus in eine imaginäre frühmittelalterliche Welt, die eher barbarisch als höfisch geprägt ist. In ihr erschloss sich die Randfigur Artus dem Comicpublikum.

Filmische Realisationen sind in der ersten Hälfte des 20. Jahrhunderts rar. Dazu gehört bereits 1904 der Versuch eines Parzival-Films, dem etliche eher unscheinbare und erfolglose Ansätze folgen. Den Durchbruch schaffte 1953 eine farbenprächtige Hollywood-Verfilmung des Regisseurs Richard Thorpe (1896–1991): *Knights of the Rounde Table* (»Die Ritter der Tafelrunde«), die den Ritterfilm als Gattung populär machte. Hollywoodstars wie Robert Taylor (Lanzelot), Ava Gardner (Guinevere) und Mel Ferrer (König Arthur) spielen frei nach der Geschichte von Thomas Malory und tragen zum Erfolg der aufwendigen Produktion mit bei. Damit war der Reigen sporadisch in die Kinos kommender Artusfilme eröffnet. Dazu gehören auch ungewöhnliche Realisierungen wie der Zeichentrickfilm *The Sword in the Stone* (1963, »Die Hexe und der Zauberer«), der T. H. Whites erstes Buch »Der König auf Camelot« visualisiert. Oder 1967 das Filmmusical *Camelot* (»Camelot – Am Hofe König Arthurs«), das ebenfalls auf Whites Artusroman zurückgreift. Einige Jahre später schlägt der französische Regisseur Robert Bresson

(1901–1999) in *Lancelot du Lac* (1974, »Lancelot, Ritter der Königin«) einen anderen Weg der Artusrezeption ein. Er erzählt die Liebesgeschichte zwischen Lancelot und Guinevere (»Ginover«), inhaltlich von Hoffnungslosigkeit und Endzeitstimmung geprägt, von mythisch-mystischen Elementen ist die Verfilmung jedoch frei. In seiner sachlichen Welt, die sich einmal mehr als Gleichnis der Gegenwart entpuppt, spielt Merlin keine Rolle mehr. Kurz darauf kann sich das Publikum über einen völlig anderen Zugang die Artuswelt erschließen: *Monty Python and the Holy Grail* (1975, »Die Ritter der Kokosnuß«) hat als vielseitige Satire der englischen Comedy-Gruppe *Monty Python* zu gelten, die die Artuslegende und Gralssuche komisch, grotesk, anspielungsreich und vor allem witzig präsentiert.

Die Verfilmung *Excalibur* (1981, »Excalibur«) des Briten John Boorman (*1933) darf als die erfolgreichste und einflussreichste ihrer Zeit gelten, deren Auswirkungen bis ins 21. Jahrhundert reichen. Auch Boorman greift auf Thomas Malorys Geschichte zurück, erzählt sie aber tiefgängig auf psychologischer und mythischer Basis. Seinem *Excalibur* geht es nicht darum, einen Ritterfilm zu repräsentieren, stärker ist er von fantastischen Elementen des Fantasyfilms geprägt. Das Ergebnis darf als »bildgewaltiges Mysteriendrama« (Egeler 2019, 108) bezeichnet werden, dessen Ende von Farbsymbolik geprägt wird. Boorman setzt Artus mit dem leidenden Fischerkönig der Gralssage gleich, dem Parzival den Gral zum Trank reicht. Der sieche Artus gesundet und reitet mit seinen verbliebenen Rittern unter den Klängen der Carmina Burana von Carl Orff durch blühende Obstbäume in die Schlacht mit Mordred, in der sich Vater und Sohn den Tod bringen. Auch hier entschwindet der König nach Avalon. Wie in Bradleys zeitgleichem »Die Nebel von Avalon« gehören die magisch-mythischen Figuren einer anderen untergehenden Welt an (Merlin: »Es gibt andere Welten, in diese Welt gehöre ich nicht mehr.«). Artus hingegen hat eins zu sein mit dem Land, wie ihn Merlin unterweist: »Wenn du schwach bist, wird das Land zugrunde gehen, wenn du stark bist, wird das Land blühen und gedeihen.«

Seitdem gibt es die unterschiedlichsten Adaptionen des Artusstoffes. Dazu gehört der prächtige Ausstattungsfilm *First*

Knight (1995, »Der 1. Ritter«) des Amerikaners Jerry Zucker (*1950) mit der Starbesetzung von Sean Connery (Arthur), Richard Gere (Lanzelot) und Julia Ormond (Guinevere). *King Arthur* (2004, Regie Antoine Fuqua, *1966) bietet eine ungewöhnliche Neuinterpretation des Stoffes, indem er auf ältere historische Überlieferungen zurückgreift und diese frei gestaltet. Demzufolge verbirgt sich hinter Artus der römische Befehlshaber Artorius Castus, Ritter der Tafelrunde wie Lanzelot sind sarmatische Reiterkrieger vom Schwarzen Meer, mit denen er Abenteuer am Hadrianswall besteht gegen Sachsen, Kelten und Pikten (vgl. Kap. 8). Auch *The Last Legion* (2007, »Die letzte Legion«) nach einem Roman des italienischen Autors Valerio Massimo Manfredi (*1943) siedelt das Geschehen historisch affiner im 5. Jahrhundert an, während Guy Ritchie zehn Jahre später für seinen *King Arthur: Legend of the Sword* wiederum auf eine Fantasy-Welt zurückgreift (vgl. Kap. 1).

4. König Artus – Die Erfolgsgeschichte des Mittelalters

Artus tritt ins Licht der europäischen Geschichte und Literatur

Wenn das Erscheinungsjahr 1485 von Thomas Malorys *Morte Darthur* den krönenden Abschluss der mittelalterlichen Artusliteratur markiert, dann stellt die lateinische *Historia regum Britanniae* (»Geschichte der Könige Britanniens«) ihren Beginn dar. Deren Verfasser war der Kleriker Geoffrey, der nach seinem Geburtsort im südlichen Wales Geoffrey von Monmouth genannt wurde, latinisiert Galfridus Monemutensis. Wenig weiß man von seinem Leben: Geboren um 1100, stammte er aus einer walisischen oder einer eingewanderten bretonischen Familie. Drei Jahrzehnte später taucht sein Name in Oxford auf, wo er als Geistlicher und Lehrer wirkte. Schließlich übernahm er den Bischofssitz St. Asaph in Nordwales, an dem er nach wenigen Jahren um 1154 starb. Er selbst bezeichnet sich als Brito (»Brite«), was Bretone oder Waliser meinen kann, jedenfalls einen Mann mit keltischen Wurzeln. Wie bei Thomas Malory lohnt auch bei ihm ein Blick auf die politischen Verhältnisse, die Leben wie Werk beeinflussten: Als er die *Historia* um 1136 abschloss, stand England am Rande des Bürgerkriegs, mit dem eine Zeit begann, die noch heute als »Anarchie« bezeichnet wird. Die Situation war kompliziert und verfahren, denn von der kraftvollen normannischen Herrschaft, die Wilhelm der Eroberer (reg. in England 1066–1087) seit 1066 etabliert hatte, war nicht mehr viel übrig geblieben. England mit den inselkeltischen Nachbargebieten von Wales und Schottland erhob über das normannische Herrscherhaus Gebietsansprüche in Nordfrankreich, was die Lage noch schwieriger gestaltete. Als König Heinrich I. (reg. ab 1100) während einer Jagd in der Normandie am 1. Dezember 1135 der Tod ereilte, war von der engeren Familie lediglich sein unehelicher

Sohn Robert von Gloucester anwesend. Er leitete im Monat darauf die Überführung des Toten nach England, wo dieser in dem von ihm gegründeten Zisterzienserkloster Reading Abbey (westlich von London) bestattet wurde. Als Thronfolgerin stand die vom König berufene Tochter Mathilde (1102–1167) bereit – immerhin die verwitwete Kaiserin des Heiligen Römischen Reiches, ehemals Gemahlin des Salierkaisers Heinrichs V. (reg. 1111–1125). Auf Drängen des Vaters ehelichte sie den mehr als zehn Jahre jüngeren Erben der Grafschaft Anjou, Gottfried (Gottfried V., reg. 1129–1151), was in Zukunft England noch erheblich stärker mit Frankreich verbinden sollte. Während der König mit dieser Ehe eine Versöhnung mit dem traditionellen Rivalen Anjou anstrebte, stieß sie im Adel auf Widerstand, weil man Gottfried als Feind der Normannen ansah. Infolgedessen unterstützten Adel und Klerus, aber auch die einflussreiche Bürgerschaft Londons, Heinrichs Neffen Stephan, der noch im Dezember 1135 in Westminster Abbey gekrönt wurde. Mit diesem Stephan von Blois (reg. 1135–1154) bestieg ein Enkel Wilhelms des Eroberers den Thron. Er stand nun der Ex-Kaiserin Mathilde gegenüber, die ihrerseits Ansprüche auf die Krone erhob. Damit begannen Auseinandersetzungen, in die auch diverse hohe Adlige und Kleriker involviert waren. Erst zwei Jahrzehnte später endete der Bürgerkrieg mit dem Tod König Stephans (1154), dem mit Heinrich II. (reg. 1154–1189) der Sohn Mathildes folgte.

Als Geoffrey von Monmouth in den 1130er-Jahren an seiner britischen Königsgeschichte schrieb, standen die zukünftigen Kontrahenten bereit. England prägten außerdem mehr oder weniger alte Gegensätze zwischen den Nachfahren der keltischen Britannier, die nach Wales und in die Bretagne verdrängt worden waren, den germanischen Angelsachsen, deren Könige seit Jahrhunderten über England herrschten und den skandinavischstämmigen romanisierten Herrschern aus der Normandie, die ihrerseits die angelsächsische Herrschaft beendet hatten. Diese Verhältnisse spiegelten sich auch in aristokratischer Familienpolitik wider: So hatte etwa Stephan zehn Jahre vor seiner Thronbesteigung Mathilde von Bouillon († 1152) geheiratet, die Tochter eines Grafen Eustach III. von Boulogne. Über ihre Mutter Margarete von Schottland war sie mit dem Haus von Wessex verwandt und damit mit den alten angelsächsischen Königen. Dagegen fand die Ex-Kaiserin Mathilde einen mächtigen Fürsprecher in ihrem Stiefbruder Robert von Gloucester (1100–1147), der bekanntlich beim Tod König Heinrichs I. zugegen war. Dieser literaturinteressierte Earl förderte Geoffreys Geschichte, sodass dieser sie ihm widmete. Ob die beiden übrigens eine keltische Herkunft verband, muss ungeklärt bleiben – die Forschung spricht sich mittlerweile eher gegen die Annahme aus, Roberts Mutter sei eine walisische Prinzessin gewesen.

Indem Robert die Geschichtsschreibung förderte, folgte er vielen Vertretern des normannischen Herrscherhauses. Sie alle waren letztlich um eine historisch gerechtfertigte Legitimität ihrer Regierung in der Normandie und in England bemüht. Geoffrey begründete die englische bzw. britische Identität ohne normannische Wurzeln. Denn jedermann wusste, dass die Normannen erst seit 1066 über England herrschten. Aber er umging auch die Angelsachsen, die er nicht als ursprüngliche Herren des Landes ansah. Und während sich diese in traditionellen Genealogien auf den Stammvater Woden zurückführten – identisch mit ihrem höchsten vorchristlichen Gott Wodan – zog Geoffrey den im christlichen Abendland verbreiteten und geschätzten Trojanermythos heran. Wie die Römer begründete man seine Abstammung auf den Helden Aeneas, der nach dem Sieg der Griechen seine Heimat in Kleinasien verlassen musste. Unter den Geschichtsschreibern war es bester Brauch, in ihren Historien einen seiner Söhne und Abkömmlinge in Europa herumziehen und sich mit Teilen der Trojaner ansiedeln zu lassen. Für Geoffrey war das der Trojaner Brutus, der als Erster die Insel Albion (England) besiedelte, nach ihm benannten sich die keltischen Briten (was ihn zum Heros eponymus machte, zum namengebenden Gründungshelden). Ihre Geschichte erzählt Geoffrey bis ins 7. Jahrhundert, als sie sich vor den anrückenden Angelsachsen nach Wales zurückziehen mussten. Jetzt waren zumindest die Bretonen mit den Normannen in ihre alte Heimat zurückgekehrt. In seinem Werk über Merlins Prophezeiungen treten die normannischen Könige gar als Rächer der von den Angelsachsen besiegten Briten auf. Unter den Namen der letzten keltisch-britischen Könige fällt auch der des Artus, auf dessen Geschichte ausführlich eingegangen wird – innerhalb eines Zeitrahmens von 1800 Jahren füllen seine Regierungsjahre immerhin ein Viertel des Umfangs. Dies war die eigentliche Geburtsstunde des literarisch-historischen Königs Artus. Die anglonormannische bzw. englische Führungselite griff gern auf diesen Helden einer fernen Vergangenheit zurück – zumal er bekanntlich wie später die Normannen gegen die Angelsachsen gekämpft hatte. Geoffreys Abstammungslehre verbindet zudem die herrschenden Anglonormannen mit dem ehrenhaften Dreiklang von Trojanern, Römern und Briten. Anzumerken ist die weite Entfernung der *Historia* Geoffreys von unserem modernen Geschichtsverständnis, das selbstredend auf Faktizität und Quellenkritik beruht. Gelehrte Verfasser des Mittelalters griffen hingegen insbesondere auf das Vorbild römischer Geschichtsschreiber zurück, das sie mit biblischen, aber auch mythischen und sagenhaften Elementen mischten. Im Fall Geoffreys geht es vor allem um dessen britische bzw. englische Quellen, die im Umfeld älterer Historiografien zu suchen sind, aber wohl auch im Kontext verschiedenen inselkeltischen Erzählguts. Welche Grundlagen für seine Artusgeschichte gelten, was gar lediglich seiner Fantasie entspringt, wird uns noch beschäftigen. Mit der *Historia regum Britanniae* tritt er jedenfalls als »Schöpfer einer erstmals in sich geschlossenen arthurischen Stofftradition« (Gottzmann 1989, 30) auf. Er bietet uns als Erster eine runde, durchgehende Artusgeschichte, die über Thomas Malory bis heute nachwirkt.

Die Geschichte der britischen Könige und Artus

In den zwölf Büchern der »Geschichte der Könige Britanniens« tritt Artus erst im Laufe des Buches auf – ganz der Chronologie folgend, der zufolge er am Ende der britischen Geschichte erscheint. Die ersten sechs Bücher widmen sich der Vorgeschichte, einschließlich der römischen Herrschaft über Britannien: Wie des Trojaners Aeneas Abkömmling Brutus auf die Insel Albion verschlagen wird und Land und Volk seinen Namen gibt: Britannien und Briten. Dort gründet er Troja Nova (»Neu-Troja«), das später den Namen London annimmt. Nach seinem Tod wird das Reich in die drei Länder aufgeteilt, nämlich Albania (Schottland) nach dem Herrscher Albanactus, Kambria (Wales) nach Kamber und Loegria (England) nach Locrinus. Deren Nachfahren verzetteln sich in Bruderkämpfen, später unternehmen Belinus und Brennius erfolgreiche Kriegszüge nach Gallien und Italien, die in der Eroberung Roms ihren Höhepunkt finden. Nach Jahrhunderten haben sich die Machtverhältnisse völlig verändert: Römische Truppen erobern große Teile Britanniens und dessen Anführer Cassivelaunus unterwirft sich Caesar. Gegen Ende der Römerherrschaft überfallen etliche Völker Britannien, das mit einem Wall gegen Schottland vorerst geschützt ist. Die Römer fordern schließlich die Briten zur Selbsthilfe auf, was diesen wegen mangelnder Erfahrungen im Kriegswesen wenig bringt. Erneute Hilfegesuche an den römischen Konsul Agicius bleiben unerhört.

Damit sind wir in Geoffreys *Geschichte* im 5. Jahrhundert n. Chr. und bei den Geschehnissen, die Artus unmittelbar vorausgehen: Trotz der äußeren Bedrohungen brechen unter den Briten Auseinandersetzungen und Kriege aus. Der britische König Konstantin II. wird nach zehnjähriger Regierung von einem Pikten erdolcht. Als man sich auf keinen Nachfolger einigen kann, macht Vortigern, der »Führer der Gewisseer«, den ältesten Sohn Konstantins II., den schwachen Constans, zum König. Er selbst hält jedoch die Macht in Händen und schreckt vor Mord nicht zurück. Darum bringen die Ratgeber von Constans jüngeren Brüdern Aurelius Ambrosius und Utherpendragon diese in die Bretagne zu König Budicius. Der mittlerweile König gewordene Vortigern muss sich der Aufstände von Pikten und anderer Völker erwehren. Da landen unter der Führung der Brüder Hengist und Horsa drei Langschiffe mit Sachsen aus Germanien in Kent und bieten Vortigern ihre Hilfe an. Damit treten in Geoffreys *Historia* erstmals die Hauptkontrahenten der Briten auf. Als nämlich immer mehr Schiffe voll germanischer

Krieger eintreffen, erheben sich die Einheimischen gegen Vortigern und machen dessen Sohn Vortimer zum König. Ihm gelingt es in der Tat, die Sachsen zu vertreiben. Nach seiner Ermordung ergreift Vortigern wieder die Macht und ruft prompt seinen Verbündeten Hengist zurück. Dieser kommt mit 300 000 Kriegern – hunderte britische Fürsten werden in eine Falle gelockt und getötet. Nun flieht sogar Vortigern vor den Sachsen nach Wales, fühlt sich jedoch selbst dort nicht sicher. Wahrsager raten ihm, auf dem Erithberg einen festen Turm als letzte Zuflucht zu errichten. Dessen Bau misslingt wiederholt, weil das Mauerwerk in der Erde versinkt. Die Ratgeber empfehlen, die Bausteine mit dem Blut eines getöteten, vaterlosen Jünglings zu besprengen. An dieser Stelle folgt erstmals der Auftritt Merlins, hier mit seiner Mutter, der Tochter des Königs von Demetien. Der junge Mann rettet sein Leben, indem er auf einen unterirdischen Sumpf verweist, der die Mauern zum Einsturz bringt. Darunter schlafen zwei Drachen neben zwei hohlen Steinen. Als man sie ausgräbt, bekämpfen sie sich gegenseitig. Danach gefragt, was dies zu bedeuten habe, beginnt Merlin mit einer Reihe von Prophezeiungen. Geoffrey entnahm sie aus seinem früher fertiggestellten Werk der *Prophetiae Merlini* (»Merlins Prophezeiungen«, später dichtete er noch eine *Vita Merlini*, vgl. Kap. 9). Im achten Buch erfüllt sich, was Merlin Vortigern vorausgesagt hatte: Aurelius Ambrosius und Utherpendragon kehren aus der Bretagne zurück und vertreiben Vortigern und die Sachsen. Der entmachtete König verbrennt in seinem Fluchtturm, sein Nachfolger wird Aurelius Ambrosius. Er befriedet das Reich und beauftragt Merlin, eine Totengedenkstätte auf dem Ambriusberg zu errichten. Dieser holt mit 15 000 Männern die Steine des einstmals von Riesen errichteten Gigantenrings auf dem Killarausberg in Irland nach Südengland und baut sie bei Salisbury wieder auf (Stonehenge). Doch die verbündeten Sachsen und Iren greifen erneut an, Aurelius Ambrosius wird Opfer eines Giftanschlags. Aus einem Sternenschweif in Drachenform prophezeit Merlin Utherpendragon die Zukunft und rät ihm zum Angriff. Dieser endet mit einem großen Sieg, worauf Utherpendragon König der Briten wird.

Hier lässt Geoffrey jene Geschichte folgen, die fast 350 Jahre später Thomas Malory im Großen und Ganzen übernimmt: Utherpendragon befriedet sein Reich, verliebt sich in des Herzogs von Cornwall Frau Ygerna, »deren Schönheit alle Damen Britanniens übertraf« und führt wegen seiner unbefriedigten Leidenschaft Krieg gegen den Herzog. Dieser, Gorlois, bringt Ygerna hinter den Mauern Tintagols in Sicherheit, während er dem Heer des Königs andernorts die Stirn bietet. Merlin nimmt den Gestaltwechsel Utherpendragons vor, der die Begehrte in Tintagol aufsucht: »Diese Nacht empfing sie den berühmtesten Mann, den Arthur, der später wegen seines ungewöhnlichen Heldentums gefeiert wurde […]« (König Artus und seine Tafelrunde 1986, 17). Nach dem Tod des Herzogs und seinem Sieg nimmt Utherpendragon Ygerna zur Frau. Er konsolidiert sein Reich und kämpft weiter erfolgreich gegen die Sachsen, wird aber letztlich wie sein Bruder Aurelius Ambrosius ein Opfer von deren Hinterlist. Nach einem Giftmord bestattet man ihn neben seinem Bruder in Stonehenge.

Damit beginnt die Herrschaft Artus', den Geoffrey ohne Widerstände von Erzbischof Dubricius zum König krönen lässt: »Arthur war ein fünfzehnjähriger Jüngling von unerhörter Tapferkeit und Hochherzigkeit, worin seine angeborene Güte ihm solche Huld verlieh, daß ihn fast alles Volk liebte« (ebd., 22). Die Tugend der Kriegstüchtigkeit darf der junge Herrscher schon bald an den Tag legen, muss er doch etliche Schlachten gegen Sachsen, Schotten und Pikten schlagen. Nach ständigem Auf und Ab kehren die Germanen zum wiederholten Mal nach Britannien zurück und greifen im südenglischen Somerset an. Vor der Schlacht beschreibt Geoffrey den König in seiner prächtigen Ausrüstung: »Arthur selber legte den einem großen König geziemenden Panzer an, nahm auf sein Haupt einen goldenen Helm, der mit einer Drachenplastik geschmückt war, und über seine Schultern einen Schild mit Namen Pridwen, auf dem das aufgemalte Bild der heiligen Maria, der Gottesgebärerin, ihn häufig an sie erinnerte. Umgürtet war er mit dem besten Schwert Caliburn, das auf der Insel Avalon geschmiedet war; eine Lanze mit dem Namen Ron schmückte seine Rechte; sie war hochragend, breit und vortrefflich zum Verletzen« (ebd., 26). Artus siegt und die Kämpfe verlagern sich ins ferne Schottland, wo wiederum die Schotten und Pikten geschlagen werden. Mit der Heirat von Guinevere »aus einem vornehmen römischen Geschlecht« schafft Artus die Grundlagen für einen Hof, der weithin als vorbildlich gilt. Die schönste Schilderung davon bietet Geoffrey im neunten Buch vom Pfingstfest in Caerleon in der südwalisischen Region Glamorgan. Dort habe eine Pracht geherrscht, die den Vergleich mit Rom nicht zu scheuen brauchte und Herrscher aus aller Herren Länder anzog: »Britannien hatte ja damals eine solche Höhe der Gesittung erreicht, daß es die übrigen Königreiche an Fülle des Reichtums, Pracht des Schmuckes und Gesittetheit seiner Bewohner übertraf. Jeder Ritter, der in dem Land wegen seiner Tapferkeit berühmt war, trug Tracht und Waffen in einer einzigen Farbe. Höfische Damen hatten völlig ähnliche Kleider und hielten es für ehrenvoll, ihre Liebe keinem Mann zu schenken, der sich nicht dreimal im Ritterdienst erprobt hatte« (ebd., 38). Damals hatte der Britenkönig bereits ganz Nordeuropa und Gallien erobert und seiner Herrschaft unterstellt.

Auf dem Höhepunkt seiner Macht wird Artus wie in *Le Morte Darthur* von Gesandten Roms aufgesucht, das immer noch das alte, mächtige Imperium repräsentiert. Diese »zwölf Männer in gereifteren Jahren und von achtbarem Aussehen in gemessenen Schritten« halten Ölzweige in der Rechten und überbringen ein Schreiben von Lucius Tiberius, dem Prokurator des römischen Staates. Er zeiht Artus der »Unverschämtheit deiner Tyrannei«, sei doch Britannien seit Gaius Iulius Caesar tributpflichtig. Den ultimativen Forderungen Roms widersetzt sich der britische König, der die Oberhoheit über Rom betont und seinerseits Tribut fordert. Nachdem ihn die verbündeten Herrscher darin bestärken und Unterstützung zusagen, befiehlt Artus die Sammlung des Heeres in der Normandie. Britannien überlässt er derweil Königin Guinevere und Modred, der bei Geoffrey sein Neffe ist. So ziehen die Heere Artus' und des Römers Lucius in Gallien gegeneinander. Auch hier in der *Historia* tötet der König einen Riesen, der sich auf dem Mont-Saint-Michel breitgemacht hat und die Gegend terrorisiert (vgl. Kap. 2). Weiter geht es gegen die römischen Truppen, mit denen sich die Briten und ihre Verbündeten mehrere Scharmützel und Schlachten liefern. Zwischen Langres und Autun im Osten Frankreichs kommt es schließlich zur Entscheidungsschlacht zwischen Lucius Tiberius und Artus. Artusritter wie Gawain greifen in das Geschehen ein, bis der König selbst eine Rede hält und den Kampf sucht: Als Arthur gesprochen hatte, »da rannte er auf die Feinde los, schleuderte sie zu Boden, warf sie nieder und tötete jeden, auf den er stieß, oder dessen Pferd mit einem einzigen Streich [...] Ihre Rüstungen bewahrten sie nicht davor, daß Caliburn, in der Rechten eines so mutvollen Königs geschwungen, sie zwang, die Seele mit dem Blut auszuspeien« (ebd., 62). Die überlebenden Römer ergreifen daraufhin die Flucht. Als Artus im folgenden Sommer gegen Rom zieht, darf er sich als mächtigster Herrscher der Welt bezeichnen. Aber diesen Triumph kann er nicht auskosten, denn aus Britannien erreicht ihn die Nachricht, sein Neffe Modred habe die Macht ergriffen und Guinevere zur Frau genommen. Artus macht sich sofort auf den Rückweg nach Britannien, wo der Verräter mittlerweile ein Bündnis mit dem Sachsenführer Cheldric geschlossen hat, der weitere Krieger aus Germanien herbeiruft, insgesamt »achthundert Schiffe voll bewaffneter Heiden« (ebd., 65). Nach Artus' Landung in Kent kommt es zur ersten großen Schlacht mit Modred, der in die Flucht geschlagen wird. Er zieht sich weiter westlich nach Winchester zurück, während Guinevere in Caeleon in ein Kloster eintritt. Der zornige König schlägt Modred bei Winchester und verfolgt ihn bis zum Fluss Camblan in Cornwall, wo es zur blutigen Entscheidungsschlacht kommt: »Überall verwundeten sie oder wurden verwundet, töteten oder wurden getötet. Nachdem sie einen großen Teil des Tages auf diese Weise verbracht hatten, stürmte Arthur schließlich mit einem Haufen, in dem er 6666 Mann aufgestellt hatte, auf die Schar los, in der er Modred wußte, bahnte sich mit dem Schwert einen Weg, drang in den Haufen ein und verursachte ein entsetzliches Gemetzel. So sanken jener verruchte Verräter und viele Tausende mit ihm tot nieder« (ebd., 67). Auch Artus wurde

»tödlich verwundet und zur Insel Avalon fortgeschafft, um seine Wunden heilen zu lassen« (ebd., 68; ein Widerspruch, der seit jeher die Artussage umtreibt und noch Thomas Malory und William Caxton beschäftigt). Laut Geoffrey übergab er die britische Krone seinem Neffen Konstantin, dem Sohn des Herzogs Cador von Cornwall und das soll im Jahr 542 n. Chr. geschehen sein.

Die letzten Jahre der britischen Könige sind rasch erzählt: Neben den sächsischen Angriffen schwächen innere Fehden, Hungersnöte und Seuchen das Reich. Den Sachsen mit ihrem Nachschub aus Germanien fällt es leicht, »das Land von Schottland bis Cornwall« in Besitz zu nehmen. Die überlebenden Briten wandern mit ihrem König Cadwalladar in die Bretagne aus. Im alten Britannien verbleiben Briten nur noch in Wales, wonach sie sich schließlich als Waliser bezeichnen. Cadwalladar soll nach Rom gepilgert und dort 689 n. Chr. verstorben sein. Vor seinem Plan einer Rückeroberung Britanniens habe ihn zuvor eine Engelsstimme gewarnt: »Gott wünsche die Wiederkehr der Britenherrschaft auf der Insel nicht eher, als bis der von Merlin prophezeite Augenblick gekommen sei.« (ebd., 71). Diesen Augenblick mag der Waliser Geoffrey von Monmouth seit der Ankunft der Normannen und der mit ihnen verbündeten Bretonen gesehen haben. Damit fand die britische Geschichte in seiner *Historia regum Britanniae* gewissermaßen ihre Erfüllung.

Die Geschichte von Artus, »Hoffnung der Briten« *(spes britonum)* und idealer Herrscher, begründete den »Mythos eines britisch-anglonormannischen Königreichs« (Wolf 2009, 33). Für das anglonormannische England des 12. Jahrhunderts hatte dieser Mythos sogar politische Bedeutung: Gab der Britenkönig nicht ein vorbildliches Beispiel für die Herrschaft über Gallien (Frankreich) und andere Länder? Hatte Artus nicht gegen den imperialen Anspruch Roms gestritten – an dessen Stelle jetzt das Heilige Römische Reich der deutschen Kaiser getreten war? Die normannischen Feudalherren strebten jedenfalls seit jeher Selbstständigkeit an, und Artus durfte in dieser Hinsicht als Vorbild dienen. Andererseits reichte seine faszinierende Heldengestalt weit über einen einzelnen nationalen Horizont hinaus und fand weit über England Interesse. Davon zeugen allein von Geoffreys Werk um die 200 erhalten gebliebenen Handschriften, darunter 48 vollständige.

Artus vor und nach Geoffrey

Obwohl bis heute umstritten ist, wie viel eigene Fantasie Geoffrey in seiner *Historia regum Britanniae* walten ließ, ist doch unbestreitbar, dass auch andere und sogar ältere Quellen einen König Artus kennen. Ein zeitnahes Beispiel dafür bietet der englische Kleriker William von Malmesbury († ca. 1143) in seinen »Taten der englischen Könige« (*Gesta Regum Anglorum*, etwa 1125 und damit ein Jahrzehnt vor Geoffreys Geschichtswerk entstanden): »Das ist der Arthur, über den dumme Possen der Bretonen noch heute phantasiert werden, ein Mann, der nicht würdig ist, daß man über ihn in trügerischen Farben träumt, aber den man in glaubwürdigen Erzählungen bekannt machen sollte, da er lange den Prozeß des dem Niedergang geweihten Vaterlandes aufhielt und den sinkenden Geist seiner Landsleute zu Kriegstaten wieder anspornte« (Zitat in Gottzmann 1989, 27 f.). Außerdem taucht in einigen walisischen Heiligenviten der Name des Artus auf. Darunter ist insbesondere die des Gildas *(Vita Gildae)* zu nennen, erzählt sie doch um 1120 bzw. 1130 mehrere Episoden, etwa von der Entführung der Gwenhwyfar (Ginover) durch Melwas, der später in Frankreich Meleagant genannt wird und noch 1995 in der Verfilmung *Der 1. Ritter* als übler Prinz Malagant auftaucht. Außerdem soll Artus, der in den Heiligenviten durchaus kritisch als Tyrann bezeichnet wird, auf der Insel Man erschlagen worden sein. Zu den früheren Zeugnissen der Artuskenntnis zählt ein Relief am Nordportal der Kathedrale von Modena, also in Norditalien und damit weit von Britannien entfernt, das um 1120 entstanden sein dürfte. Die Darstellung weist eine Reihe von Figuren auf, die namentlich beschriftet sind und deshalb eindeutig der Geschichte Artus' zugewiesen werden können, darunter der König als *Artus de Bretania* (Artus von Britannien), *Winlogee* (kymr.

Gwenhwyfar bzw. Guinevere), *Mardoc* (Mordred) und *Galvaginus* (kymr. Gwalchmai bzw. Gawain). Eine Szene lässt sich als Darstellung der Entführung der Gwenhwyfar durch Melwas bzw. Meleagant interpretieren, wie sie auch in der *Vita Gildae* erwähnt wird. Wie kommt das Wissen dieses Erzählstoffes zu den Baumeistern nach Norditalien? Seine Motive gehen offensichtlich auf kymrische Überlieferungen zurück, die nur zum Teil in Geoffreys Werk eingeflossen sind (vgl. Kap. 5). Nach Italien dürften sie ihren Weg über die in Sizilien und Süditalien herrschenden Normannen gefunden haben, in deren Umfeld bekanntlich Bretonen zu finden waren. Das Relief aus Modena bekundet die weite Verbreitung der Artusgeschichten, denen jedoch Geoffrey von Monmouth einen prägenden Ausdruck gegeben hat.

Im Folgenden einige Beispiele, wie weit dieser Einfluss gemeinsam mit anderen Quellen im mittelalterlichen Britannien reichte: Der Blick auf die englische Literatur bis Thomas Malory zeigt so manches von geringerer Qualität. Das mag insbesondere daran liegen, dass der englische Königshof sich zu einem Zentrum der Literatur um König Artus entwickelte, man aber dort die französischen Texte goutierte. Die englische Sprache selbst konnte sich in den tonangebenden Kreisen nur langsam durchsetzen. Nach einigen Jahrzehnten fand die völlig ahistorische Fabuliererei der Franzosen weniger Sympathie, und man suchte wieder stärker den historischen Zugang zum Artusstoff. Dabei wurde die Gestalt des Artus durchaus kritisch gesehen. Erst Robert von Gloucester setzte mit seiner mittelenglischen Reimchronik Englands um 1270 das deutliche Zeichen einer Idealisierung des Sagenkönigs. Einflussreich wurde über ein Jahrhundert später eine Verserzählung, in der Artus nur eine Randrolle spielt, die aber die Artuswelt wiedergibt und als bedeutendstes englisches Werk dieser Epoche gilt: *Sir Gawein and the Green Knight* (»Sir Gawein und der Grüne Ritter«) hat mit seinen 101 Strophen schon den Mediävisten J. R. R. Tolkien beeindruckt, der das Werk mustergültig edierte und kommentierte. Die Handlung hat wenig mit der *Historia* des Geoffrey von Monmouth zu tun, aber umso mehr mit den fantastischen Motiven der höfischen wie der keltischen Kultur, wovon sich einzelne Motive wiederum ein Jahrhundert später bei Thomas Malory finden: Während des Weihnachtsessens am Artushof taucht ein grüner Ritter auf, der Gawain zum sogenannten Enthauptungsspiel einlädt. Bei dieser makabren Wette geht es darum, den Gegner mit einem einzigen Axtschlag zu köpfen. Gawain gelingt dies, was den geheimnisvollen Grünen Ritter aber nicht davon abhält, seinen Kopf zu nehmen und sich zu entfernen – nicht ohne Gawain an sein Recht des Gegenschlags nach Jahr und Tag zu erinnern. Im nächsten Winter sucht Gawain – wie es die Ehre gebietet – seinen unbekannten Kontrahenten und durchstreift Nordwales. Das Weihnachtsfest verbringt der Artusritter auf der Burg des gastfreundlichen Bertilak de Hautdesert, der Gawain nach einer Jagd zur grünen Kapelle geleiten will, wo der Gesuchte zu finden sei. Während der Burgherr edles Wild jagt, versucht seine Gattin Gawain mehrmals zu verführen. Dieser bleibt standhaft und besteht die Tugendprobe, verschweigt aber Bertilak das Gürtelgeschenk der Burgherrin. An Neujahr entpuppt sich jener Burgherr als der Grüne Ritter, den die Zauberin Morgan le Fay mit einem Fluch belegt hatte. Nun muss sich Gawain dem Gegenschlag stellen, erleidet aber nur eine kleine Halswunde und ist frei. Bertilak de Hautdesert, seine Gattin und der ganze Artushof sind mit ihm zufrieden, nur Gawain selbst empfindet die »Gürtellüge« als Schande. Dieser kurios anmutende Text verweist auf eine andere Artuswelt, die nicht von Pseudohistorischem, sondern von Fantastischem geprägt ist, wie es die älteren keltischen Überlieferungen bezeugen (vgl. Kap. 5).

Artus in Frankreich

Für die Verbreitung der Artusgestalt und ihrer Geschichten war Frankreich von großer Bedeutung, dessen nordfranzösische Höfe mit dem Mittelpunkt Paris eng mit der frankophonen Aristokratie Englands verbunden waren. Da die Normandie eine Vermittlerrolle spielte, nimmt es nicht Wunder, dass mit einem

Gelehrten namens Wace (ca. 1110–1174) ein Normanne von der Insel Jersey Geoffreys Stoff aufgriff. Er übersetzte nämlich dessen lateinische »Geschichte der Könige Britanniens« ins Anglonormannische, eine Variante des Altfranzösischen – wohl im Auftrag des englischen Königspaares Heinrich II. und Eleonores von Aquitanien (beide französischer Herkunft und der Sprache und Kultur ihrer Heimat zutiefst verbunden). Damit machte er in seinem *Roman de Brut* (»Geschichte von den Briten«), kurz auch *Brut*, um 1150 die *Historia* in einer Volkssprache zugänglich. Diese Reimchronik gibt im Großen und Ganzen Geoffreys Prosatext wieder, führt aber auch Neuerungen ein, die den Ruhm der Artuswelt mitbegründen sollten: Das höfische Ambiente wird ausgestaltet und in seinem Mittelpunkt steht nun der *table ronde*, jener runde Tisch, der hier lediglich Rangstreitigkeiten vermeiden soll. Wace nennt zudem als Erster jenen in der Bretagne (später in Wales) verorteten Zauberwald von Brocéliande, in dem angeblich Merlin seiner Erlösung harrt. Es sei noch angemerkt, dass einige Jahrzehnte später der englische Kleriker Layamon den *Roman de Brut* ins Mittelenglische übersetzte (nach 1200) und somit zur Verbreitung des Stoffes beitrug.

Der Artusstoff fand seinen Niederschlag nicht nur in England bei Eleonore (1122–1204) und Heinrich II. (König 1154–1189), sondern auch an den Höfen der Marie de Champagne (1145–1198) und Philipps von Flandern († 1191). In um 1160 verbreiteten Lais (kurze, gereimte Erzählungen) ging es um Abenteuer und Liebe, so auch um Tristan und Isolde und um Artus, der aber nicht mehr als dominanter und historisch verbürgter Herrscher auftritt. Den Höhepunkt dieser Entwicklung stellt das Werk des französischen Dichters Chrétien de Troyes dar, von dem man außer seiner nachgesagten Beziehung zu der nordostfranzösischen Stadt Troyes kaum etwas weiß. Mit seinen zwischen 1160 und 1190 entstandenen Versromanen gilt er als Begründer der höfischen Artusliteratur. Mit dem historiografischen Anspruch des Geoffrey von Monmouth haben seine Werke außer der Hauptfigur nicht mehr viel gemein, lösen sie doch die Figuren von ihren historischen und geografischen Bezügen. Statt Artus steht jeweils einer seiner Tafelritter im Vordergrund, während der König und sein Hof nur noch den Rahmen bzw. Hintergrund bilden. Und im Mittelpunkt der weitgehend märchenhaften Handlung steht kein vermeintlich historisches Geschehen mehr, sondern höfische Feste, Minne, Rittertum und Abenteuerfahrten, deren Kämpfe Ruhm und Ehre bringen sollen. Mit dieser Höfisierung des Artusstoffes hat der Germanist Walter Haug Chrétien gar die »Erfindung der Fiktionalität« (Wolf 2009, 46) zugesprochen. In seinem ersten Artusroman *Erec et Enide* geht es demgemäß um Liebe und Rittertugend, aber auch die Herrlichkeit des Artushofes: »Am Ostertag, zur Wiederkehr der schönen Jahreszeit, hielt König Artus in seinem Schloß Cardigan Hof; nie zuvor hatte man so eine herrliche Versammlung gesehen, denn viele treffliche Ritter waren dort vereinigt, kühn, immer zum Kampf bereit und stolz, sowie edle Damen und Jungfrauen, Königstöchter, schön und liebenswürdig. Ehe der Hof sich auflöste, erklärte der König seinen Rittern, er wolle den weißen Hirsch jagen, um die Sitte wiederzubeleben.« (König Artus und seine Tafelrunde 1986, 162). In *Cligès* zieht der namengebende Held als Prinz von Konstantinopel zum Artushof nach Britannien, wo er in Liebe zu Gawains Schwester Fénice verfällt. Auch seine Geschichte wird von Abenteuern, Turnierschilderungen und Liebe geprägt. *Lancelot* oder *Lancelot ou Le Chevalier de la charette* (»Lancelot oder der Karrenritter«, vgl. Kap. 2) bietet um 1180 die noch heute bekannte Ehebruchgeschichte und erzählt wie der »1. Ritter« Königin Ginevere und ihren Entführer Meleagant sogar über eine Schwertbrücke verfolgt. *Yvain, le chevalier au Lion* (»Iwein, der Ritter mit dem Löwen«) besteht eine Fülle von Abenteuern, darunter einen Kampf mit einem Drachen. Der durch Yvains Sieg gerettete Löwe wird zu seinem ständigen Begleiter. Der Fragment gebliebene *Perceval ou le conte du Graal* (»Die Geschichte vom Gral«) gilt als erster Gralsroman und trägt zur Popularisierung des Gralsstoffes mit bei (vgl. Kap. 9). Die höfisch-ritterliche Kultur des ausgehenden 12. Jahrhunderts fand in diesen Artusgeschichten der *Matière de Bretagne* (vgl. Kap. 1) einen Stoff, dessen Helden beispielhaft um Rittertugenden ringen und der zugleich eine bunte Unterhaltungswelt bietet. Resultat ist eine Artuswelt, die ganz eigene fiktive Dimensionen annimmt. Hinter all den Aventiuren mit den Kämpfen von Rittern gegen Ritter und gegen Riesen, Drachen, Zwerge und andere Fabelwesen, hinter all den Minnebegegnungen zwischen Rittern und edlen Damen verbirgt sich letztlich eine symbolische Aussage, die bereichert wird durch Elemente der Natur, Waffen und Kleider, Farben, Zahlen und anderem. Die für das höfische Publikum wichtigsten Themen sind die Fragen nach dem rechten oder falschen Rittertum, nach der wahren oder unzulänglichen Liebe respektive Minne bis hin zur Ehe, ab und an auch nach der Gottessuche und schließlich nach dem gerechten Herrscher, womit Artus wieder ins Spiel kommt. Denn in der gesamten Artusdichtung des Mittelalters tritt er als vorbildlicher König auf, der aber nicht selten als blasser Herrscher und manchmal sogar als Tyrann kritisiert wird. Von Frankreichs höfischem Einfluss ausgehend, aber ebenso von Geoffreys lateinischer Geschichte breitete sich in vielen Ländern Europas der Artusstoff aus: als historische Chronik, als Versepik, als Prosaroman, später auch in zahlreichen Balladen.

Der deutsche Artus

Die Dichter und gelehrten Kleriker des deutschsprachigen Raums kannten zwar Geoffrey von Monmouth – so etwa Caesarius von Heisterbach (vgl. Kap. 1), gleichwohl war der französische Einfluss der entscheidende und demzufolge sah man den Sagenkönig in keinem historischen Kontext (»Der deutsche Artus ist latent unhistorisch.« Wolf 2009, 70). Hier kannte man gegen Ende des 12. Jahrhunderts die Werke Chrétiens und übersetzte sie ins Mittelhochdeutsche. Den Anfang machte offensichtlich Hartmann von Aue, dessen Herkunft am Oberrhein verortet wird, wo er vielleicht an den Höfen der Zähringer als Dichter wirkte. Jedenfalls dürfte er Beziehungen zu den vorbildhaften französischen Höfen gepflegt haben und deren Sprache mächtig gewesen sein. Denn er übersetzte Chrétiens Versromane *Erec et Enide* und *Yvain*. Sein *Erec* entstand nach 1180 und thematisiert unter anderem die wahre höfische Liebe. Als König Artus auf die Jagd nach dem weißen Hirsch geht, begleitet Erec Ginover und wird dabei von einem Zwerg beleidigt. Da waffenlos, muss er sich dem fügen. Daraus ergeben sich etliche Abenteuer, in denen Erec in Liebe zu Enite verfällt. Nach der Hochzeit zeigt Erec ein unritterliches Verhalten, indem er die Zeit nur noch mit der geliebten Enite verbringt und auf keine Aventiure mehr zieht. Sich dieser Verfehlung bewusst werdend, reitet der Ritter gemeinsam mit Enite los, unterwirft sie aber einem strengen Schweigegebot, das sie aus Liebe zu ihm immer wieder bricht. Schließlich bringt Gawain den verletzten Erec zurück an den Artushof, wo seine Wunden durch ein Pflaster Morganes heilen und er die wahre Liebe zu Enite findet. Erst kurz nach 1200 soll Hartmann *Iwein* übersetzt haben. Auch dieser Artusritter erlebt eine Fülle von Aventiuren, nur dass hier die Situation eine andere ist als bei Erec. Iwein überschreitet nämlich die Frist, zu seiner Ehefrau Laudine und an den Artushof zurückzukehren, verfällt deswegen dem Wahnsinn, wird geheilt und zieht dann wieder hinaus, um einem Löwen gegen einen Drachen zu helfen, zwei Riesen zu besiegen und 300 Jungfrauen zu befreien.

Doch Hartmann bleibt nicht der einzige deutschsprachige Artusdichter. Der wohl im Bodenseeraum beheimatete Ulrich von Zatzikhoven verfasst gegen 1200 einen *Lanzelet*, in dem es wie andernorts ebenfalls überliefert um dessen Erziehung bei einer Wasserfee geht, wo er etliche Aventiuren besteht, vier Ehen eingeht und am Artushof weilt (allerdings ohne die Liebesbeziehung zur Königin). Ulrich von Zatzikhovens Vorbild ist unbekannt, allerdings findet das *welsche buoch von Lanzelete* (mhd., »das französische Buch von Lanzelot«) Erwähnung, das er durch Hugo von Morville († 1202) kennengelernt haben will, einem normannischen Ritter, der in Deutschland als Geisel für den freigelassenen englischen König Richard Löwenherz (reg. 1189–1199) weilte. Etwas später dichtete Wirnt von Grafenberg aus dem fränkischen Raum seinen *Wigalois*, den Sohn Gaweins, der sich auf die Suche nach seinem Vater begibt, den er schließlich am Artushof trifft. Bei 40 überlieferten Handschriften scheint diese Geschichte sehr beliebt gewesen zu sein. Etwas früher haben sich Eilhart von Oberge und Gottfried von Straßburg des Tristanstoffes angenommen. Als Meisterstück der mittelhochdeutschen Artusliteratur darf der Parzivalroman des Wolfram von Eschenbach bezeichnet werden, eine mit 25 000 Zeilen umfangreiche Geschichte um den Artusritter und die Sage vom Gral. Der Dichter stammte aus Franken und hatte anscheinend in dem Landgrafen Hermann I. von Thüringen (reg. 1190–1217) einen großzügigen Mäzen gefunden. Er kannte die Werke Chrétiens, dessen Vorlage er kurz nach 1200 erheblich erweiterte. 17 vollständige Handschriften sowie 70 Fragmente belegen die Beliebtheit des Gralsepos, das das spätere spezifische deutsche Interesse am Artusstoff vorwegnimmt. Namen wie die der Parzivaleltern Gahmuret und Herzeloyde, seines Erziehers Gurnemanz, des Gralskönigs Anfortas und seiner Burg Munsalvaesche haben nicht zuletzt durch die Rezeption Richard Wagners Bekanntheit erlangt. Hier noch einige Titel aus der umfangreichen Artusliteratur, in der verschiedene Ritter im Mittelpunkt stehen und Artus recht unterschiedliche Charaktere aufweist: In Strickers »Daniel von dem Blühenden Tal« gelingt es dem Helden mit dem ungewöhnlichen biblischen Namen sämtliche Artusritter zu besiegen, dann schließt er sich dem König an, um diesen schließlich sogar aus einer Gefangenschaft zu befreien. Der umfangreiche »Prosa-Lancelot« (Autor unbekannt) nimmt sich um 1230 wiederum Chrétiens Text als Vorlage, erweitert ihn jedoch ganz beträchtlich. Fast zeitgleich mit William Caxtons Artusbuch schreibt der Landshuter Ulrich Füetrer gegen Ende des 15. Jahrhunderts nicht nur einen Lanzelotroman, sondern mit dem »Buch der Abenteuer« auch ein Kompilationswerk, in dem er den Artusstoff und andere Geschichten verarbeitet.

Von Island bis Sizilien: Artus in Europa

Die Geschichten um den legendären britischen König waren nicht nur in England, Frankreich und Deutschland beliebt. Man kannte sie auch in Italien, Spanien, den Niederlanden sowie in Norwegen und Island, ebenso kann die hebräische Literatur einige Texte über Artus vorweisen. Auf der Apenninen-Halbinsel finden sich literarische Belege seit der zweiten Hälfte des 12. Jahrhunderts. Gottfried von Viterbo (um 1125–um 1192) greift in seiner Universalgeschichte auf Geoffreys Werk zurück. Daneben scheinen aber auch französische Vorlagen kursiert zu haben, einzelne Erzählungen brachten fahrende Sänger an die Höfe und womöglich sogar unter das gemeine Volk. Gervasius von Tilbury (um 1150–um 1235), der im Umfeld der normannischen Könige von Sizilien tätig war, erzählt um 1210 davon, dass Artus eine Wohnung am oder im Ätna gefunden habe – ähnlich kennt dies auch Caesarius von Heisterbach im Rheinland. Am anderen Ende Europas zeigte man auf Island großes Interesse an den Geschichten aus Britannien. So liegen mit den altnordischen *Breta sögur* (»Sagas von den Briten«) erweiterte Übersetzungen der *Historia* Geoffreys vor, seine *Prophetiae Merlini* wurden um 1200 ins Altnordische übertragen, wo sie als *Merlínusspá* (»Weissagung Merlins«) bezeichnet werden. Der norwegische König Hákon Hákonarson (reg. 1217–1263) betrachtete Artus gar als Politikum, zumindest als Kulturpolitik. Er wollte seinem Hof in Bergen die vorbildliche französische Literatur erschließen und vergab deshalb regelrechte Übersetzungsaufträge. So lagen gegen Mitte des 13. Jahrhunderts in Skandinavien eine *Erex saga*, eine *Ívens saga*, die *Parcevals saga* sowie die *Tristrams saga ok Ísoddar* vor. Diese *Riddarasögur* (Rittersagas) stellen Erec, Iwein, Parzival und Tristan in ihren Mittelpunkt. Selbst in Wales – der Heimat vieler Artusgeschichten (vgl. Kap. 5) – fanden Chrétiens höfisch-märchenhafte Versromane großen Anklang und wurden übersetzt.

Wie sah es jenseits der erwähnten schriftlichen Quellen um den König Artus aus, gibt es noch mehr Zeugnisse, die von ihm sprechen? Jedenfalls wussten bereits die um 1112 Westengland bereisenden Mönche des französischen Klosters Laon einiges zu erzählen (vgl. Kap. 1), zumal die Region von ihnen als Land des Artus angesehen wurde. In Cornwall und benachbarten Gebieten wollen sie sogar auf Relikte des Königs gestoßen sein – wie auf seinen Ofen oder seinen Thron – wahrscheinlich irgendwelche auffallende Örtlichkeiten, von denen sich die Bevölkerung Geschichten erzählte. Dann kam mit Geoffreys *Historia regum Britanniae* die wichtigste Quelle über Artus, dessen sich nun die regierenden Herrscher annahmen. Denn es war natürlich kein Zufall, dass man beim Wiederaufbau des niedergebrannten Klosters Glastonbury in Somerset dort das Artusgrab suchte und schließlich 1191 auch fand (vgl. Kap. 1). Damit war nicht nur König Richard Löwenherz zufrieden, sondern auch das Kloster selbst – für Glastonbury begann jedenfalls eine Popularität, die bis heute andauert. 1278 ließen Edward I. (reg. 1272–1307) und seine Gemahlin Eleanor (1241–1290) die angeblichen Gebeine von Artus und Ginevra erneut erheben. Sie stifteten einen prächtigen Schrein und eine ganze Gruft. Die könnte man noch heute besuchen, hätte nicht der Bilderstürmer Heinrich VIII. 1539 in seinem Kampf gegen Rom das Kloster aufgehoben und teilweise zerstören lassen. Dabei gingen die angeblichen Knochen des Sagenkönigs verloren. Sie waren zweifelsohne das, was man heute als »Fake« bezeichnet, dienten jedoch der Artusverehrung.

Europaweit feierte die höfische Ritterkultur in Anlehnung an Chrétien de Troyes und seine Werke die Figur des Königs Artus: Davon zeugen Artusfeste und -turniere, auf der Mittelmeerinsel Zypern soll sich 1223 eine festliche Tafelrunde gebildet haben. Im deutschsprachigen Raum erfreuten sich bekanntlich die Artusromane um seine einzelnen Helden großer Beliebtheit in höfischen Kreisen. Davon zeugen bemerkenswerte Wandbilder, so etwa im Hessenhof im thüringischen Schmalkalden, einst

Amtssitz der Landgrafen von Thüringen. Dort erhielt sich ein Freskenzyklus von Iwein-Darstellungen aus der Mitte des 13. Jahrhunderts, der als älteste profane Wandmalerei Deutschlands gilt. Jünger, aber dafür umso größer ist der Bilderzyklus von Schloss Runkelstein nahe Bozen (Südtirol). Die Wandmalereien entstanden um 1400 und zeigen unter anderen Artus, Gawain, Iwein, Parzival sowie Tristan.

Artus fand schließlich Aufnahme in die Reihe *Neun Gute Helden*, die in Deutschland als Sinnbilder des Rechts und einer guten Regierung galten und sich in verschiedenen künstlerischen Formen insbesondere in Rathäusern fanden. Zu heidnischen und jüdischen Herrschern gesellten sich die christlichen Vertreter Karl der Große, Gottfried von Bouillon und eben König Artus. Ihre Darstellung aus dem 14. Jahrhundert im Hansasaal des Rathauses legt Zeugnis von der Artusverehrung in Köln ab. Ebenso gehört der britische Sagenkönig zum Figurenarsenal des weithin berühmten Schönen Brunnens in Nürnberg, der gegen 1400 entstand. Erwähnenswert sind weiters jene Vereinshäuser von Fernhändlern, die sich als Artushöfe unter anderem in Danzig, Stralsund und Königsberg fanden. Abschließend soll hier noch das Grabmal Kaiser Maximilians I. (1459–1519) Erwähnung finden, der ein Freund von Rittergeschichten und Heldensagen war. Davon kündet in der Innsbrucker Hofkirche in Tirol sein monumentales Grabmal mit zahlreichen Figuren, darunter eine Darstellung des Königs Artus von 1513, die auf einen Entwurf Albrecht Dürers zurückgeht. Damit klingt für unsere Beispiele das mittelalterliche Interesse aus, und die Gestalt des Artus harrt mit all ihren Helden und Geschichten der Wiederentdeckung 300 Jahre später (vgl. Kap. 3).

Aber ein altes Bildzeugnis muss doch noch erwähnt werden, das als Übergang zum folgenden Kapitel dienen soll: In der Kathedrale des süditalienischen Otranto, in Apulien gelegen, das zum von Normannen regierten Königreich Sizilien gehörte, fertigte man um 1165 ein großes Fußbodenmosaik an. Es zeigt unter anderem biblische Stoffe wie Kain und Abel sowie die vielerorts anzutreffende Luftfahrt des heidnischen Helden Alexander des Großen. Eine Reiterfigur ist durch die Beischrift

Rex Arturus als König Artus ausgewiesen. Ihm zu Füßen beißt ein katzenartiges Tier einem Menschen die Kehle durch, während Artus sich einer gefleckten Katze zuwendet. Solche Details lassen die Szene rätselhaft erscheinen. Von einem Kampf Artus gegen eine Riesenkatze wissen weder Geoffrey von Monmouth noch Thomas Malory. Hier hilft die walisisch-kymrische Überlieferung weiter, deren Text »Wer ist der Torwächter?« durchaus Artus' Kampf gegen die Monsterkatze (kymr. Cath Palug) kennt. Für die Vermittlung des walisischen Stoffes nach Süditalien dürften wiederum die Normannen mit ihren bretonischen Begleitern in Frage kommen. Sie belegt zugleich die Beziehung des Königs Artus zur Welt der Kelten.

5. Artus und die Welt der Kelten

Ein altes Buch in keltischer Sprache

Kommen wir noch einmal zurück zu Geoffrey von Monmouth und seiner *Historia regum Britanniae*, mit der die Artusgestalt populär wurde. Zweifelsohne hat er bei der Ausgestaltung seiner Königsgeschichte die eigene Fantasie spielen lassen, gleichwohl greift er in den Grundzügen auf historische Vorlagen zurück. Als Beispiel sei auf Caesars Invasion nach Britannien und seinen Kampf gegen den Britenführer Cassivellaunus verwiesen – was von der Geschichtswissenschaft als historische Tatsache bewertet wird. Die Forschung konnte infolgedessen nachweisen, welche frühmittelalterlichen Chroniken und Historien Geoffrey als Vorlage dienten (vgl. Kap. 6). Das ist aber nicht alles, und der walisische Geistliche hält für die Nachwelt ein Rätsel bereit. Es betrifft ein spezielles Buch, dem er insbesondere die Schlachten zwischen Artus und seinem verräterischen Neffen Modred entnommen haben will. Dieses Werk erwähnt er schon in der Widmung an Robert von Gloucester, also an bedeutender Stelle. Ein *Britannici sermonis librum vetustissimum* sei es gewesen, »ein sehr altes Buch in britannischer Sprache«, also nicht im unter den Gelehrten üblichen Latein. Nach Geoffreys Aussage war es in einer Volkssprache verfasst, nämlich in älterem Britannisch oder in Kymrisch (Walisisch) respektive Bretonisch (auch wenn der Begriff »britannisch« zuvorderst als sprachlicher Terminus verwendet wird, dient er im Folgenden auch als Synonym für »britisch«). Jedenfalls in einer keltischen Sprache. Eine Geschichte der britischen Könige erführe dadurch eine besondere Legitimation. Aber hat dieses Werk jemals existiert oder ist es lediglich eine Fiktion, mit deren Hilfe Geoffrey seine *Historia* aufwerten will, wie es unter mittelalterlichen Gelehrten nicht unüblich war? Die Antworten auf dieses Problem sind bis heute umstritten. Gegen einen billigen Schwindel spricht allerdings Geoffreys Verweis auf eine Bezugsperson:

Walter von Oxford († 1151), selbst ein gelehrter Kleriker und Erzdiakon von Oxford, außerdem mit dem Waliser gut bekannt, habe ihm dieses alte Buch gegeben. Dieser Walter hatte einen ehrbaren Ruf: Ist es überhaupt denkbar, dass man ihm ein Lügenwerk unterstellt? Wohl kaum. Aber sein mysteriöses Werk ist bis heute unentdeckt und damit unbekannt geblieben. Hingegen hat der Oxforder Gelehrte später offensichtlich Geoffreys lateinische Geschichte ins Walisische übertragen. Es sei dahingestellt, ob während der Überlieferung etwas durcheinandergeraten ist, ob es etwa eine Verwechslung gab. Geoffreys Aussage steht fest und sie öffnet uns den Blick auf die inselkeltischen Literaturen, in denen Artus eine gewichtige Rolle spielt. In ihnen hat seine Gestalt ihre ursprüngliche Heimstatt. Wie noch zu zeigen sein wird, bewegt sie sich damit zwischen Fantasy und Historie, zwischen Fantasiefigur und realem Herrscher Britanniens. Hier seien nochmals jene inselkeltischen, lateinisch verfassten Heiligenviten erwähnt, in denen Artus bereits früher eine Rolle spielt, darunter eine Vita des heiligen Columban, die den König womöglich schon um 700 kennt. Ebenso die *Vita Sancti Iltudi* (»Leben des hl. Illtud«) vielleicht um 900, die den Protagonisten Illtud am Hof seines Vetters Artus verortet. Die *Vita Sancti Carantoci* (»Leben des hl. Carantoc/Carannog«) lässt den König sogar auf Drachenjagd ziehen, allerdings dürfte sie erst im 12. Jahrhundert entstanden sein. Wenn wir uns der bildlichen Darstellungen aus den italienischen Kathedralen erinnern (vgl. Kap. 4), führt ein Weg über Geoffrey und an ihm vorbei zu einer Artusgestalt, die erheblich früher bezeugt und die offensichtlich in keltischen Überlieferungen beheimatet ist. Diesem keltischen Artus und seinem Kontext wollen wir uns im Folgenden widmen.

Die Kelten und ihre Kultur

Wer aber waren die Kelten? Unter dieser Bezeichnung (ursprüngliche Bedeutung wahrscheinlich »die Tapferen« oder »die Mächtigen«, griechisch »Keltoi«, lateinisch »Celtae« und »Galli«) fasst man die Stämme und Völker jenes uneinheitlichen Volkes zusammen, das in der zweiten Hälfte des letzten Jahrtausends v. Chr. große Teile West-, Mittel-, Südosteuropas und Kleinasiens besiedelte. Die heute als eigentliche Kelten angesehenen Iren, Waliser und andere nichtenglische Bewohner der Britischen Inseln sowie die emigrierten Bretonen werden erst seit dem 16. Jahrhundert als solche bezeichnet. Gleichwohl ist es üblich, sowohl von den untergegangenen festlandkeltischen Kulturen als auch von den bestehenden sogenannten inselkeltischen Kulturen als Kelten zu sprechen. Als Zuordnung dienen vor allem sprachliche Zeugnisse. Von den Festlandkelten blieben sie nur spärlich erhalten, weil deren Sprachen spätestens in der ersten Hälfte des 1. Jahrtausends n. Chr. ausgestorben sind. Bis heute gesprochen werden hingegen die inselkeltischen Sprachen Irisch, Gälisch in Schottland, Kymrisch in Wales und Bretonisch.

Aufgrund archäologischer Erkenntnisse verbindet man mit den Kelten die Hallstatt- (ca. 800–450 v. Chr.) sowie die Latènekultur (ca. 450 v. Chr. bis um Christi Geburt), die in etwa identisch mit der Eisenzeit sind. Insbesondere das westliche Verbreitungsgebiet der Hallstattkultur in Südwestdeutschland, Ostfrankreich und der Westschweiz wurde von den sogenannten Fürstensitzen geprägt (Heuneburg, Hohenasperg, Mont Lassois u. a.), in deren Nähe sich reich ausgestattete Großgrabhügel fanden (z. B. Magdalenenberg, Hochdorf, Vix). Die reichen Grabbeigaben stammten von einheimischen Handwerkern, waren aber auch Importgut aus dem Mittelmeerraum, vor allem aus den griechischen Kolonien Süditaliens und aus Massilia (Marseille). Fürstensitze und Grabhügel bezeugen intensive Beziehungen zu den südlichen Hochkulturen und zeigen Anzeichen einer entwickelten Organisation. Im 5. Jahrhundert v. Chr. kam es zu politischen, kulturellen und religiösen Umwälzungen. Die Fürstensitze wurden zerstört oder aufgegeben; bedeutende Zentren dieser frühen Latènezeit entstanden in Nordostfrankreich, Lothringen, im Saarland, dem Mittelrhein- und Moselgebiet, in Hessen und dem heutigen Tschechien. Beispielhaft für diese Zeit ist der Fürstensitz von Glauberg in der Wetterau (Hessen) samt einer weitflächigen Grabanlage. Eine neue Fürstenschicht verwendete Schwerter und zweirädrige Streitwagen. Von Griechen und Etruskern nahm man Anregungen für den sogenannten Latènestil auf, der als eigentliche keltische Kunst gilt.

Seit dem 5. Jahrhundert v. Chr. breitete sich die Latènekultur über weite Teile Europas aus. Während die Expansion über den größten Teil Frankreichs, Spaniens und der Britischen Inseln (deren Keltisierung anscheinend mehr durch sprachliche und kulturelle Aneignungen erfolgte als durch massive Einwanderung vom Festland) schriftlich nicht bezeugt ist, erwähnen griechische und römische Geschichtsschreiber ausführlich keltische Kriegszüge und Wanderungen: In Italien siedelten Keltenstämme in der Poebene, besiegten mehrfach die Etrusker und schließlich 387 v. Chr. auch die Römer, worauf Rom geplündert wurde (ein Ereignis, das auch bei Geoffrey von Monmouth Erwähnung findet). Ebenso wurde der Balkan besiedelt, und keltische Krieger kämpften als Söldner in griechischen Diensten. 279 v. Chr. kam es zum Angriff auf Delphi, das nur knapp der Plünderung entging. Ausgangs des 3. Jahrhunderts v. Chr. endete die keltische Expansion, stattdessen wurden die Stämme zunehmend von den Römern bedrängt und unterworfen. Der Kontakt mit den Kulturen des Mittelmeerraums führte im keltischen Kerngebiet, also vor allem in Frankreich und Süddeutschland, zu vielen Neuerungen: zur Entstehung einer neuen Adelsherrschaft und zur Anlage befestigter, stadtähnlicher Siedlungen (Oppida) als Stammeszentren mit eigener Münzprägung und Handwerksstätten auf hohem Niveau. Der mutmaßliche Rückzug aus den deutschen Mittelgebirgen und Süddeutschland ist nur zum Teil auf vordringende Germanen zurückzuführen, die dabei nämlich einer Keltisierung unterworfen wurden. Letztendlich führte die römische Eroberung Galliens, das damit verbundene Ende traditioneller Beziehungen und das Vordringen der Germanen zu einer kulturellen Verarmung und zur Verödung ganzer Landstriche.

Über die Kultur der Spätlatènezeit unterrichtet ausführlich Caesar in *De Bello Gallico*. Ihm zufolge gab es eine dreischichtige Gesellschaftsstruktur: Alle Macht lag beim Adel und der Priesterkaste der Druiden. Letzteren oblagen neben religiösen Aufgaben in Opferwesen und Kult alle Entscheidungen bei Rechtsstreitigkeiten. Ihr Wissen war geheim und durfte nur mündlich überliefert werden. Das Volk als die dritte Schicht konnte zwar zu Versammlungen zusammenkommen, war aber meist vom Adel abhängig und ihm zum Gehorsam verpflichtet. Zuunterst lebten die rechtlosen Sklaven, die als Kriegsgefangene oder zahlungsunfähige Schuldner in diesen Zustand gerieten. Gallien war um 60 v. Chr. ein Land, das barbarische Züge einer Randkultur mit Elementen der mediterranen Hochkultur verband. Es verfügte über das Netz der Oppida, die durch Handelswege miteinander verbunden waren. Die handwerklichen, insbesondere die schmiedetechnischen Fähigkeiten der Gallier waren hoch entwickelt und übertrafen sogar die der Römer. Den gallischen Stämmen fehlte ein einheitliches Reich, was ihnen beim römischen Einmarsch unter Caesar zum Verhängnis wurde. Seine Kämpfe in Gallien (58–51 v. Chr.) führten, durch die Uneinigkeit der Gallier untereinander begünstigt, zur völligen Unterwerfung und zur Einverleibung ihres Gebietes in das Römische Reich als »Gallia transalpina«. Dann begannen die Römer mit der Eroberung der bis dahin keltisch geprägten Gebiete Noricum (etwa das heutige Österreich), Pannonien (die ungarische Tiefebene) und Raetien (Alpen und Südostdeutschland). Damit verloren die letzten Kelten des Festlandes ihre Unabhängigkeit. Trotz der für die Gallier katastrophalen römischen Kriegszüge mit mutmaßlich mehreren Millionen Toten entwickelte sich das römische Gallien zu einer ökonomisch florierenden Provinz mit einer eigenen gallo-römischen Kultur, in der traditionelle keltische Elemente fortbestanden und erst durch die germanische Völkerwanderungszeit ein Ende fanden.

Die Kelten der Britischen Inseln

Die Britischen Inseln bereiste bereits um 325 v. Chr. der griechische Gelehrte Pytheas von Marseille. Denn dort beutete man reiche Zinnvorkommen aus, jenes Metallerz, das für die Bronzeherstellung unverzichtbar war. Dieses begehrte Handelsobjekt verband Nord und Süd und trug zum Reichtum der frühen Keltenfürsten bei, weil sie als Zwischenhändler auftraten. Für Pytheas wurden alle nördlichen Gebiete einschließlich der sogenannten Zinninseln von Kelten bewohnt. Über die Einzelheiten seiner Expedition ist nichts bekannt, und seine Beobachtungen und Berichte sind umstritten. Sicher sind die überlieferten Landesnamen: Sämtliche Inseln bezeichnete er als »Bretanike« (Britannien). Die größten waren Albion (die britische Hauptinsel) und Ierne (Irland); deren Namen gingen wahrscheinlich auf keltische Eigenbezeichnungen zurück.

Seit jeher spielten die großen und kleinen Eilande zwischen Ärmelkanal und Orkney- und Shetland-Inseln sowie zwischen Nordsee und offenem Atlantik eine Sonderrolle, der ein Ruf des Geheimnisvollen anhing. Ihn begründen bis heute imposante vorgeschichtliche Steinbauten wie die südenglische Kultstätte Stonehenge, deren Errichtung Geoffrey von Monmouth der Magie Merlins zuschreibt, und das Hügelgrab von Newgrange in Irland. Von solchen monumentalen Relikten der Jungsteinzeit erzählten sich schon die Kelten Mythen und Sagen, in denen sie diese zu Behausungen überirdischer Wesen machten. Wie oben angemerkt ist ungeklärt, wie die Kelten auf die Britischen Inseln kamen. Da diese weder als deren Heimat gelten noch ein Ziel massiver nachweisbarer Einwanderungen waren, scheint sich die alteingesessene Bevölkerung regelrecht keltisiert zu haben. Jedenfalls nahm sie die keltische Sprache und Kultur an, die durch den Handel mit dem Festland und kleinere Einwanderergruppen vermittelt wurden.

Schließlich entstand eine Gesellschaft aus zahlreichen Stämmen, die neben den Neuerungen alte Traditionen pflegten und darum in einer spezifisch britannischen Kultur lebten. Wie die Kelten auf dem Kontinent kannten sie keine großen Städte, sondern bearbeiteten in der Mehrzahl als Bauern das Land. Dort herrschten die Häuptlinge in den sogenannten Hillforts, die im Süden und Westen Englands besonders häufig zu finden waren. Wie die größte Anlage, Maiden Castle im südenglischen Dorset, bestanden diese befestigten Höhensiedlungen aus einem von Wällen und Gräben geschützten Areal, das im Inneren dicht bebaut war. Außerdem existierten stadtähnliche Oppida, deren Zahl jedoch viel geringer war als in Gallien. Den Römern galten die unzähligen Stämme als urtümlich und wild. Trotzdem hatten sie enge Beziehungen über den Kanal, die unter anderem vom Stamm der Veneter in der Bretagne gepflegt wurden.

Als Erster geht Caesar im »Gallischen Krieg« näher auf die Verhältnisse Britanniens ein. Vom Landesinneren weiß er nur zu berichten, dass sich dessen Bewohner der Insel selbst entsprossen glaubten. An der Küste lebten dagegen Stämme der Belger, die in jüngster Vergangenheit herübergekommen seien, um Krieg zu führen und Beute zu machen. Sie trügen fast alle noch die Stammesnamen, die auch aus dem Nordosten Galliens bekannt seien. Nach ihren Kriegszügen seien sie im Land geblieben und hätten begonnen, es zu bebauen und Vieh zu halten. Als Währung benutzten sie Kupfer- und Goldmünzen oder Eisenbarren, die ein bestimmtes Gewicht hätten. Caesar fällt auf, dass sie es als Frevel ansehen, Hasen, Hühner oder Gänse zu verzehren; deswegen hielten sie diese Tiere nur zum Vergnügen. Überhaupt seien die bei Weitem zivilisiertesten Britannier die Einwohner Kents, deren Bräuche sich kaum von den gallischen unterschieden. Über andere Kelten der Britischen Inseln weiß er ganz Ungewöhnliches zu berichten: »Die Bewohner des Innern bauen kein Getreide an, sondern leben von Milch und Fleisch und tragen als Bekleidung Felle. Alle Britannier aber reiben sich mit Waid ein, einem Färbemittel, das eine Blaufärbung bewirkt, wodurch sie im Kampf noch schrecklicher aussehen. Sie lassen ihre Haare lang wachsen, sind aber bis auf den Kopf und die Oberlippe am ganzen Körper glatt rasiert. Sie haben je zehn oder auch zwölf Frauen gemeinsam, vor allem unter Brüdern, aber auch unter Vätern und Söhnen. Wenn eine Frau ein Kind zur Welt bringt, gilt dieses als das Kind desjenigen, dem die Mutter als Jungfrau zugeführt wurde« (*De Bello Gallico*, 5. Buch, 8 ff.).

Spätere Geschichtsschreiber wie Tacitus vermitteln das Bild einer barbarischen Welt, in der die Römer kaum zu unterscheiden vermochten, welche Stämme seit uralten Zeiten hier lebten und welche erst später eingewandert waren. Zu den Britanniern gehörten die Kaledonier in Schottland, deren gewaltige Glieder und rötliches Haar an Germanen erinnerten, während die walisischen Siluren dunkle Gesichter und krauses Haar wie die Spanier hatten. Einig war man sich stets darin, dass sie alle erheblich mehr Wildheit als die Gallier aufwiesen. Zum Glück Roms seien sie genauso zerstritten wie jene und würden »unter der Führung ihrer Häuptlinge von Parteikämpfen und Eifersüchteleien hin und her gerissen.«

Wie diese von den Römern als Barbaren angesehenen Stämme erobert und in England samt Wales romanisiert wurden, soll Thema des folgenden Kapitels sein. Hier aber ein Blick auf die Nachbarinsel Irland, die bis heute als Hort des Keltentums gilt. Für die Beurteilung des keltischen Artus ist darum auch sie von Bedeutung. Denn Irland (Hibernia) blieb sich selbst überlassen und wurde niemals Teil des Römischen Reiches. Gleichwohl war die Insel nicht isoliert: Zu Walisern und anderen Britanniern sowie zu Römern bestanden stets Kontakte, die kriegerischer, aber auch friedlicher Natur waren. Die in der einheimischen Sprache »Ériu« genannte Insel wurde wahrscheinlich im Laufe des 4. Jahrhunderts v. Chr. keltisiert. Von da an bis ins frühe Mittelalter blieb Irland über mehr als ein Jahrtausend von fremden Eroberern verschont. Mit der Konsequenz, dass latènezeitliche Traditionen hier weiter gepflegt wurden und der Gesellschaft ein eigenes Gepräge gaben.

Historische Fakten über diese Zeit sind karg: Die Insel war in bis zu 150 kleine Stammesreiche zersplittert, die selten mehr als 3000 Menschen zählten. An deren Spitze standen Könige, die sich untereinander heftig befehdeten. Trotzdem schloss man sich zu lockeren Reichen zusammen, aus denen sich die Provinzen Ulster, Munster, Leinster, Connacht und Meath entwickelten. Deren Oberkönige genossen ein höheres Ansehen, ohne allerdings große Macht zu besitzen. Als Ideal wurde die Vorstellung eines irischen Hochkönigs gepflegt, der über die gesamte Insel herrschte. Die Iren siedelten als Bauern in einem Land, das weder Städte noch Dörfer oder feste Straßen kannte. Die einzelnen Gehöfte umgab man mit einem runden Erdwall, der den

Großfamilien, ihrem Gesinde und dem Vieh Platz und Schutz bot. Denn Reichtum zeigte sich in der Größe der Rinderherden, deren Tiere als wichtigstes Tauschmittel dienten. Statt Geldmünzen waren Rinder und Sklavinnen der vorherrschende Wertmaßstab. Adel und Könige schätzten noch lange die alten Kriegerideale, für die wie früher in Gallien der Streitwagenkämpfer mit seinen erbeuteten Feindesköpfen prägend war. An den Herrschersitzen und unter der Gefolgschaft genoss eine Schicht von Gelehrten und Dichtern Verehrung und Beliebtheit. Zu ihnen gehörten die Druiden, deren Traditionen sich lange erhielten, und Poeten, die als Lobsänger den König verherrlichten und unterhielten.

Außer den Abertausenden von runden Bauernhöfen, die man archäologisch nachgewiesen hat, und den befestigten Königssitzen kannten die irischen Stämme Orte von besonderer Bedeutung. Dazu zählte Tara, nordwestlich des heutigen Dublins, wo der irische Hochkönig seinen Sitz nahm. Inmitten ausgedehnter Wallanlagen auf einer Hügelkuppe wurde der König in sein Amt eingeführt. Diese geheiligte Zeremonie begleitete ein großes Fest, zu dem die Menschen von nah und fern kamen. Noch heute erhebt sich in diesem Areal der sogenannte Stein Fál, der laut den Erzählungen aufschrie, wenn ihn der rechtmäßige Herrscher berührte. Ein anderer Platz, der mit zahlreichen Mythen und Sagen verknüpft wurde, ist Navan Fort in der Provinz Ulster, wo angeblich die Herrscher des gleichnamigen Königreichs ihren Sitz hatten. Immer noch bestimmen solche Örtlichkeiten das Landschaftsbild der grünen Insel und erinnern die Menschen an ihre keltische Vergangenheit und die Historie weit darüber hinaus. Denn häufig legte man religiöse und rituelle Anlagen dorthin, wo schon die Inselbewohner der Jungsteinzeit mächtige Grabbauten und Großsteindenkmäler hinterlassen hatten. Die Geschichtsschreiber des Mittelalters schrieben diese Bauten geheimnisvollen und dämonischen Wesen der Vorzeit zu.

Über viele Jahrhunderte stand die Welt der Stämme mit ihren Fehden und Kriegen, aber auch mit ihren Feiern und Ritualen im Mittelpunkt der irischen Geschichte. Sie wurde allenfalls von den Zügen irischer Seeräuber unterbrochen, die britannische Küstengebiete verunsicherten und in Wales sogar Kolonien gründeten. Erst die christlichen Missionare sorgten für eine deutliche Zäsur, als sie im 5. Jahrhundert von Britannien herüberkamen. An ihrer Spitze stand der heilige Patrick, der »Apostel Irlands«, der den kriegerischen Stämmen den christlichen Glauben brachte. Dies gelang, ohne dass ein einziger Missionar den Märtyrertod erleiden musste. In der Nachfolge Patricks entstand eine Vielzahl von Klöstern, die von nun an die Zentren Irlands bildeten. Die Mönche rotteten das keltische Heidentum nicht mit Stumpf und Stiel aus, sondern übernahmen wichtige Vorstellungen und Bräuche. Damit bewahrte man bei allen Veränderungen eine Vielzahl keltischer Relikte, für die die irische Kultur berühmt ist. Seit dem frühen Mittelalter schrieben christliche Mönche die Überlieferung nieder – Mythen, Sagen, Legenden und Geschichtswerke. Sie sind die einzigen schriftlichen Quellen der frühen irischen Geschichte.

Irlands Mythen- und Sagenwelt

Die erwähnten Gelehrten der Königshöfe bewahrten und verkündeten ihr Wissen nur mündlich – es bestand vor allem aus den Gesetzen sowie den mythischen wie historischen Stammesüberlieferungen. Dabei fiel den Druiden (irisch druí) die Aufgabe zu, an der Seite des Königs das Land zu beschützen, ihm etwa mit magischen Kräften zu helfen, Weissagungen mit Ratschlägen zu verbinden und in der Schlacht die Feinde mit Sinnestäuschungen zu verwirren. Dazu kamen zwei Dichtergruppen, von denen die Barden einen minderen Rang einnahmen. Hoch angesehen wurden hingegen jene gelehrten Poeten, die als filid (Sing. fili) bezeichnet wurden. Sie hatten eine mündliche Ausbildung von zwölf Jahren zu absolvieren, danach gehörte es zu ihren Aufgaben am Hof, dem König Lobpreis vorzutragen und seine Gegner zu schmähen. Sie bewahrten zudem die alten Geschichten, von denen sie mehrere Hundert aus dem Gedächtnis erzählen konnten. Damit hüteten sie gleichsam das keltische

Erbe sowie das Wissen ihrer Gesellschaft. Dichterschulen, die sich dieser Tradition verpflichtet fühlten, gab es in Irland noch während des ganzen Mittelalters.

Letztendlich war es diesen Poeten und den schreibkundigen Geistlichen zu verdanken, dass die vorchristlichen Erzählungen erhalten blieben. Gewiss kannte man in Irland hunderte Prosageschichten, die auf altem Wissen basierten. Seit dem 11. Jahrhundert wurden sie niedergeschrieben, wodurch mehr als 100 Texte erhalten blieben. Aus der Vielzahl von Manuskripten seien zwei berühmte Sammelhandschriften angeführt, die verschiedene Erzählungen mythenhaften Inhalts sowie Heldensagen enthalten: Das »Buch der dunklen Kuh« *(Lebor na hUidre)* entstand bereits um 1100 in der Schreibstube eines Klosters; das »Buch von Leinster« *(Lebor Laignech)* schrieb rund 60 Jahre später der Abt von Teryglas nieder. Mittlerweile gliedert man diese Überlieferung nach inhaltlichen Kriterien in vier Zyklen: Der Königszyklus, auch historischer Zyklus, hat die Herrscher der Vorzeit bis ins 11. Jahrhundert zum Thema. Der mythologische Zyklus gilt als wichtigste Quelle der keltischen Mythologie, dessen Hauptzeugnis das »Buch von der Landnahme Irlands« *(Lebor Gabála Érenn)* aus dem 12. Jahrhundert ist. Der Ulster-Zyklus schließt chronologisch an die mythischen Ereignisse der Vorzeit an und schildert die Kämpfe zwischen den irischen Königreichen in der Zeit um Christi Geburt. Im Mittelpunkt steht die Geschichte »Rinderraub von Cooley« *(Táin Bó Cuailnge)*: Ailill und Medb, das Königspaar von Connacht, erbeuten auf einem Raubzug Donn, den berühmten Stier der Nachbarprovinz Ulster. Deren König Conchobar verfolgt sie mit seinem Heer und erringt einen überwältigenden Sieg. Dabei steht ihm sein Neffe Cú Chulainn treu und ergeben zur Seite – der größte und populärste Held Irlands. Der Finn-Zyklus spielt mehr als 200 Jahre später, überwiegend im Süden Irlands. Sein namengebender Held ist Finn mac Cumaill, der Anführer einer verschworenen Kriegerschar, die ihm treu ergeben ist. Wenn sie nicht im Auftrag ihres Königs Cormac Kriege führen, leben sie in der freien Natur und erleben Liebeshändel oder Jagdabenteuer. Diese großen Zyklen komplettieren drei Erzähltypen: abenteuerliche Reisen in überirdische Länder jenseits der Menschenwelt *(echtra)*, Seereisen zu fernen wundersamen Inseln *(immram)* sowie Visionen *(fís)*.

Aus der Fülle der irischen Erzählungen seien einige nebst auffallenden Motiven herausgegriffen, die auch der Artuswelt nicht fremd sind: Die geistlichen Chronisten unterscheiden sechs Einwanderungswellen, die Irlands Gesicht bis in ihre Gegenwart prägten; von ihnen stammen allerlei überirdische Wesen sowie die Ahnen der keltischen Iren ab. Als die ersten Menschen das Land erreichten, hausten hier bereits andere Wesen: Die Fomóri waren urzeitliche Dämonen, Mächte des Chaos, die alle Ankömmlinge unterdrückten. Schrecken verbreiteten sie allein durch ihr Aussehen: riesig und missgebildet, mit einem Bein oder einem Auge, mit Ziegen- oder Dämonenköpfen. Mit ihnen schlugen die menschlichen Einwanderer erbitterte Schlachten, die die Fomóri schließlich für sich behaupteten. Von den Iren entkam nur ein einziges Schiff mit dreißig Kriegern. Wiederum war die Insel menschenleer, nur von den Dämonen besiedelt. Ein Teil der Vertriebenen kehrte unter dem Namen der Fir Bolg zurück. Sie erwiesen sich als bedeutende Kulturbringer; denn sie teilten Irland in fünf Provinzen ein und begründeten als Erste das Königtum. Als ihre ärgsten Feinde erwiesen sich allerdings andere Menschen, die mit ihnen sogar verwandt waren: Die Tuatha Dé Danann (»die Sippen der Göttin Danann«) hatte es auf die nördlichen Inseln der Welt verschlagen, wo sie Kenntnisse geheimen Wissens und der Hexerei erwarben, des Druidenwesens, der Zauberei und vieler magischer Künste. Vier magische Gegenstände nannten sie ihr Eigen, die in der irischen Mythologie eine bedeutende Rolle spielten und zum Teil den Weg bis in die Artuswelt gefunden haben: den »Stein des Schicksals« (Lía Fáil oder Fál), der sich später im Königssitz von Tara befand und aufschrie, wenn ihn der irische König betrat; den Speer des Lug, der unbesiegbar machte; das Schwert des Nuada, das ebenso immer den Sieg davontrug; und schließlich Dagdas Kessel der unerschöpflichen Speisung, der immer gefüllt blieb. Die Tuatha Dé Danann schreckten sogar vor einem Bündnis mit den Fomóri nicht zurück und besiegten schließlich die Fir Bolg. Die Unterlegenen ließen sich auf kleinen Außeninseln wie Arran nieder.

Die Sippen der Göttin Danann stellen das eigentliche Pantheon der irischen Mythologie dar, auch wenn sie im Mythologischen Zyklus zuerst als menschliche Wesen dargestellt werden. An ihrer Spitze steht König Nuadu Argatlám; ihm folgen kampfstarke Anführer wie Dagda (»der gute Gott«), der den lebensspendenden Kessel und eine sowohl Tod als auch Leben bringende Keule sein Eigen nennt, und Lug mac Ethnenn, ein heldenhafter Kämpfer mit handwerklichen wie magischen Kenntnissen. Außerdem die Schmiede Goibhniu und Crédne, der meisterhafte Zimmermann Luchta sowie der geschickte Arzt Dian Cécht. Zu den weiblichen Vertreterinnen der großen Sippe zählen die Königinnen Banba, Fótla und Ériu. Ihrer endgültigen Herrschaft über Irland standen jedoch die Fomóri im Weg, mit denen erbitterte Schlachten geschlagen wurden. Dabei erwiesen sich beide Parteien als zauberstark, so etwa die Tuatha Dé Danann, deren vier Ärzte an der »Quelle der Gesundheit« Beschwörungen sprachen, die bewirkten, dass die ins Wasser geworfenen Toten und Verwundeten wieder gesund der Quelle entstiegen. Die Fomóri wurden bis ans Meeresufer zurückgeschlagen, wo man ihnen Gnade gewährte – unter dem Versprechen, Irland niemals wieder zu behelligen. Seit dieser Schlacht herrschten die Könige der Tuatha Dé Danann über die Insel und nahmen geradezu göttlichen Charakter an. Sie blieben indes nicht die Herren über Irland. Denn nach der legendenhaften irischen Zeitrechnung des Mittelalters kamen um 1700 v. Chr. die letzten Einwanderer: die Söhne des Míl, keltische Goidelen aus Spanien. Und wiederum folgten zahlreiche Schlachten, die nicht zuletzt mit allerhand Magie geschlagen wurden. So kam es schließlich zu einer Entscheidungsschlacht, in der drei Könige und drei Königinnen der Tuatha Dé Danann fielen und mit ihnen die Mehrzahl der Krieger. Nach diesem Sieg übernahmen die Goidelen die Herrschaft und teilten Irland unter sich auf. Die Insel benannten sie nach der unterlegenen Königin Ériu.

Aber die Tuatha Dé Danann wurden weder ausgerottet noch verließen sie Irland für immer. Ihnen wurde nämlich die Unterwelt zugestanden. Dort lebten sie in einem Reich, für das sich der Name »Anderwelt« (engl. *otherworld*) eingebürgert hat. Die Iren siedelten sie seit jeher insbesondere in den vorkeltischen Grabhügeln an. Diese sogenannten Síde (Sing. síd) gaben dem unterirdischen Volk von nun an seinen Namen: »Volk des síd« *(áes síd)*, kurz síde. Im Deutschen sind sie viel später als Elfen oder Feen bekannt geworden. Versteht man unter diesen kleine Naturgeister, hatten die ursprünglichen Bewohner der Grabhügel einen ganz anderen Charakter. Denn die einst mächtigen Herrscher Irlands residierten nun in ihren unterirdischen Palästen. Das Volk der Anderwelt war zahlreich und trug lichte wie dunkle Züge. Und jedem der Großen stand ein eigener Hügel zu, sodass man in Irland schließlich eine mythische Geografie der Síde kannte – das prähistorische Hügelgrab von Newgrange galt beispielsweise unter der Bezeichnung Brugh na Bóinne als ursprüngliche Herberge des Dagda, dem später dessen Sohn Oengus folgte.

Im Lauf der Jahrhunderte dachte man sich die Wohnsitze der Elfen und Feen an vielerlei verborgenen Orten: nicht nur in Bergen und Grabhügeln, sondern auf dem Grund von Seen und des Meeres oder auf Inseln weit draußen im Ozean. Die Zugänge zur anderen Welt fand man nicht ohne Mühe. Sie konnten in einer Höhle versteckt sein, sich in einem Felsspalt verbergen, hinter einem großen Stein liegen oder auf einer einsamen Ebene erreichbar sein, über die sich ein Zaubernebel gelegt hatte. Die Anderwelt lag folglich weder im Jenseits noch war es eine Hölle entsprechend christlicher Vorstellungen. Übliche Umschreibungen wie »Land der Jugend« oder »Land der Frauen« charakterisieren sie hingegen als einen Ort, an dem geradezu paradiesische Zustände herrschten. Denn ihre Bewohner verfügten mithilfe druidischer Zauberkünste über Dinge, die ihre Welt zu einem Schlaraffenland machten: Dort wuchsen Bäume, die stets reife Früchte trugen, und selbst auf den beliebten Schweinebraten musste nicht verzichtet werden, weil sich das Fleisch des Tieres stets erneuerte. Darüber hinaus sorgten Kessel mit unerschöpflichem Met für die Wiedergeburt und ein glückliches Leben, wo zudem ein ganz anderer Zeitbegriff herrschte als in der Menschenwelt. Beide Sphären waren nicht hermetisch voneinander getrennt; es existierte eine Fülle gegenseitiger Kontakte, die zu den Lieblingsstoffen irischer wie walisischer Erzählungen gehörten.

Darüber schrieb der Gelehrte Giraldus Cambrensis (Gerald von Wales, † 1223) eine bezeichnende Schilderung aus Wales, die sich ganz ähnlich auch die Iren erzählten. Der Geistliche hatte Ende des 12. Jahrhunderts entlegene Gebiete seiner Heimat bereist und die Geschichten des Volkes aufgezeichnet (*Itinerarium Kambriae* »Reisebeschreibung durch Wales« und *Descriptio Kambriae* »Beschreibung von Wales«). Dort erzählte man von einem Jungen aus Südwales, der sich einst in einer Höhle an der Uferböschung des Flusses Neath versteckt hatte. Nach einiger Zeit bekam er Hunger, bis plötzlich zwei kleine Männer die Höhle betraten und einen Korb Beeren sowie einen Krug Milch vor ihn stellten. Als der Junge gegessen hatte, luden sie ihn ein, mit ihnen in ein wunderschönes Land zu kommen, wo nur Freude herrsche. Daraufhin folgte er ihnen auf einem Pfad tief in die Höhle hinein, der schließlich in ein Land führte, in dem es grüne Bäume, blühende Sträucher und saftige Wiesen gab. Allerdings sah man dort weder Sonnen- noch Mondlicht, weshalb die Tage düster und die Nächte stockdunkel waren. Seine beiden Führer brachten den Jungen vor ihren König, der ebenfalls klein war, aber seine Untertanen doch weit überragte. Dieser erfragte viel über die Menschenwelt und erlaubte seinem Gast, bei den Feen in der Anderwelt zu bleiben – denn darum handelte es sich. Als er einen goldenen Ball für seine Mutter entwendete, entzogen ihm die Feen ihre Gunst: Alles Bitten, man möge ihm verzeihen und ihn wieder mitnehmen, war umsonst. Später wurde er Mönch und erzählte sein Leben lang klagend von jener Welt der Feen, deren Vertrauen er gebrochen und die er darum auf immer verloren hatte. Gerald weiß nicht nur von solchen Feengeschichten zu erzählen, sondern erwähnt auch etliche Geschichten um Artus, von einer Göttin Morganis, die diesen nach Avalon entrückt habe, und von Merlin. Wie alt diese Erzählungen der Waliser auch immer gewesen sein mögen, bezeugen sie doch die Nähe der Artuswelt zu den keltischen Überlieferungen.

Wales – Heimat von Artus

Wales – in der kymrischen Landessprache als Cymru bezeichnet, dessen Wappentier der Rote Drache ist – gehörte nach dem Abzug der letzten römischen Legionen um 410 n. Chr. (vgl. Kap. 6) zu den Gebieten auf der Britischen Hauptinsel, in denen sich die keltische Bevölkerung nun selbstständig behauptete und etliche Kleinreiche gründete. Diese erstreckten sich von Cornwall bis in den Süden Schottlands. Über mehrere Jahrhunderte leisteten sie den Angelsachsen erbittert Widerstand, wobei schließlich nur Wales seine Unabhängigkeit wahrte. Das kleine moor- und gebirgsreiche Land an der Irischen See zerfiel in mehrere Fürstentümer, etwa Dyfed und Brycheiniog im Süden, wobei sich Letzteres auf irische Vorfahren berief. Weiter nördlich erstreckten sich Powys und benachbart dazu im Nordwesten Gwynedd, das am langlebigsten war. Unter seinem mächtigen Fürsten Llywelyn ap Iorwerth (1173–1240) erlebte es eine späte Blütezeit. Die Geschichte dieser kleinen sowohl keltisch wie christlich geprägten Reiche erweist sich als zähes Ringen mit den Gegnern aus dem Osten, wo nach den Angelsachsen die Anglonormannen antraten, um Wales zu erobern. Nach einer schweren Niederlage des Königs Llywelyn ap Gruffudd wurde das Land 1284 endgültig von den Engländern erobert. Trotzdem gelang es den Walisern, Teile ihres keltischen Erbes zu bewahren.

Dazu trugen ihre Dichter in hohem Maße bei, deren Tradition bis ins 6. Jahrhundert zurückreichte. Die ersten namentlich bekannten Poeten der Britannier nannte man dementsprechend *Cynfeirdd,* die »frühen Dichter«. Im 6. Jahrhundert sollen sie an den keltischen Fürstenhöfen im Norden Englands gewirkt haben. Unter ihnen scheint Taliesin am meisten Ruhm genossen zu haben, widmete man doch später seinen Werken ein ganzes Buch. Obwohl ihm mittlerweile davon nur einige Gedichte zugeschrieben werden, bezeugt die Sammlung die Mythenbildungen um Dichter seines Schlages: kampferprobte Barden sollten sie sein, poetische Könner, aber ebenso Weise und Propheten. Visionen und Deutungen der Zukunft verknüpften sie mit politischen Ansprüchen, die vor allem ein Ziel kannten: die germanischen Eindringlinge zu vertreiben und ein neues mächtiges Reich der Britannier zu begründen. Folgerichtig findet sich im »Buch Taliesins« ein Text, der wahrscheinlich um 930 entstand und ein pankeltisches Bündnis gegen die Angelsachsen prophezeite. Diese »Prophezeiung von Britannien« *(Armes Prydein)* reiht sich in jene für die Inselkelten typischen Visionen ein, von denen große Faszination ausging. Solche nordenglischen Barden und Seher wurden zur Legende, deren Gedichte und Abenteuer man von Mund zu Mund erzählte. Erst viele Jahrhunderte später, etwa seit dem 12. Jahrhundert, hört man wieder von vergleichbaren Hofpoeten an den Fürstensitzen von Wales. Selbst nach der englischen Eroberung traten die kleinen Grundherren auf ihren Burgen als Förderer einheimischer Dichtkunst auf. Auf diesem Weg blieb unter anderem ein Dutzend Prosatexte erhalten, die nach ihrer Wiederentdeckung im 19. Jahrhundert mit dem Kunstwort »Mabinogion« bezeichnet wurden. Es bezog sich auf den überlieferten Titel »Die Vier Zweige des Mabinogi« *(Pedair Cainc y Mabinogi)* für die vier altertümlichsten jener Erzählungen. Seine ursprüngliche Bedeutung ist unbekannt, mittlerweile steht »Mabinogion« aber für die kostbarere walisische Überlieferung alten Mythen- und Sagenstoffs – von Geschichten mit Gestalten aus der Anderwelt, übernatürlichen Tieren, von Magie und Geheimnis umgebenen Geschehnissen, von Gestaltwechseln und solchen bezeichnenden keltischen Motiven wie Zauberkesseln und abgeschlagenen Köpfen. Nicht zuletzt bieten die kymrischen Handschriften erste Geschichten um den sagenhaften König Artus.

Zwei Sammelhandschriften namens »Weißes Buch des Rhydderch« *(Llyfr Gwyn Rhydderch)*, um 1350 zusammengestellt, sowie »Rotes Buch des Hergest« *(Llyfr Coch Hergest)*, etwa 50 Jahre später als umfangreichste walisische Handschrift entstanden, überliefern als Wichtigstes elf Erzählungen, die im Kern teils über Jahrhunderte mündlich wiedergegeben wurden. Darunter befanden sich die erwähnten »Vier Zweige« mit Abenteuern im alten Britannien, bevor die Römer und die christlichen Missionare kamen. Ähnlich wie in Irland wird eine Welt adliger Krieger geschildert, in der heroische Tugenden zählen und die Helden Zugang zur Anderwelt haben. Sie spielen in einer höfischen Welt, in der zeitgenössische Elemente mit märchenhaften Motiven und archaischen Relikten vermischt werden. Dabei treten die walisischen Vorstellungen einer Anderwelt zutage, die sie als *Annwfn* bezeichneten – was »das sehr Tiefe« oder die »Nicht-Welt« bedeuten könnte. Diese Welt ähnelte mit ihrem höfischen Habitus der üblichen Menschenwelt, aus der Einzelne gefahrlos hin- und herwechseln konnten. Das zeigt sich bereits im ersten Abenteuer des Fürsten Pwyll, des Herrn des südwalisischen Fürstentums Dyfed. Während der Jagd mit seinen Hunden hörte er das Gebell einer anderen Meute. Bald erblickte er in einer Waldlichtung die fremden Hunde, die einen fliehenden Hirsch gerade zur Strecke gebracht hatten. Mehr als das Wild erregten jedoch die Jagdhunde seine Aufmerksamkeit, denn dergleichen hatte er noch nie gesehen: Ihre Farbe war ein makellos leuchtendes Weiß, und ihre Ohren waren rot. Diese beiden Farben kennzeichnen stets die Tiere der anderen Welt. Aber Pwyll verjagte sie und gab seiner Meute vom Hirschfleisch zu fressen. Da kam ein Mann auf einem großen Apfelschimmel dahergeritten, dessen Jagdgewand aus graubraunem Stoff war und der ein Jagdhorn um den Hals trug. Der beschuldigte den Fürsten eines ungehörigen Verhaltens, habe er doch seine erfolgreiche Meute verjagt und das Fleisch der Beute den eigenen Hunden gegeben. Der derart beschuldigte Pwyll erklärte sich zur Wiedergutmachung bereit, und dies umso mehr, als er Name und Stand des Fremden erfuhr: Arawn, der König von Annwfn. Dieser schlug ihm einen seltsamen Rollentausch vor. Jeweils in des anderen Gestalt sollte jeder für eine Zeit an den Hof des anderen gehen. Pwyll hatte allerdings noch einen Kampf mit einem anderen Elfenfürsten zu bestehen, einem Gegner König Arawns. Dass er ihn besiegte, brachte ihm ebenso dessen Freundschaft ein wie die Tatsache, dass keiner von beiden des anderen Gattin anrührte. Magie ist im Spiel, als Pwyll seine spätere Frau Rhiannon kennenlernt: Umsonst versucht er nämlich eine wunderschöne junge Frau einzuholen, die in einem Gewand aus Seide und Goldbrokat auf einem stattlichen Falben vorbeireitet. Je schneller man hinter ihr herjagt, umso weiter entfernt sie sich, ohne ihr Pferd anzutreiben. Nach mehreren erfolglosen Versuchen ruft er der Schönen zu, sie möge doch um des Mannes willen, den sie am meisten liebe, auf ihn warten. Auf diese Bitte bleibt sie stehen und gibt sich dem Fürsten als Rhiannon zu erkennen, die Tochter Hefeydds des Alten. Gegen ihren Willen solle sie verheiratet werden, liebe jedoch nur einen Mann, nämlich Pwyll. Um dessen Antwort zu erfahren, sei sie gekommen. Der Fürst ist bereit, um die Jungfrau zu werben und den Nebenbuhler auszuschalten. So werden beide alsbald ein Paar, dessen Glück durch die Geburt eines Sohnes gekrönt wird. Damit endet jedoch die Erzählung nicht mit einem Happy End, sondern zieht etliche Abenteuer nach sich.

Magische Nebel, wüstes Land, Zauberbann und seltsame Tiere geben den walisischen Erzählungen des *Mabinogion* eine eigene Gestalt. Sie zeichnet eine Atmosphäre des Mythisch-Magischen und Märchenhaften aus. Was daran sehr alt ist, bleibt letztlich ungewiss. Rhiannon gehört wahrscheinlich dazu; denn ihren Namen führt man auf Rigantona (»große Königin«) zurück und schreibt ihn einer keltischen Göttin zu. Zudem vergleicht man sie mit der im Römischen Reich weitverbreiteten Pferdegöttin Epona: Wie diese hat die walisische Sagengestalt viel mit Pferden zu tun.

Der keltische Artus

Andere Texte widmen sich in ihrer Mehrzahl Artus und seinen Kriegern, die hier Owein, Gereint und Peredur heißen (Iwein, Erec, Parzival). Mit dem uns bekannten Artus hat die kymrische Figur jedoch wenig gemein. Denn dort zieht der Herrscher mit seinen Kriegern durch eine märchenhaft-mythische Welt, in der er gegen Riesen, Hexen und Werwölfe kämpfen muss. Das vielleicht älteste literarische Zeugnis dieser Art findet sich im »Buch Taliesins« *(Llyfr Taliesin)* von etwa 1250: Das altkymrische Heldenepos *Y Gododdin* (»Die Gododdin«, kurz auch *Gododdin*) wird allerdings als erheblich älter angesehen und bis ins 7. Jahrhundert zurückdatiert. Denn Stil und Sprache der 1480 Zeilen sprechen für eine hohe Altertümlichkeit. Ebenso führt die Handlung in eine Zeit zurück, als die britannische Keltenwelt weit über Wales hinausreichte, ist sie doch im nordbritischen Königreich Gododdin nahe Edinburgh in Schottland angesiedelt. Wenn sie sich auf historische Ereignisse bezieht, weist sie die Chronologie in die Zeit vor 638, wurde doch in diesem Jahr Edinburgh von den germanischen Angeln erobert. Aber im Text entsendet noch dessen britannischer König Mynyddawg Mwynfawr 300 ausgewählte Reiterkrieger südwärts, um die Festung Catraeth (Cataractum, Catterick in Yorkshire) von den Angelsachsen zurückzuerobern. Wie in der Heldendichtung üblich, feiert das kurze Epos den heroischen Lebensstil mit den Vorbereitungen zum Kampf und einem Festgelage. An die 80 Krieger werden namentlich aufgezählt, der Name Artus' findet sich jedoch nicht unter ihnen. Er erscheint nur indirekt, dafür aber umso aussagekräftiger. Denn bei den Preisungen des Kriegers Gwarddur werden seine Waffentaten hervorgehoben und das, »obwohl er nicht Arthur war«. Dieser scheint somit bereits im 7. Jahrhundert als Inbegriff des Helden gegolten zu haben, was für einen hohen Bekanntheitsgrad spricht. Diesem negativen Vergleich wird aufgrund seiner Formelhaftigkeit ein hohes Alter bescheinigt. Der britannische Heldenzug endete im Übrigen mit einem Desaster – nur wenige Überlebende kehrten nach Edinburgh heim.

Die Sammelhandschrift des »Schwarzen Buchs von Camarthen« (*Llyfr Du Caerfyrddin*, um 1250) enthält einige kurze und schwer verständliche Gedichte, denen die Keltologen aufgrund sprachlicher und stilistischer Eigenarten ein erheblich höheres Alter unterstellen. Dazu zählt ein Text mit dem ungewöhnlichen Titel *Pa gur yv y porthaur* (»Wer ist der Torwächter?«). Mit dieser Frage beginnt der Anführer Artus ein Gespräch mit dem Pförtner eines verschlossenen Tores, das zu einem regelrechten Redewettstreit führt. Vieles davon ist unverständlich, weil »außerordentlich archaisch und formelhaft« (Zimmer 2006, 70) und damit altertümlich formuliert. Auf Artus' obige Frage stellt sich der Torwächter vor: »Glewlwyd (Gleuluid) mit dem großen

Griff. Welcher Mann fragt nach ihm?« Die Antwort: »Arthur mit Kei dem Weißen.« Und »die besten Männer in der Welt« seien sein Gefolge. Diese Krieger und ihre Heldentaten stellt Artus im Folgenden vor. Unter ihnen finden sich ganz offensichtlich Figuren mit einem mythischen Hintergrund wie Mabon, der sich namentlich auf den keltischen Gott Maponos zurückführen lässt, oder Manawydan, dessen Ursprünge vielleicht in dem irischen Meeresgott Mannanán zu finden sind. Außerdem erwähnt Artus etliche Abenteuer, die er und seine Gefolgsleute bestanden haben. So kämpfte er selbst mit der Hexe Awarnach und auf dem Berg von Eidyn gegen hundsköpfige Monster, während der Krieger Kei im Hochland von Ystawingun (Südwest-Wales) neun Hexen durchbohrte. Schließlich wird hier erstmals jene Monsterkatze Cath Palug (»Palugs Katze«) erwähnt, die höchstwahrscheinlich im Fußbodenmosaik der Kathedrale von Otranto dargestellt wird (vgl. Kap. 4). Eine längere Geschichte um diesen mythisch-märchenhaften Artus überliefert das genannte »Buch Taliesins«: Das Gedicht *Preiddeu Annwfn* (»Die Beuten aus Annwfn«) schildert einen regelrechten Raubzug Artus' in die Anderwelt Annwfn. Dorthin segelt er mit seinen Kriegern auf dem Schiff Prydwen über das Meer, um einen reich mit Edelsteinen verzierten magischen Kessel zu erbeuten. Diesen bewahrt der Herrscher von Annwfn in einer viereckigen Festung aus Glas auf. Neun Jungfrauen fachen mit ihrem Atem das Feuer unter dem Kessel an. Aber anscheinend endet die Fahrt mit einem Fehlschlag, bei dem Artus den Tod fand und nur wenige seiner Krieger den Heimweg antraten (»Durch die vom Dichter mit allen Mitteln seiner Kunst gesuchte Dunkelheit schimmert nur wenig Licht für uns durch.« Zimmer 2006, 85).

Derartige Raubzüge in die Anderwelt waren ein beliebtes Motiv der inselkeltischen Literatur, das sich auch in der ältesten Prosaerzählung einer Artussage findet, der Geschichte von *Culhwch ac Olwen* (»Culhwch und Olwen«) aus dem *Mabinogion*. In dieser wahrscheinlich um 1100 entstandenen Erzählung wird Artus von seinem Vetter Culhwch um Hilfe gebeten. Denn dessen Stiefmutter hat ihm einen Fluch auferlegt, die Riesentochter

Olwen als Frau zu gewinnen. Nur den Kriegern von Artus gelingt es, ihren Vater Ysbaddaden aufzuspüren und seine Bedingungen entgegenzunehmen. Da er gemäß einer Weissagung nur so lange lebt, wie seine Tochter Jungfrau bleibt, versucht er eine Vermählung zu verhindern. Als Brautpreis fordert er darum von Culhwch nicht nur, ihm den Bart zu scheren. Dazu sowie als Vorbereitung der Hochzeit benötigt dieser zudem so viele wundersame Gegenstände, dass er an die vierzig Aufgaben erfüllen muss, von denen jede einzelne kaum lösbar scheint: etwa Honig für den Met, neunmal süßer als gewöhnlicher Honig; den Korb des Gwyddno, der Nahrung für 27 Männer aufnehmen kann und anderes mehr. Die schwerstlösbare Forderung gilt dem gigantischen Eber Twrch, einem verfluchten König, der als Kleinodien Kamm, Rasiermesser und Schere zwischen seinen Ohren trägt, die es zu erbeuten gilt.

Artus bricht mit seinen Gefolgsmännern auf, um die geforderten Wunderdinge zu beschaffen. Am schlimmsten wird der Kampf mit dem riesigen Eber, der mit seinen sieben Jungen schon große Teile Irlands verwüstet hat. Der König setzt mit den Kriegern samt Pferden und Jagdhunden zur Grünen Insel über und beginnt die Jagd. Doch selbst ein neun Tage und Nächte währender Kampf, dem viele Streiter zum Opfer fallen, schadet Twrch nicht. Schließlich schwimmt er mit seinen Jungen durch die Irische See nach Wales und Cornwall, wo er ebenfalls alles zu verwüsten beginnt. Artus setzt ihm nach und verliert in heftigen Kämpfen fast alle Krieger, ohne dass der Eber größeren Schaden nimmt. Aber letztendlich gelingt es doch, ihm die kostbaren Rasierutensilien zu entreißen. Daraufhin schwimmt Twrch aufs offene Meer hinaus und wird nie mehr gesehen. Zu guter Letzt muss noch das Blut der Schwarzen Hexe gewonnen werden, die in einer Höhle im Norden haust. Auch sie erweist sich als ungewöhnlich stark und schlägt Artus' Männer fast tot. Als Letzter stürmt er selbst in die Höhle und sticht mit seinem Dolch so lange auf die Hexe ein, bis ihr Körper in zwei Teile zerfetzt ist. Danach kann sich Culhwch der abschließenden Aufgabe stellen: Mit den Wunderdingen des Ebers und dem Hexenblut wird der Bart des Riesen geschert, »Haut und Fleisch bis auf die Knochen, und beide Ohren schnitt er gleich mit ab«. Dieser gibt Culhwch seine Tochter zur Frau und verliert damit sein Leben: Man zerrt ihn an seinen Haaren auf einen Misthaufen und schlägt ihm den Kopf ab, der zur Abschreckung auf die Burgzinnen gesteckt wird. Dann eignet sich Culhwch das Land des Riesen an und heiratet Olwen. Anschließend kehrt Artus mit den Kriegern an seinen Hof zurück.

Solcher Art waren die Geschichten, die sich die frühmittelalterlichen Kelten in Wales offensichtlich von Artus erzählten und später niederschrieben. Sie zeichnen sich durch eine besonders fantasievolle Darstellung aus, die selbst vor drastischen Zügen nicht zurückschreckt. Manche dieser Motive kennen noch die französischen Dichtungen um König Artus; sogar in Thomas Malorys Buch vom »Tod Arthurs« fanden sie Jahrhunderte später Eingang. Zu diesen ursprünglichen keltischen Elementen zählt man nicht nur Eigennamen, sondern auch Motive wie die Hirschjagd, den Zug in eine andere Welt – etwa bei der Gralssuche – und die Vorstellung eines wüsten Landes. Außer den Walisern überlieferten vor allem ihre keltischen Verwandten vom Festland, die Bretonen, die vielfältigen Geschichten um König Artus; denn ihre Beziehungen blieben bekanntlich eng. Deshalb herrschte über das Meer hinweg ein reger Verkehr und Austausch, durch den die Bretonen die Erzählungen von den Britischen Inseln kennenlernten und den normannischen sowie anderen französischen Höfen weitervermittelten.

Hier nun könnten die Geschichten um Artus enden, den heldenhaften Anführer einer Kriegerschar, deren Fahrten und Abenteuer insbesondere die fantasievollen Texte der Waliser erzählen. Diesen Texten bliebe eine Fülle von Fragen zu stellen, Forschungen über ihre Herkunft, ihre Motive, ihre Beziehungen zu vorchristlichen Mythen und Göttervorstellungen, zu frühen Märchen und überhaupt zu Elementen des alten inselkeltischen und sogar europäischen Erzählstoffes. Eine Begrenzung der Artusüberlieferung würde allerdings der vielschichtigen Gestalt des Königs Artus in keinster Weise gerecht. Denn die hier vorgestellten kymrischen Erzählungen geben nur einen Teil der Überlieferung wieder, gewissermaßen die fantastische

Seite des Königs. Wenn wir auf Geoffrey von Monmouth und die *Historia regum Britanniae* schauen, ergibt sich das Bild eines in der Geschichte verorteten Herrschers – von sagenhaften Zügen wie Avalon umgeben, aber trotzdem in einer greifbaren Chronologie: in jener Epoche, in der Britannier und Angelsachsen um die Herrschaft der Britischen Hauptinsel, um Albion, rangen. Mag sein, dass Geoffrey um 1136 von jenen keltischen Abenteuergeschichten wie den obigen hörte. Zufriedengestellt werden sie ihn nicht haben, denn er brauchte für seine Geschichte historische Zeugnisse wie Chroniken, Annalen, ältere Historien. Aus diesem Bereich dürfte auch das erwähnte britannische Buch gekommen sein, das ihm Walter von Oxford zur Verfügung stellte. Zumindest sind uns einige Werke dieser Art bekannt und erhalten geblieben, wenn auch auf lateinisch geschrieben. Sie gewähren uns den Zugang zu jenem historischen König Artus, von dem uns Geoffrey erzählt. Welche Spuren sich da auftun, ob es überhaupt einen realen Artus gegeben haben könnte und ob letztlich hinter allem mehr steckt als die kymrische Sagenfigur, sollen die folgenden Kapitel klären.

6. *Dark Age* – Das dunkle Zeitalter der Britischen Inseln

Rom in Britannien: Caesars Feldzüge

Während der Unterwerfung Galliens unterstellte Caesar den britannischen Keltenstämmen, von jenseits des Ärmelkanals Hilfstruppen zu entsenden, um die Gallier gegen Roms Legionen zu unterstützen. Für ihn war dies Grund genug, um zwei Feldzüge nach Britannien zu unternehmen. Zuerst setzte er 55 v. Chr. mit zwei Legionen etwa auf der Höhe Dovers über. Nach seiner ausführlichen Schilderung in *De Bello Gallico* (5. Buch, 8 ff.) hatten sich auf den Steilküsten Ostkents feindlich gesinnte Truppen aufgestellt, die den Strand mit Wurfgeschossen bombardierten. Sie verhinderten zudem mit ihren Reitern und schnellen zweirädrigen Kriegswagen, dass man die Schiffe verließ: »Sie schleuderten kühn ihre Wurfgeschosse und trieben ihre Pferde an, die an diese Kampfesweise gewöhnt waren.« Letztendlich gelang es den Römern jedoch, an Land zu gehen und die britannischen Krieger zurückzudrängen. Die Stammesfürsten aus Kent schickten daraufhin Gesandte und sprachen sogar persönlich bei Caesar vor, um ihre Friedensbereitschaft zu bekunden. Aber nachdem ein schwerer Sturm den Großteil der römischen Flotte vernichtet hatte, nahmen die Britannier den Kampf wieder auf. Caesar ließ in dieser bedrohlichen Situation im Umland Getreide von den Feldern ins Lager schaffen und befahl, alle noch einsatzfähigen Schiffe eiligst auszubessern. Auf ihnen sollte man notfalls Britannien wieder verlassen. Zunächst soll jedoch laut *De Bello Gallico* eine eher friedliche Stimmung aufgekommen sein, in der die Legionäre mit den einheimischen Bauern auf den Feldern arbeiteten und viele Britannier sogar das Römerlager besuchten.

Wie trügerisch dieser Eindruck war, bewies ein Überraschungsangriff britannischer Krieger, die aus den nahen Wäldern mit Speeren und anderen Wurfgeschossen heranstürmten und auch ihre stärksten Waffen einsetzten: die Reiter und die Streitwagenkämpfer. Während die gallischen Stämme sich dieser für die Kelten typischen Kampfgefährte nicht mehr bedienten, galten sie auf den Britischen Inseln einschließlich Irlands noch lange als Attribut herausragender und hoch angesehener Krieger. Caesar schildert ihren furchterregenden Einsatz, der dem Feind große Verluste zufügte: »Der Kampf von diesen Streitwagen aus verläuft folgendermaßen: Zuerst fahren die Britannier nach allen Richtungen über das gesamte Schlachtfeld und schleudern Wurfgeschosse, wobei sie meist schon durch den Schrecken, den die Pferde verbreiten, und den Lärm der Räder die feindlichen Reihen in Verwirrung bringen. Sobald sie in die berittenen Einheiten eingedrungen sind, springen sie von den Wagen und kämpfen zu Fuß weiter. Währenddessen fahren die Wagenlenker etwas aus dem Kampfgebiet heraus und stellen sich so auf, dass sie den Ihren, falls sie von einer feindlichen Übermacht bedrängt werden, eine gute Möglichkeit bieten, sich ungehindert zu ihrem Heer zurückzuziehen. So zeigen sie im Kampf die Beweglichkeit von Reitern und die Standfestigkeit von Fußsoldaten. Durch Gewohnheit und tägliche Übung haben sie es dabei so weit gebracht, dass die Wagenlenker sogar auf abschüssigem, steilem Gelände die Pferde in vollem Lauf aufhalten, in kürzester Frist bändigen und schwenken lassen können. Ja, sie laufen sogar über die Deichsel und stellen sich auf das Joch der Pferde, um sich von dort wiederum in größter Geschwindigkeit auf die Wagen zurückzuziehen« (*De Bello Gallico*, 5. Buch, 8 ff.).

Außerdem kämpften die Inselkelten nicht in dicht geschlossenen Reihen, sondern in großem Abstand voneinander in kleineren Einheiten, die die Kämpfer wieder aufnahmen, um die ermüdeten durch ausgeruhte Krieger zu ersetzen. Diese für sie völlig ungewohnte Kampfweise hatte die römischen Soldaten verwirrt. Nur mit Mühe gelang es Caesar, sie ohne größere Verluste ins Lager zurückzuführen – eine offene Schlacht schien ihm unter diesen Umständen zu gefährlich. Inzwischen versammelten sich immer mehr britannische Krieger in der Nähe des Römerlagers. Denn die Aussicht auf reiche Beute hatte selbst entfernt siedelnde Stämme veranlasst, die üblichen Streitigkeiten untereinander ruhen zu lassen und in großen Scharen mit Reitern, Streitwagen und Fußkämpfern Caesar zum Kampf zu fordern. Da keine Seite einen Sieg erringen konnte, kam es erneut zu Verhandlungen. Denn Caesar hatte es mit dem voranschreitenden Jahr eilig, nach Gallien zurückzukehren.

Der Misserfolg dieser aufwendigen Expedition veranlasste Caesar, im Jahr darauf (54 v. Chr.) eine zweite Invasion zu unternehmen. Dieses Mal machte sich eine Flotte von angeblich 800 Schiffen auf den Weg, die fünf Legionen und 2000 Reiter transportierten, diesen hatten sich etliche Händler und Privatleute angeschlossen, die auf gute Geschäfte in einem eroberten und von Rom kontrollierten Land hofften. Doch so weit kam es vorerst nicht, weil die Britannier jede Schlacht vermieden und sich sogar außer Sichtweite hielten. Sie verschanzten sich hingegen in den Wäldern, und in Scharmützeln gerieten die Legionäre und Reiter wegen der geschilderten Kampfweise der Britannier in Schwierigkeiten; außerdem beschädigte aufs Neue ein Sturm die meisten Schiffe der Flotte. Als die Römer ins Landesinnere vordrangen, sahen sich immer mehr Stämme provoziert. Einem Häuptling namens Cassivellaunus, der dem nördlich der Themse siedelnden Stamm der Catuvellauner vorstand, gelang es, von vielen Stämmen als Oberbefehlshaber eines vereinigten britannischen Heeres anerkannt zu werden. Caesar ließ seine Truppen über die Themse gegen ihn vorrücken, konnte jedoch keinen entscheidenden Sieg erringen. Außerdem setzten ihnen die angeblich 4000 Streitwagenkämpfer der Britannier erheblich zu. Obwohl Caesar in mehreren Stämmen Verbündete gegen Cassivellaunus fand und obwohl er dessen Hillfort (vgl. Kap. 5) einnehmen konnte, gelang ihm letztlich kein entscheidender Sieg. Deshalb mag es ihm als Politiker und tendenziösem Geschichtsschreiber zuzuschreiben sein, wenn er den britannischen Heerführer um Frieden bitten lässt. Angeblich sollte er Steuern an Rom entrichten und Geiseln stellen. Damit zog sich Caesar mit sämtlichen Soldaten nach Gallien zurück. Ob sich Cassivellaunus an Caesars Anweisungen gehalten hat, ist nicht bekannt. Dessen beide Feldzüge blieben folgenlos. Tacitus urteilte später darüber, Caesar »habe Britannien der Nachwelt nur gezeigt, nicht übergeben«.

Das Wissen um Caesars Heerzüge nach Britannien, in obiger Darstellung auf seiner Schrift *De Bello Gallico* basierend, übernahmen die nachfolgenden römischen Geschichtsschreiber. Und von diesen wiederum die christlichen Gelehrten des Mittelalters, so findet es sich bereits um 730 bei Beda Venerabilis. Aus dessen Schrift über die englische Kirchengeschichte schöpfte auch Geoffrey von Monmouth. Auf diesem Weg gelangten die Berichte von Caesars militärischen Expeditionen, deren Faktizität im Großen und Ganzen als gesichert gilt, in die *Historia regum Britanniae*. Geoffrey verknüpfte sie mit der legendenhaften Trojanerfabel und machte aus Cassivellaunus einen fernen Nachfahren des Brutus. In der Geschichte der britischen Könige gelingt es Caesar allerdings, den Britenkönig entscheidend zu schlagen und das Land zu unterwerfen.

Rom in Britannien: Die Eroberung

Die sich uns erschließende historische Realität sah anders aus: Nach Caesars Misserfolgen unternahm Rom über fast ein Jahrhundert keine militärischen Operationen über den Ärmelkanal. Seine Einflüsse zeigten sich gleichwohl: So manche britannische Adlige nahmen sich Rom zum Vorbild – einige eroberten sich kleine Reiche und führten eigene Münzen ein. Gleichzeitig befehdete man sich heftig untereinander und schreckte auch nicht davor zurück, den Kaiser im fernen Rom um Hilfe anzurufen. Es war nur eine Frage der Zeit, bis dieser die Gelegenheit ergreifen und Caesars Pläne wieder aufgreifen würde. Dies tat Kaiser Claudius (reg. 41–54 n. Chr.): Auf seinen Befehl setzten 43 n. Chr. vier Legionen über den Ärmelkanal. Ihnen waren die inselkeltischen Kriegstaktiken vertraut, weshalb sie rasch vorrückten. Grund dafür war auch, dass die Machtzentren der größeren Stammesbünde eingenommen werden konnten. Zu ihnen zählte Colchester nordöstlich Londons, das die Römer unter dem Namen Camulodunum zu ihrem Hauptsitz machten. Sie siegten in etlichen Schlachten, und schließlich erschien Kaiser Claudius selbst mit Kriegselefanten in Britannien, um die Unterwerfung von dessen Keltenstämmen entgegenzunehmen: Britannien wurde römische Provinz, deren Eroberung der Imperator zwei Jahre später in Rom aufwendig feiern ließ. Die neu gegründete Siedlung Londinium (London) wurde zur Hauptstadt erklärt.

Diese Überraschungserfolge stellten aber erst den Beginn dar, dem viele Jahre der systematischen Eroberung großer Teile Britanniens folgten. Während dieser Kämpfe lernten die Römer immer mehr Britannier mit ungewöhnlichen Bräuchen und Sitten kennen: Königinnen herrschten über Stämme, Krieger stellten sich mit grell bemalten Körpern zum Kampf, die Druiden schienen besondere Macht zu besitzen, und man munkelte sogar von amazonengleichen Kämpferinnen. Aber mit der Zeit erschlossen die Legionäre das Land mit Kastellen und Veteranensiedlungen, in denen aus dem Dienst entlassene Soldaten einer zivilen Tätigkeit nachgingen. Gleichzeitig marschierten die Truppen west- und nordwärts Richtung Wales und Schottland, um Stämme wie die Siluren und Briganten unter Kontrolle zu bringen. Immer wieder erhoben sich jedoch Gruppen, derer man sich sicher geglaubt hatte, oder man stieß auf bis dahin unbekannte Völkerschaften, die heftigen Widerstand leisteten. Ein landesweites Zentrum der Feinde Roms schien sich auf der Insel Mona zu befinden, dem heutigen Anglesey vor der nordwestwalisischen Küste. Dort vermutete man die Kultstätten der Druiden, in denen diese – aus römischer Sicht – barbarische Opfer vollzogen und gegen die neuen Herren zum Kampf aufriefen. Deshalb schlugen sich die Legionäre im Jahr 60 n. Chr. dorthin einen Weg frei. Der römische Historiker Tacitus schildert in seinen *Annalen* die Eroberung der Insel. Ihm zufolge bot sich den Legionären folgendes Bild: »Da stand am Gestade die gegnerische Kampffront, eine dichte Reihe von Waffen und Männern; dazwischen liefen Frauen herum, die nach Art von Furien im Leichengewand mit herabwallenden Haaren Fackeln vorantrugen; die Druiden ringsum stießen grausige Verwünschungen aus, die Hände zum Himmel erhoben. Dieser ungewohnte Anblick versetzte die Soldaten in Bestürzung, sodass sie sich, gleichsam an den Gliedmaßen gelähmt, unbeweglich der Verwundung aussetzten. Als dann aber der Feldherr sie anfeuerte und sie sich selbst Mut machten, doch nicht vor einem Haufen rasender Weiber in Angst zu geraten, gingen sie zum Angriff über, warfen alle nieder, die ihnen entgegentraten, und trieben sie in das Feuer der eigenen Fackeln. Eine Besatzung wurde anschließend auf die besiegte Insel verlegt, und man zerstörte die Haine, die den Riten eines wilden Aberglaubens geweiht waren; denn vom Blut von Kriegsgefangenen die Altäre dampfen zu lassen und aus menschlichen Eingeweiden den Willen der Götter zu erfragen hielten sie für heiliges Recht« (Buch 14, 29 f.). Mit der Eroberung Monas schien das schlimmste Widerstandsnest gegen Rom zerstört worden zu sein.

Das war ein Irrtum, denn im selben Jahr brach ein Aufstand aus, der die Römer an den Rand der Niederlage brachte. Wiederum Tacitus folgend, war römischer Machtmissbrauch der Grund. Als nämlich der Stammesführer der Rom gegenüber loyalen ostenglischen Icener verstarb und seine beiden Töchter das Erbe übernehmen sollten, marschierten römische Truppen ein und behandelten das kleine Reich wie erobertes Feindesland. Die Icener erhoben sich, und von ihnen griff der Aufstand auf andere Stämme über, die sich verbündeten, um die römische Herrschaft und Ausbeutung abzuschütteln. Dabei scheint der icenischen Königswitwe Boudicca eine herausragende Rolle zugekommen zu sein. Besonders verhasst waren die römischen Veteranen, die etwa in der Kolonie Camulodunum die keltischen Einwohner aus ihren Häusern vertrieben und sie von den Feldern verjagten. Darum stürmten britannische Krieger die Siedlung, plünderten die meisten Stadtteile und legten sie in Schutt und Asche. Den Kaisertempel, in dem sich die römischen Soldaten verschanzt hatten, belagerte man zwei Tage lang und erstürmte ihn schließlich. Londinium wurde von den Römern aufgegeben. Tacitus nennt 70 000 Römer und Bundesgenossen, die bei den Kämpfen und Plünderungen letztendlich den Tod fanden. Boudicca galt den römischen Geschichtsschreibern als britannische Oberbefehlshaberin, die von ihrem Streitwagen die Krieger auf die Schlacht einstimmte. Damit wurde sie zum Symbol des Widerstands. Aber die Entscheidungsschlacht endete für die Britannier mit einer Katastrophe und der Aufstand brach zusammen. Britannien blieb römische Provinz bis ins 5. Jahrhundert.

Die römische Herrschaft

Trotz des Sieges konnte Britannien noch lange nicht als endgültig befriedet gelten. Obwohl Rom mit vielen Stammeshäuptlingen Bündnisse schloss, sie zu abhängigen Klientelkönigen machte und ihnen Ehrentitel wie »Freund« oder »Bundesgenosse« verlieh, mussten seine Soldaten mit Erhebungen und Überfällen rechnen. 20 Jahre nach dem Aufstand der Boudicca ging der Statthalter Julius Agricola (40–93 n. Chr.) energisch gegen unbotmäßige Stämme vor. In Schottland sorgten keltische und andere Völkerschaften für Unruhe. Dabei taten sich besonders die Kaledonier hervor, die weiterhin Widerstand leisteten. Agricola führte seine Soldaten durch die Highlands, wo es schließlich an einem unbekannten Ort zur Entscheidungsschlacht kam. Den Römern bot sich ein weiteres Mal ein Bild barbarischer Wildheit, Eindrücke der für sie immer noch fremden keltischen Welt. Deren Krieger traten nämlich laut Tacitus ohne Rüstung und Kleidung an, schmückten sich hingegen mit Ringen aus Eisen und bunten Tätowierungen. Die römischen Geschichtsschreiber beschreiben sie nur mit einem Kurzschwert und einer Lanze gerüstet, das Schwert um den nackten Körper gegürtet. In Schottland standen angeblich mehr als 30 000 derart bewaffnete und geschmückte Krieger den Römern gegenüber und hörten die anfeuernden Worte ihres Befehlshabers. Dann erklangen die Kriegstrompeten, rauer Gesang ertönte, und mit lautem Schreien rief man die Götter an. Heerhaufen bildeten sich, und die Verwegensten preschten mit blitzenden Waffen vor, um sich, den eigenen Kämpfern und dem Feind ihren Mut und ihre Todesverachtung zu beweisen. Schließlich begann die Schlacht, die dem bekannten Muster vieler Kämpfe zwischen römischen Legionären und keltischen Stammeskriegern folgte. Den Kaledoniern gelang es nicht, mit ihren ungestümen Angriffen die Römer und ihre Verbündeten zu verwirren und in die Flucht zu schlagen. Deshalb erlitten sie eine bittere Niederlage, nach der sie sich zurückzogen. Tacitus schildert die Szenerie des folgenden Tages: Ödes Schweigen hätte überall geherrscht, die Hügel seien verlassen gewesen und in der Ferne hätte man rauchende Hütten erblickt. Die ausgesandten Kundschafter trafen auf keinen Menschen, nur unbestimmte Fluchtspuren waren zu sehen. Daraufhin machte sich Agricola mit den Truppen wieder nach Süden auf. Die Kaledonier hingegen hatten sich in die unzugänglichen Berge und Sümpfe zurückgezogen, um in den nächsten Jahrhunderten ihre angestammte Kultur weiterzupflegen.

Denn Schottland wurde niemals von den Soldaten Roms eingenommen und blieb als barbarisches Britannien sich selbst überlassen. Die kurzzeitige Errichtung eines römischen Wallsystems weit im Norden (Antoniuswall) wurde genauso aufgegeben wie mehrere Legionslager. Seit 122 n. Chr. ließ Kaiser Hadrian (reg. 117–138) einen Verteidigungswall anlegen, von dem aus die angriffslustigen Stämme Schottlands abgewehrt werden sollten. Über 120 Kilometer zog sich der sogenannte Hadrianswall vom Norden der Irischen See quer durch Nordengland bis zur Nordseeküste bei Newcastle. Dieses System von Mauern, Wällen, Gräben, Wachttürmen und Kastellen schirmte das romanisierte Britannien fast drei Jahrhunderte ab.

Die Britannier südlich des Hadrianswalls akzeptierten letztendlich die Herrschaft des römischen Kaisers und wurden ein Teil seines Weltreichs. Die Provinz *Britannia* nahm vom Südosten um Kent ihren Ausgang. Dort befand sich in dem erwähnten Camulodunum der zentrale Verwaltungssitz, in dem der römische Statthalter residierte. Die wachsende Stadt London lag nicht weit davon entfernt. Anfang schloss man Bündnisse mit den Icenern im heutigen Ostanglien (vgl. oben), mit den Briganten in Nordengland nahe York und mit den südenglischen Regnern bei Chichester. Derem König Cogidubnus werden die Überreste der einst prächtigen römischen Villa von Fishbourne als dessen möglicher Palast zugeschrieben. Britannien prägten über Jahrhunderte militärische wie zivile Strukturen: diverse Militärlager für Legionen, Hilfstruppen (auxilia) bis hin zu Kleinkastellen und Signalstationen; die großen Landwirtschaftsgehöfte der Villen (villae), die Siedlungen der Veteranen (coloniae) sowie größere Landstädte (municipia), außerdem die Hauptstädte der Stämme (civitates), wo die romanisierte britannische Bevölkerung lebte und wo in den größeren Städten Forum und Basilica (Markthalle) nebst Bädern, Wasserleitungen und anderem mehr für die charakteristische römische Urbanität sorgten. Zu diesen Siedlungen gehörten unter anderem Canterbury, Winchester, Chichester und Silchester. Überlandstraßen, an denen zumeist die Tempel und Grabstätten lagen, zogen sich durch die ganze Provinz und sind zum Teil bis heute in ihrem Verlauf erkennbar. Inschriften kündeten vom Gebrauch der lateinischen Sprache, neben der mal mehr, mal weniger häufig auch keltisch gesprochen wurde. Münzen zeugten von einem effizienten und ertragreichen Finanz- und Wirtschaftssystem – zeitweise galt Britannien sogar als Kornkammer des Römischen Reiches, für sein Vieh war es ohnehin berühmt. Als bedeutendste Legionslager blieben York (Eburacum) im Norden sowie Chester (Deva) und Caerleon (Isca Silurum) im Westen bestehen, wobei letzteres noch in der Artuswelt eine Rolle spielte. Aber unter der römischen Oberfläche pflegten die Britannier weiterhin Teile ihres keltischen Erbes, wie den Gebrauch ihrer Sprache, die Verehrung alter Gottheiten und die Verwendung latènezeitlicher Schmuckornamente. Sie sahen darin keinen Widerspruch, und die Römer tolerierten Sonderwege innerhalb des Imperiums, solange ihre Herrschaft unangetastet blieb.

Die Provinz Britannien, die um 300 n. Chr. in vier Teile untergliedert wurde, war allerdings über die Jahrhunderte keine sprichwörtliche Insel der Seligen. Sie nahm Teil an den wachsenden innenpolitischen Auseinandersetzungen des Römischen Reiches. So errichtete der Feldherr Carausius 287 ein Sonderreich über Britannien und Teile Nordwestgalliens, das mit seiner Ermordung sechs Jahre später zusammenbrach. Das war dem siegreichen Constantius zu verdanken, der persönlich in

Britannien eingriff und dessen Sohn Konstantin, später Kaiser Konstantin der Große (reg. 324–337), sich zeitweilig in Eburacum (York) aufhielt. Unter seiner Herrschaft vollzog sich die nach ihm benannte »Konstantinische Wende«, mit der er das Christentum nicht nur tolerierte, sondern de facto sogar zur Hauptreligion des Römischen Reiches machte. Diese Politik wirkte sich auch in Britannien aus, wo im 4. Jahrhundert der neue Glaube gegen römischen und keltischen Polytheismus sowie gegen Kulte wie den des Mithras an Boden gewann. Da archäologische Überreste eindeutiger Kirchenbauten fehlen bzw. nicht eindeutig dem Christentum zuzuordnen sind, gibt ein Schatzfund Auskunft über die britannischen Christen: Der Hortfund von Water Newton (nahe Chesterton in Cambridgeshire, Ostengland) aus dem späten 4. Jahrhundert besteht aus dem ältesten bislang gefundenen Kirchensilber des gesamten Römischen Reiches. Einige der 27 Gegenstände aus Silber (und einem aus Gold) weisen lateinische christliche Inschriften auf, außerdem das christliche Chi-Rho-Symbol. Der Fundort lag bei einer römischen Siedlung nahe der Römerstraße von London nach York, wo der vermutliche Schatz einer Kirchengemeinde in unsicheren Zeiten versteckt und irgendwann vergessen wurde. Aber nicht nur er spricht für die Bedeutung der Christen, sondern auch die Nachricht, dass noch 429 und 446/47 die gallischen Bischöfe Germanus von Auxerre und Severus von Trier Britannien bereist haben sollen.

Das Ende des römischen Britanniens

Britannien war wie viele römische Provinzen im 4. Jahrhundert zunehmend Überfällen und Raubzügen fremder Völker und Kriegerscharen ausgesetzt. Außerdem geriet die Herrschaft Roms überall ins Wanken, weil Wirtschaftskrisen und Kämpfe zwischen kaiserlichen Thronanwärtern das Reich von innen schwächten. So ließ sich 383 Magnus Maximus in Britannien zum Kaiser ausrufen. 402 wurde die entscheidende Legion aufs Festland abgezogen, mehrere Kronprätendenten kündigten dem Kaiser die Treue. Der griechische Geschichtsschreiber Zosimos berichtet ein Jahrhundert später für das Jahr 407 von einer Erhebung der verbliebenen Truppen in Britannien, die ihren Befehlshaber Marcus zum Kaiser ausriefen (*Historia nea*, »Neue Geschichte«). Bereits nach vier Monaten wurde er abgesetzt und getötet. Dann zog ein Konstantin III. durch Gallien, bis ihn Kaiser Honorius (reg. 395–423) schließlich besiegte. Dieser stand seit der Teilung des Reiches in West- und Ostrom der westlichen Reichshälfte vor und war damit ebenso der oberste Herr der Provinz Britannien. Für seine Herrschaft und den Zustand des Imperium Romanum ist bezeichnend, dass er die Hauptstadt Rom verließ und in Ravenna seine Residenz nahm, wo er sich inmitten der Sümpfe des Podeltas sicherer fühlte.

Damals befand sich das Römische Reich schon längst in jener Epochenwende, die man später mit dem Jahr 375 verbunden hat und die im deutschen Sprachraum die Bezeichnung Völkerwanderungszeit (375–568) erhielt. Mit dem Erscheinen des zentralasiatischen Reitervolks der Hunnen nördlich des Schwarzen Meeres scheint in der Tat eine intensive Migrationsbewegung insbesondere germanischer Stämme in Gang gesetzt worden zu sein. So zeitgenössische Einschätzungen: »Erschreckende Gerüchte verbreiteten die Nachricht, die Völker des Nordens verursachten neue und ungewöhnlich große Bewegungen: Über das ganze Gebiet von den Markomannen und Quaden bis hin zum Schwarzen Meer sei eine Menge von unbekannten Barbarenvölkern mit unvorhergesehener Gewalt aus ihren Wohnsitzen verdrängt worden und ziehe im Donaugebiet in einzelnen Banden mit ihren Familien umher.« Mit diesen dramatischen Worten schildert Ammianus Marcellinus, der bedeutendste römische Historiker des 4. Jahrhunderts, die Ereignisse um das Jahr 375 (*Res gestae*, »Bericht der Taten«, um 390). Und dies, obwohl man Krieg und Frieden mit den Barbarenvölkern durchaus gewohnt war. Erst 358 hatte Kaiser Julian Apostata bei Straßburg eine siegreiche Schlacht gegen die germanischen Alamannen geschlagen. Auch in Britannien war man Überfällen ausgesetzt: »Als Constantius zum zehnten und Julian zum dritten Mal Konsuln waren, durchbrachen in Britannien die wilden Völker der

Scotten und Picten die vereinbarte Waffenruhe und verwüsteten mit ihren Einfällen die Gegenden in der Nähe der Grenzen; Furcht befiel nun die Provinzen […]« (Ammianus Marcellinus über das Jahr 360; Brodersen 1998, 231). Allerdings gelang es römischen Heeren, diese Angriffe stets abzuwehren, so um 370, und kurz vor dem Jahr 400 kam sogar der Heermeister Stilicho († 408) über den Ärmelkanal und unternahm mehrere Feldzüge gegen die Angreifer.

Aber Ammianus Marcellinus erwähnt immer mehr Attacken: »Zu dieser Zeit erklangen fast in der ganzen römischen Welt die Kriegstrompeten. Die wildesten Völker wurden aufgeboten und zogen durch die Grenzgebiete in ihrer Nähe. Die Alamannen verwüsteten gleichzeitig Gallien und Raetien, die Sarmaten und Quaden die pannonischen Länder; die Picten und Sachsen, die Scotten und Attacotten suchten die Britannier mit stetem Unglück heim […]« (Brodersen 1998, 233). Ihm zufolge setzte der Feldherr Theodosius den Räuberscharen mit ihrer Beute und Gefangenen nach und besiegte sie. Danach gelang vorübergehend eine gewisse Konsolidierung der Verhältnisse. Die von Ammianus geschilderte Grenzsicherung konnte archäologisch durch erneuerte Befestigungen am Hadrianswall nachgewiesen werden. Glaubwürdig sind ebenso die Schutzmaßnahmen an der Südost- und Ostküste mit Türmen und Signalstationen, die dem Verteidigungssystem des *Litus Saxonicum* folgten, das seit zwei Jahrhunderten die Küsten Britanniens gegen sächsische Piraten sicherte (vgl. Kap. 7). Diese Maßnahmen nützten letztendlich um 400 nichts mehr. Damals waren es in erster Linie die Attacken der Iren und Pikten, denen das Römische Reich immer weniger entgegenzusetzen hatte, zumal Britannien weiter von Truppen entblößt wurde.

Über das, was dann geschah und was zum historischen Vorspiel der Artusgeschichte gehört, berichten die immer spärlicher werdenden schriftlichen Quellen mit unterschiedlicher Betonung. Der britannische Geschichtsschreiber Gildas (vgl. unten) hat die Not seiner Vorfahren folgendermaßen geschildert: »Aufgrund der Angriffe und der schrecklichen Verwüstungen schickte Britannien Gesandte nach Rom, die unter Tränen um die Entsendung einer bewaffneten Schutztruppe baten und dafür eine unverbrüchliche und von ganzem Herzen kommende Unterwerfung unter die römische Herrschaft versprachen, wenn es nur gelänge, die Feinde in größerem Abstand zu halten.« Doch auf Dauer konnte ihnen Rom keine Legionäre oder Hilfstruppen mehr schicken. Dagegen sah man sich sogar gezwungen, die Provinz Britannien militärisch aufzugeben und zog um das Jahr 410 die letzten Legionäre ab. Kaiser Honorius schrieb Briefe an die britannischen Städte, in denen er sie aufforderte, künftig für sich und ihre Sicherheit selbst Sorge zu tragen. Während der Theologe Gildas die Britannier als hilflos, ängstlich und völlig passiv beschreibt, entwirft Zosimos ein ganz anderes Bild: »Außerdem überfielen die Barbaren von jenseits des Rheins alles Land, so wie es ihnen gerade gefiel, und brachten sowohl die Einwohner der Insel Britannien als auch einige gallische Völkerschaften in die Zwangslage, sich vom römischen Reich zu trennen und – nicht mehr dessen Gesetzen unterworfen – ein selbständiges Leben zu führen. Nun rüsteten sich die Männer aus Britannien, setzen ihr eigenes Leben ein und befreiten die Städte selbst von der Bedrohung durch die Barbaren. Auch die ganze Armorica und andere gallische Provinzen folgten dem britannischen Vorbild und befreiten sich auf dieselbe Weise, indem sie die römischen Obrigkeiten verjagten und ihren eigenen Staat nach ihrem eigenen Wollen einrichteten« (Brodersen 1998, 248).

Zosimos zufolge nahm also die römisch-keltische Provinzbevölkerung ihr Schicksal selbst in die Hand und baute sich eigene Staatswesen auf. So sollen die stark romanisierten Städte, vielleicht 28 an der Zahl, sogar in London einen König gewählt und einen »Rat der 300« etabliert haben. Während man in diesen Städten versuchte, das römische Leben, so gut es ging, weiterzupflegen, wurden in vielen Gebieten Britanniens wieder einheimische Traditionen aufgegriffen. Entsprechend alter Überlieferungen und des irischen Vorbilds etablierten sich insbesondere im Norden und Westen keltische Fürsten, die an die Vergangenheit anknüpften. Sie zogen zu den Überresten der seit langen Zeiten ungenutzten britannischen Wallanlagen, bauten sie aus und nutzten sie als Herrschaftssitze. Ebenso griff man auf vorrömische Wirtschaftsformen zurück, indem die Geldwirtschaft aufgegeben wurde und man stattdessen Tauschhandel betrieb. Britannien teilte sich demnach in eine Vielzahl von Herrschaften auf, von denen manche eher römisch, andere traditionell keltisch und dritte als Mischung beider Kulturen existierten. Vom Ausbluten der materiellen römischen Zivilisation künden etliche archäologische Funde, etwa in Gloucestershire im südwestlichen England nahe der walisischen Grenze. Dort existierten einst in der Hügellandschaft der Cotswold Hills über 50 Villen mit ihren Landgütern. Die Villa von Woodchester bestand aus 50 Räumen, ein außerordentlich großes Bodenmosaik kündete vom Reichtum der Bewohner. Spätestens um 450 waren diese Landsitze unbewohnt und damit zum Verfall bestimmt. Der Osten Englands zeichnet sich gleichzeitig durch Schatzfunde von Gold und Silber aus, wie jenen von Water Newton (vgl. oben) – ein deutliches Zeichen unruhiger Zeiten, in denen man mit Überfällen und Plünderungen zu rechnen hatte. Demzufolge wäre es verständlich, wenn die römischen Britannier im Jahr 446 es noch einmal mit einem Hilfsgesuch an Rom versucht hätten – so zumindest die schriftlichen Quellen (vgl. unten). Auch dieses blieb unerhört. Wenige Jahre später ging ein britannischer Befehlshaber einen anderen Weg, indem er sächsische Söldner aus Germanien anwarb, die in Britannien bekannt und gefürchtet waren. Sein Name war Vortigern, und mit ihm beginnt die Artusgeschichte.

Nachrichten aus der dunklen Zeit

Damit befinden wir uns in jener Phase der britischen Geschichte, für die sich der Begriff des *Dark Age*, der »dunklen Zeit«, eingebürgert hat (auch im Pl. *Dark Ages*). Er bezieht sich weniger auf die historische Situation des 5./6. Jahrhunderts, die in der Tat aus der Perspektive der Britannier und Kelten dunkle und bedrohliche Seiten hat, als auf die dürftige Quellenlage. Denn die archäologischen Funde sind selten eindeutig zu interpretieren.

Ihre grundlegenden Erkenntnisse beziehen sich auf den zunehmenden Verfall der römischen Infrastruktur: Urbane Zentren werden aufgegeben, die Villen inmitten der Landgüter verfallen (vgl. oben), allein die robusten Römerstraßen überdauern die Zeiten. Grab- und Siedlungsfunde sprechen andererseits für eine offensichtlich zugewanderte Bevölkerung germanischer Herkunft (vgl. Kap. 7). Die wichtigen Zeugnisse zur Ereignisgeschichte, die schriftlichen Quellen, versiegen hingegen fast vollständig. Die spätantiken lateinischen wie griechischen Historiografen verlieren die Britischen Inseln aus dem Blick, und den Gelehrten des Frankenreichs auf dem Kontinent ist das Land jenseits des Ärmelkanals allenfalls eine Randnotiz wert. Was im Großen und Ganzen fehlt, sind Nachrichten über Ereignisse, die bestenfalls mit der *Historia* des Geoffrey von Monmouth übereinstimmen und sie sogar bestätigen. Das entspräche natürlich nicht unbedingt der historischen Realität, könnte aber einen Zugang zu den mutmaßlichen Geschehnissen öffnen.

Erinnern wir uns: Für die Zeit des *Dark Age* erzählt Geoffrey von dem Fürsten Vortigern, der Constans als Schattenkönig einsetzt, aber selbst der eigentliche Machthaber ist. Schließlich König geworden, sieht er seine Herrschaft den Angriffen der Pikten ausgesetzt. Da bieten ihm zwei sächsische Häuptlinge aus Germanien ihre Hilfe an, die er fatalerweise annimmt. Schließlich sieht er sich selbst gezwungen, vor den scharenweise nach Britannien kommenden Sachsen die Flucht nach Wales zu ergreifen. Zu guter Letzt kehren des Königs Brüder Constans, Aurelius Ambrosius und Utherpendragon aus der Bretagne zurück, besiegen die Sachsen und vertreiben Vortigern, der in seinem Turm verbrennt. Sein Nachfolger wird Aurelius Ambrosius, der von nun an gegen die germanischen Invasoren streitet – hier wollen wir Geoffrey nicht weiter folgen, der bekanntlich auf Aurelius Ambrosius dessen Bruder Utherpendragon und dann wiederum dessen Sohn Artus folgen lässt. Geoffrey nennt einige seiner Quellen, die sich neben dem ominösen keltischen Buch (vgl. Kap. 5) recht genau festmachen lassen. Darunter ist auch eine Schrift des Klerikers Gildas, und mit diesem kommt man dann doch dem *Dark Age* sehr nahe.

Gildas († ca. 570) als möglichen Augenzeugen des oben geschilderten Geschehens zu bezeichnen, wäre zu viel des Guten. Aber der mutmaßlich walisische Mönch stand doch den Ereignissen von allen folgenden Geschichtsschreibern zeitlich am nächsten. Seine Schrift *De excidio et conquestu Britanniae* (»Über den Untergang und die Eroberung Britanniens«) gilt als längster insularer Text des 5. und 6. Jahrhunderts, dessen Entstehung um das Jahr 540 angesetzt wird. Hinter dem vielsagenden Titel verbirgt sich kein Geschichtswerk, sondern eine theologische Schrift mit einem heilsgeschichtlichen Anliegen. Handelt es sich doch im Kern um eine »dunkle Donnerpredigt« (Zitat bei Zimmer 2006, 53), die wegen der Sündhaftigkeit und Unmoral der herrschenden Oberschicht mit dem göttlichen Strafgericht droht. Bevor auf diesen einzigartigen lateinischen Text einzugehen ist, sei ein Blick auf den Verfasser Gildas geworfen. Er stammte aus Britannien und soll nach eigenem Bekunden um 500 geboren worden sein, also mitten in der »dunklen Zeit«. Sein Latein lässt davon allerdings nichts spüren, spricht es doch für eine vorzügliche Ausbildung, die römischen Traditionen und den Lehren der Rhetorik verpflichtet war. Kenntnis und Einfluss klassischer Autoren sprechen dafür, dass zu Beginn des 6. Jahrhunderts der Jugend einer britannischen Elite eine solche Ausbildung offenstand. Dabei mögen die durchaus existenten Kontakte britannischer und kontinentaler Christen eine Rolle gespielt haben. Bildhaft gesprochen lebte zwischen den römischen Ruinen und in den keltischen Fluchtburgen eine einheimische Bevölkerung, die das Christentum und die alten Bildungsideale pflegte.

Gildas' Wert für die Artusgeschichte liegt jedoch darin, dass seine Schrift auch einige historische Abschnitte enthält (die Kapitel 4–26 bei insgesamt 110 Kapiteln). Dieser historische Überblick kennt, chronologisch zumeist diffus und fehlerhaft, zumindest die Eroberungszüge der Römer, Christianisierung und kirchliche Häresien, auch die Überfälle auswärtiger Völkerschaften und die Hilfsgesuche der Britannier an Rom – darunter als letztes an einen »Agitius«, als er zum dritten Mal Konsul Roms war. Schon recht bald interpretierten nachfolgende Geschichtsschreiber wie Beda Venerabilis diesen sonst unbekannten Konsul als falschen Namen des weströmischen Heermeisters Aëtius (um 390–454), dessen drittes Konsulat auf das Jahr 446 fiel. Es folgt die Indienstnahme der Sachsen mit ihren katastrophalen Folgen sowie der britannische Sieg über diese (der bekanntlich realhistorisch nicht von Dauer sein sollte).

Aber für seine eigentliche Mahnrede ist dies alles nur ein historisches Vorspiel. Sie wird zum moralischen Angriff auf zeitgenössische Machthaber, wenn Gildas feststellt: »Britannien hat Könige, doch sind sie Tyrannen, und Richter, doch sind sie pflichtvergessen.« Er zeiht sie des sündhaften Lebens und einer grausamen und räuberischen Herrschaft. Dabei erweisen sich die genannten Konstantin von Dumnonia, Aurelius Caninus, Vortipor von Demetae (Dyfed), Cuneglasus von Din Eirth (»des Bären Festung«) und Maglocunus (Maelgwn) als Fürsten (wir würden sie vielleicht als Warlords, »Kriegsherren«, bezeichnen), deren ziemlich kleine Territorien sich höchstwahrscheinlich in Wales und dessen Nachbarschaft erstreckten. Hier könnte sich für die erste Hälfte des 6. Jahrhunderts ein Bild abzeichnen, demzufolge ein Großteil der Britannier von den Sachsen nach Wales abgedrängt worden war, wo sich einzelne keltische Machthaber untereinander befehdeten. Aber Gildas lässt auch seine Glaubensbrüder nicht ungeschoren, indem er sie vehement angreift: »Britannien hat Priester, aber sie sind Narren; viele Geistliche, aber sie sind schamlos; Kleriker, aber sie sind verschlagene Plünderer.« Hier stimmt er das nicht unübliche Klagelied über die Angehörigen seines eigenen Standes an.

Was seine historische Darstellung betrifft, erwähnt Gildas Ereignisse, »die später zum Kernbestand der arthurischen Überlieferung gehören« (Zimmer 2006, 53). Das betrifft einmal die Anwerbung der Germanen durch Vortigern, was sich in den Worten des britannischen Theologen wie folgt anhört: »Damals waren alle, die an der Ratsversammlung mit dem hochmütigen Tyrannen teilnahmen, mit Blindheit geschlagen; sie holten eine solche Hilfe, dass geradezu zum Untergang der Heimat jener sehr wilden, verbrecherischen Sachsen, die bei Gott und den Menschen verhasst waren, wie Wölfe in Schafpferche auf die

Insel gelassen wurden um die Völker im Norden zu vertreiben […]« (Ausbüttel, Frank: Die Germanen. Darmstadt 2010, 95: Gildas 23, 1–5). Er erwähnt hier und folgend Vortigern mit keinem Wort. Wenn man aber das lateinische Original des »hochmütigen Tyrannen« *(superbus tyrannus)* als »hochstehender Herrscher« versteht – was lexikalisch möglich ist –, meint Gildas den König Britanniens. Weniger als 200 Jahre später erzählt der angelsächsische Gelehrte Beda Venerabilis dieses Ereignis erheblich weniger tendenziös, und insbesondere kommen natürlich seine Angelsachsen bzw. Sachsen besser weg: »Man begann nämlich eine Beratung, was zu tun sei, wo Hilfe zu holen sei, um die schweren und sehr häufigen Einfälle der nördlichen Völker zu verhindern oder zurückzuwerfen; und mit ihrem König Vortigern (rex Uurtigern) beschlossen alle, den Stamm der Sachsen aus überseeischen Gebieten zu Hilfe zu rufen« (Beda Venerabilis: *Historia ecclesiastica gentis Anglorum.* 1. Buch, 14 f.). Die keltische Namensform Vawr-tig-hern dieses obersten britischen Befehlshabers – im walisischen Kymrisch heißt er Gwrtheyrn Gwrtheneu – könnte darauf hinweisen, dass Vortigern ursprünglich gar kein Eigenname war, sondern die Bezeichnung eines »Hochkönigs«. Damit hätte man eine Übereinstimmung der historischen Quelle mit der Artusgeschichte Geoffreys gewonnen.

Aber Gildas bietet noch Stoff für eine weitere Spekulation: Am Ende seines historischen Rückblicks erhebt sich britannischer Widerstand gegen die sächsischen Invasoren. Unter dessen Anführern hebt er einen einzigen namentlich hervor: Dieser *dux* (»Heerführer«) hieß Ambrosius Aurelianus und stammte aus römischem Geschlecht – was nicht unbedingt eine ethnische Festlegung sein muss, sondern ihn der Oberschicht der alten Römerstädte zuschreibt. Dafür spricht die Nobilität seiner Eltern, die während der Kämpfe mit den Sachsen den Tod gefunden haben sollen. Gildas bezeichnet sie als »purpurgekleidet«, was von jeher für kaiserliche Abkunft spricht. Im Kontext Britanniens im 5. Jahrhundert ist dies eher unwahrscheinlich, sodass dieses Attribut sich wohl auf die Zugehörigkeit zu einer herausragenden Familie der Oberschicht bezieht. Ambrosius Aurelianus zeichnet neben der edlen Herkunft die Bezeichnung *vir modestus* aus, der zufolge er ein »bescheidener« bzw. »ehrbarer Mann« war. Und er galt offensichtlich als erfolgreicher Heerführer, der seine Krieger zu etlichen Schlachtsiegen über die Sachsen anspornte. Der letzte große Sieg könnte auch sein Verdienst gewesen sein, was aber nicht eindeutig ist. Denn Gildas erwähnt diesen Sieg am *badonici montis*, am »Berg Badon«, ohne den Heerführer ausdrücklich zu nennen. Jedenfalls soll diese Schlacht im Geburtsjahr des Klerikers stattgefunden haben. Das wäre je nach Berechnung im Jahr 503 oder doch zumindest um 500 gewesen. Sonst lässt sich nichts über die finale Entscheidungsschlacht sagen. Die Örtlichkeit des Waffengangs von »Badon Hill« ist den nachfolgenden Geschichtsschreibern ein fixer Punkt von geradezu mythischer Qualität. Allerdings verbinden sie dieses Geschehen immer mit König Artus. Wie ist der bezeugte Ambrosius Aurelianus einzuschätzen? Etwa als historischer Prototyp (Lacy 1996, 6 f.) von Geoffreys Aurelius Ambrosius, der in dessen *Historia* Artus' Onkel ist? Oder ist gar Ambrosius Aurelianus selbst die historische Kernfigur, aus der die Sagengestalt Artus erwuchs? Einen anderen berühmten britannischen Heerführer kennt Gildas jedenfalls nicht. Das älteste Schriftzeugnis zur Artusgeschichte erzählt deren Grundzüge, aber einen König Artus verschweigt es uns.

7. Die Sachsen kommen

Germanen bedrohen die Nordseeküsten

Wer waren jene laut Gildas »sehr wilden, verbrecherischen Sachsen«, die »wie Wölfe« und »Raubtiere« in Britannien einfielen und aus denen in der Artusgeschichte die Erzfeinde des Königs wurden? In der realen, verifizierbaren Geschichte der Britischen Inseln emigrierten die Sachsen bekanntlich gemeinsam mit den Angeln und Jüten in das späterhin nach denen benannte England (Angel-Land), verdrängten die keltischen Britannier in Randgebiete und beherrschten über ein halbes Jahrtausend das Land. Ihre Kultur und ihre Sprache (Englisch) prägen das Vereinigte Königreich bis heute. Alle drei Völkerschaften kamen aus Germanien und gehörten somit jener Vielzahl von Stämmen an, die seit dem 1. Jahrhundert v. Chr. unter dem Sammelbegriff Germanen in Mitteleuropa bezeugt sind. Erste längere Nachrichten über sie sind Caesars *De Bello Gallico* zu verdanken. Als Nachbarn der zivilisatorisch weiterentwickelten Kelten begründeten sie kein einheitliches Reich. Sprachlich und kulturell bildeten sich gleichwohl trotz erheblicher Unterschiede zwischen den Stämmen Gemeinsamkeiten heraus, wie das Fehlen einer urbanen Kultur und einer Münzwirtschaft, nah verwandte Sprachen, die Runenschrift, Mythen und religiöse Riten, typische Heldengestalten und ein ähnlicher Kunststil.

Mit Caesars Eroberung des keltischen Galliens intensivierten sich die Kontakte mit germanischen Stämmen. 58 v. Chr. besiegten die Römer im Südelsass den Heerkönig Ariovist, der dem Stämmebündnis der Sueben vorstand und nach Gallien eingefallen war. Erst mit Caesar wurde der Rhein zur Grenze zwischen den nunmehr römischen Provinzen Galliens und den freien Germanenstämmen. Der Versuch Kaiser Augustus', Germanien bis zur Elbe zu erobern, scheiterte: Nachdem 9 n. Chr. westgermanische Stämme unter Führung des Arminius bei Kalkriese nördlich des Teutoburger Waldes drei römische Legionen unter Varus vernichtet hatten, und nachdem mehrere Kriegszüge von Tiberius und Germanicus erfolglos blieben, gab Rom das Ziel der Elbe als Reichsgrenze auf. Die Römer zogen sich an den Rhein und die gegen Ende des 1. Jahrhunderts n. Chr. errichtete Grenzbefestigung des Limes zurück. Dieser Grenzbereich war allerdings nicht ständig umkämpft, sondern erwies sich auch als friedliche Kontaktzone, in der unter anderem Handel getrieben wurde. Roms Einfluss reichte weit unter den freien Germanenstämmen: Die Römer erzogen Fürstensöhne in Rom, gliederten germanische Krieger, die wegen ihrer Tapferkeit berühmt und begehrt waren, als Hilfstruppen in ihr Heer ein, wo diese später immer mehr Macht erlangten, und schlossen Klientelverträge mit diversen Stämmen. Trotzdem konnten sie den Druck anderer Germanen auf die Reichsgrenzen nicht beenden.

Nach einer überwiegend friedlichen Phase musste Kaiser Marc Aurel (reg. 161–180) 166–180 n. Chr. mehrere Kriege gegen die Markomannen nördlich der Donau führen. In jener Zeit bildeten sich aus den zahlreichen Völkerschaften westgermanische Großstämme heraus: Alamannen, Franken, Sachsen, Langobarden. Seit dem 3. Jahrhundert wehrten die Römer die vordringenden Germanenstämme ab: Um 260 überwanden Alamannen und Franken erstmals den Limes. 286 vermeldeten die Quellen erstmals sächsische Seeräuber, welche die Küsten unsicher machten. Aber Rom wehrte solche Gruppen nicht nur ab, sondern siedelte sie auch innerhalb der Reichsgrenzen als sogenannte Foederaten an. Dort übernahmen sie Aufgaben des Grenzschutzes. In der Völkerwanderungszeit konnte seit etwa 400 die Rheingrenze nicht mehr gehalten werden. 406 überquerten die Wandalen, Alanen und Sueben den Fluss und zogen durch Gallien nach Spanien. 410 eroberten die Westgoten Rom. Auf dem Boden des zerfallenden römischen Imperiums entstanden germanische Reiche. Germanische Heerführer übernahmen militärische und politische Führungsaufgaben im römischen Heer und im Staat, so auch der Wandale Stilicho, der als Heermeister in Britannien gegen die Pikten kämpfte. In den Reichsgebieten des Kontinents stellten die Einwanderer gegenüber der romanischen Bevölkerung nur einen geringen Bevölkerungsanteil. Ihre Macht beruhte vor allem auf der Zusammenarbeit mit der einheimischen Verwaltung sowie der Übernahme von Herrschaftspositionen, die ihre Heere stützten. 476 setzte der germanische Heerführer Odoaker sogar den weströmischen Kaiser Romulus Augustulus ab. Aber die Reiche der Burgunden, Ost- wie Westgoten, Wandalen und Langobarden erwiesen sich als kurzlebig und gingen letztlich unter. Hingegen behauptete sich das Reich der Franken, das seit dem Merowingerkönig Chlodwig (reg. 482–511) germanische und nichtgermanische Völkerschaften absorbierte und zur Keimzelle Frankreichs und Deutschlands wurde. Keines der germanischen Wandervölker hat sich jedoch im Einwanderungsland derart gründlich durchgesetzt wie die Sachsen und ihre Verbündeten in England.

Unter der lateinischen Bezeichnung *Saxones* finden sie gegen Ende des 3. Jahrhunderts ausschließlich als Seeräuber Erwähnung, nachdem sie der griechische Gelehrte Ptolemäus (um 100–160 n. Chr.) erstmals um 150 genannt hatte. Seiner Weltbeschreibung zufolge wären ihre Siedlungsgebiete an der Unterelbe zu lokalisieren. Ob ihr Name nach dem Kurzschwert Sax (germanisch *sahsa) entstand, ist umstritten. Sicher ist man sich hingegen, dass sie anfangs in erster Linie einen kriegerischen Kultverband bildeten, dessen militärische Gruppen durch gemeinsame religiöse Riten verbunden waren. Jedenfalls machten sie mit ihren langen Booten die Küsten Galliens und Britanniens unsicher. Möglicherweise ging den Sachsen ein Ruf voraus, wie er im frühen Mittelalter den nordgermanischen Wikingern zukam. Sogar archäologisch ließ sich ihre Bedrohung nachweisen, denn bis um 400 existierte über zwei Jahrhunderte die bereits erwähnte Küstenverteidigung beiderseits der Kanalküste. Dieser *Litus Saxonicum* (»sächsische Küste«) umfasste den ganzen Südosten Britanniens und erstreckte sich auf dem Kontinent von Holland bis in die Normandie. Die Schutzlinie umfasste Befestigungen aus Erdwällen und Steinmauern nebst Wachtürmen sowie Signalstationen. Mit der Schwächung der römischen Verteidigung wuchsen offensichtlich die Aktionen der Piraten an. Jedenfalls werden sie 418 vor Aquitanien vermeldet, also an der südwestfranzösischen Küste, und noch 463 sollen sie an der Loire aufgetaucht sein. Andererseits traten die gefürchteten Räuberbanden auch in Foederatenverhältnisse ein, also als Verbündete Roms und seiner Nachfolger. Als solche bezeichnet sie eine *Gallische Chronik* aus der Mitte des 5. Jahrhunderts. Ihr zufolge traten sie wenige Jahre vorher in Britannien als Söldner auf, die für ihre Dienste Land in Ostengland erhielten. Demnach kamen die Sachsen mitnichten aus dem Nichts, sondern waren den Britanniern schon längst bekannt.

Die Sachsen in ihrer Heimat

Im Lauf der Zeit hatte sich aus dem Kriegerbund der Anfänge trotz mancherlei Unterschiede so etwas wie eine Stammesidentität herausgebildet. Diesem Großstamm der Spätantike und des frühen Mittelalters ist die archäologische Forschung auf der Spur, die sich vor allem im nordwestlichen Deutschland findet. Unter den schriftlichen Zeugnissen ragt das des Mönchs und Gelehrten Beda Venerabilis (»der Ehrwürdige«, 673–735) heraus, der aus dem von Angeln besiedelten Northumbrien stammte. Der vielseitig Interessierte schrieb unter anderem das Geschichtswerk *Historia ecclesiastica gentis Anglorum* (»Kirchengeschichte der Angelsachsen«), das sich nicht nur der englischen Kirche widmet, sondern auch der politischen und kulturellen Geschichte seiner Heimat – und der von Caesars Eroberungsversuchen bis ins Jahr 731. Als »Engländer« weiß Beda Venerabilis vor allem von der germanischen Landnahme zu berichten und von den unzähligen und verworrenen Kriegen zwischen den diversen Königen der Angeln, Sachsen, Jüten und Kelten. Von ihm erfahren wir auch, woher die Sachsen und ihre Bündnispartner stammten: »Sie kamen von drei starken Völkern Germaniens, nämlich von den Sachsen, Angeln und Jüten *(Saxonibus, Anglis, Iutis)*. Von den Jüten stammen die Kenter und die Victuarier, das heißt jener Stamm, der die Insel Wight bewohnt, und derjenige, der gegenüber dieser Insel Wight lebt [...] Von den Sachsen, das heißt aus dem Gebiet, das jetzt auch das der Altsachsen genannt wird, kamen die Ostsachsen, Südsachsen, Westsachsen. Von den Angeln aber, nämlich von dem Land, das Angeln heißt und von jener Zeit bis heute verlassen zwischen den Ländern der Sachsen und der Jüten geblieben sein soll, stammen die Ostangeln, Mittelangeln, Mercier, das ganze Geschlecht der Nordhumbrier, das heißt jener Völker, die nördlich des Flusses Humber leben, und die übrigen Völker der Engländer ab« (Beda Venerabilis: *Historia ecclesiastica gentis Anglorum*. 1. Buch, 15).

In der Tat können wir heute gewiss sein, dass die Sachsen sich von der unteren Elbe nach Holstein und insbesondere west- und südwestwärts ausgebreitet haben. Die Gebiete zwischen Elbe und Weser, das Elbe-Weser-Dreieck, wurden zu ihrem Kernland und damit zum Herz des von Beda Venerabilis sogenannten Altsachsen. Von dort drangen ihre Krieger im 5. Jahrhundert nicht nur nach Britannien, sondern auch nach Germanien weiter vor. Dieses Expansionsgebiet findet noch heute einen Nachklang in den Länder- bzw. Gebietsbezeichnungen Niedersachsen und Westfalen (ursprünglich ein sächsischer Teilstamm). Die angelsächsischen Königreiche in Britannien und das ganz Nordwest-Deutschland umfassende kontinentale Sachsen drücken eine Erfolgsgeschichte aus, der bei den Letzteren erst der Frankenherrscher Karl der Große (reg. 768–814) durch die Eroberung der Stammesgebiete um 800 ein Ende setzte.

Die sächsische Kultur der Völkerwanderungszeit zeichnete sich wie bei allen Germanen durch eine Vielzahl von Siedlungskammern inmitten der Wildnis aus, die üblicherweise aus Gehöften und Äckern bestanden. Daneben existierten Weiler aus einigen Gehöften und nur wenige größere Dörfer. Steinbauten wie in den römischen Provinzen einschließlich Britanniens kannte man nicht, stattdessen wohnten die sächsischen Bauernfamilien in der Regel in aus Holzpfählen und Flechtwerk errichteten Wohnstallhäusern, deren Wände mit Lehm verstrichen wurden. Wenig blieb von solchen Gebäuden erhalten; in Feddersen Wierde an der niedersächsischen Nordseeküste wurden allerdings die Reste eines Dorfes freigelegt, das seit dem 1. Jahrhundert n. Chr. von frühen Sachsen bewohnt wurde. Sie siedelten auf einer Wurt, einer aus Viehmist selbst geschaffenen Erhöhung. Vier Meter hoch bauten sich Generationen ihren Schutzhügel vor dem Meer. Dabei wurde das Dorf immer größer: Waren es um die Zeitenwende nur wenige Höfe, wurde daraus 400 Jahre später eine für germanische Verhältnisse große Siedlung, deren etwa 30 Höfe sich um einen freien Platz gruppierten. Die Bewohner waren größtenteils Bauern, die in dreischiffigen Wohnstallhäusern mit bis zu 30 Rindern lebten. Nahebei standen Nebengebäude und kleinere Häuser, die von Handwerkern wie Schmieden und Zimmerleuten genutzt wurden. Während der Jahrhunderte gelangten mit Münzen, Fibeln und Keramik auch römische Gegenstände nach Feddersen Wierde. Um das Jahr 200 kam eine Neuheit auf: Seitdem stand etwas abseits vom Dorf ein Hof mit zwei großen Hallenhäusern, die keinen Viehstall enthielten und mit einem Palisadenzaun eingehegt wurden. Hier entstand so etwas wie ein Herrenhof, auf dem ein Häuptling residierte. Seine Familie beherrschte anscheinend Dorfleben und Handel. Hier war ein germanisches Zentrum, in dem sich neben den Bauern Handwerker und Händler niederließen. In einer Halle des Hofes fanden Versammlungen statt, vielleicht brachte man hier auch den Göttern Opfer dar.

Wenige Kilometer entfernt stieß man an der Fallward bei Wremen (Cuxhaven) auf ein großes Gräberfeld, dessen Beigaben die Toten als Mitglieder der Führungsschicht ausweisen. Darunter fand sich ein Bootsgrab, das offensichtlich die letzte Ruhestätte eines mächtigen Häuptlings war, der Dienst im römischen Heer geleistet hatte und mit reichem Sold nach Germanien zurückgekehrt war. Folgerichtig stieß man auch auf Teile einer Offiziersausrüstung. Für Aufsehen sorgten allerdings die Grabbeigaben von vor Ort hergestellten Holzmöbeln, darunter ein kleiner Tisch mit kunstvoll gedrechselten Beinen, kleine Hocker und eine Art Thronsessel, aus einem einzigen Baumstamm gearbeitet und reich verziert. Auf der Unterseite eines Schemels lässt sich eine Jagdszene erkennen, in der ein Hund einen Hirsch jagt. Eine Runeninschrift benennt das kleine Möbelstück als *skamella* (»Schemel«) – ein Lehnwort, das die Germanen von dem lateinischen *scamellum* übernommen haben. Das Häuptlingsgrab aus der Zeit um 450, als immer mehr Sachsen sich auf den Weg nach Britannien machten, unterstreicht nicht nur die Macht einzelner Häuptlinge und ihrer Familien, sondern auch die engen Kontakte mit der römischen Welt und ihrer Kultur. Sachsenkrieger wurden auch in höheren Positionen von Rom geschätzt und in vielen Reichsteilen eingesetzt und stationiert. Die Siedlung Feddersen Wierde gab man im Übrigen schon bald auf. Ihre Bewohner wanderten wahrscheinlich nach Britannien aus. Ihre Krieger oder deren Nachfahren könnten mit König Artus gekämpft haben.

Bekanntlich folgten neben den Jüten von der dänischen Halbinsel Jütland (hier soll nicht weiter auf sie eingegangen werden) die Angeln den sächsischen Migranten. Ihr Herzland bildete die bis heute nach ihnen benannte Landschaft Angeln in Ostschleswig. An Größe und Macht waren sie dem Sachsenverband nicht vergleichbar. Befestigungen und Wallanlagen sprechen für unruhige Zeiten in Südskandinavien, in denen es immer wieder zu kriegerischen Auseinandersetzungen mit Jüten und Stämmen aus Schweden kam. Davon abgesehen stieß die archäologische Forschung in Angeln und den Nachbargebieten auf Opferplätze, die Einblicke in die germanische Religion erlauben. Den immensen Wert der den Göttern dargebrachten Kriegsbeute belegt der Opferfund von Nydam im dänischen Südjütland. Dort hatten sich um 350 n. Chr. die Bewohner einer Siedlung gegen Angreifer erfolgreich zur Wehr gesetzt, um die 40 Feinde getötet und reiche Beute an Waffen und einem Schiff gemacht. Obwohl dies alles einen beachtlichen Wert darstellte, zogen sie das 23 Meter lange Boot an Land, durchschlugen seine Planken und versenkten es in einem heiligen See. Sie verbogen die Schwerter, zerschlugen die Schilde, zerstörten alle Waffen und opferten sie ebenso. Im Laufe der Zeit wurden dort mehrere Boote geopfert, außerdem hunderte von Waffen wie Schwerter, Speere, Schilde und Äxte. Auch in Thorsberg bei Schleswig befand sich ein bedeutender Opferplatz. Dort führte in einem umfriedeten Areal ein über zehn Meter langer Steg in die Seemitte, von wo Votivgaben ins Wasser geworfen wurden. Diese

Opfergaben umfassten Keramik, Kleider, Waffen und Kriegerausrüstungen, außerdem Pferdegeschirre, Wagenteile und Schmuck – darunter zwei prächtige Zierscheiben aus Kupfer und vergoldetem Silber, die wahrscheinlich von germanischen Handwerkern nach römischem Vorbild geschmiedet worden waren. Thorsberg war das Stammesheiligtum der Angeln und damit der wichtigste Ort im ganzen Land. Umso bemerkenswerter ist die Tatsache, dass der archäologische Befund die Angaben des Beda Venerabilis voll und ganz bestätigt. Ihm zufolge soll Angeln (lat. *Angulus*) zu seiner Zeit, also um 700, noch immer entvölkert gewesen sein, weil die Bewohner nach Britannien abgewandert waren. Und in der Tat wurden im 5. Jahrhundert die Siedlungen aufgegeben, Grabfelder nicht mehr belegt, selbst die über Jahrhunderte gepflegten Opferplätze gab man auf – darunter das Hauptheiligtum von Thorsberg. Um das Jahr 500 enden die archäologischen Funde in Angeln.

Die Einwanderungslegende

Wie die Sachsen, Angeln und Jüten nach Britannien kamen, gehört zur Vorgeschichte des eigentlichen Artusstoffes und ist den meisten historischen wie literarischen Quellen wohlbekannt. Nach Gildas geht wiederum der angelsächsische Gelehrte Beda Venerabilis darauf ein: »Damals fuhr der Stamm der Angeln oder Sachsen *(Anglorum sive Saxonum gens)* […] in drei Langschiffen nach Britannien und ließ sich auf Befehl dieses Königs im östlichen Teil der Insel nieder, dem Anschein nach, um für das Land zu kämpfen, in Wirklichkeit aber, um es zu erobern. Nachdem sie mit den Feinden, die von Norden her angriffen, den Kampf begonnen hatten, errangen die Sachsen den Sieg. Als dies und auch die Fruchtbarkeit der Insel und die Trägheit der Briten zu Hause berichtet wurde, schickte man sofort eine größere Flotte herüber, mit einer stärkeren Abteilung von Kriegern an Bord, die zusammen mit der vorher gesandten Gruppe ein unbesiegbares Heer bildete. Die Ankömmlinge erhielten dann als Geschenk der Britannier eine Wohnstätte bei ihnen, unter der Bedingung, daß diese für Frieden und Heil des Landes gegen die Feinde kämpften und jene den Kämpfern die entsprechende Belohnung gaben« (ebd.). Außerdem erzählt Beda Venerabilis: »Ihre ersten Führer sollen die beiden Brüder Hengest und Horsa gewesen sein, von denen Horsa, der später im Krieg von den Briten getötet wurde, in den östlichen Gebieten Kents noch ein mit seinem Namen versehenes Denkmal hat« (ebd.).

Was ist von Bedas Darstellung zu halten? Das Motiv der drei Schiffe, auf denen die Krieger übersetzten, darf man getrost der Fabulierkunst des Gelehrten zuschreiben, bildet es doch ein weitverbreitetes Wandermotiv, auf das man in Erzählungen gern zurückgriff. Vortigern gilt als derjenige britannische Anführer, der durch seine »Einladung« die Germanen ins Land holte. Wie bereits festgestellt, mag dafür exemplarisch der namenlose sächsische Häuptling in seinem Bootsgrab nahe Feddersen Wierde stehen. Fürsten oder Heerführer seiner Art mögen auch Hengist und Horsa gewesen sein, die angeblich ersten Angelsachsen der Landnahme. Welch wichtige Einnahmequelle derartige Kriegsdienste auch für gemeine Soldaten waren, belegen unzählige Funde im alten Sachsengebiet. Zumeist drückt sich dies in den Grabbeigaben aus, so in römischen Schmuckstücken oder indirekt in Nachahmungen solcher Preziosen wie Fibeln und Haarnadeln, die für das Prestige dieser Objekte sprechen. Lässt sich derartiger Frauenschmuck als Mitbringsel aus dem Imperium Romanum interpretieren, so sprechen römische Schnallen und Beschläge von Militärgürteln doch eine deutlichere Sprache, nämlich für die Zugehörigkeit zu römischen Truppenteilen. Zahlreiche Gold- und Kupfermünzen aus dem 4. Jahrhundert, die vielerorts zwischen dem Teutoburger Wald und Holstein in sächsischen Gebieten gefunden wurden, gelten als Reste von mitgebrachten Soldzahlungen. So enthält etwa der Schatz von Ellerbeck bei Osnabrück eine Bronzedose mit 25 Solidi, also römischen Goldmünzen, die hier unter anderem um 370 vergraben wurden. Bemerkenswert ist die Tatsache, dass mit Beginn des 5. Jahrhunderts der Zustrom römischer Fundobjekte abbricht. Vor dem Beginn der massiven Abwanderung über die Nordsee darf das als Indiz für die zunehmende

Schwächung des Römischen Reiches gelten. Insofern Lohnzahlung und Warenstrom ausblieben, gab es noch die Möglichkeiten der Foederatenverhältnisse; also militärische Leistungen zu erbringen gegen Land, auf dem sich die germanischen Familien ansiedeln durften. Der Britannier Vortigern wäre damit einer Politik gefolgt, die sogar auf der Insel nicht unbekannt war. Einige Indizien sprechen immerhin dafür, dass sächsische Foederaten bereits vor 400 in den römischen Provinzen Britanniens angesiedelt wurden. Die Sachsen waren keine Wilden und Raubtiere (um mit Gildas zu sprechen), sondern recht gut bekannte Nachbarn.

Warum aber sollten mehr oder weniger große Teile von drei germanischen Stämmen ihre Heimat dauerhaft verlassen, um in ein Land zu ziehen, mit dessen zivilisatorischen Errungenschaften sie ohnehin nichts anfangen konnten? Wie bei anderen spätantiken Migrationsbewegungen bietet sich eine Fülle von Antworten an, die wie bei Kelten, Germanen insgesamt und späteren Wikingern von innenpolitischen Fehden zwischen einzelnen Stammesverbänden über kriegerische Profilierungen bis hin zu Wirtschaftskrisen und Naturkatastrophen reichen. Für weite Teile des nordwestlichen Deutschlands kann man, von der uns bekannten Abwanderung nach Britannien abgesehen, allgemein einen Bevölkerungsrückgang feststellen. Ausgedehnte Waldgebiete nahmen zu, viele Siedlungen wurden aufgegeben, zurück blieben Wüstungen. Während dies für das Landesinnere galt, zeigen sich an der Nordseeküste noch erheblich eingreifendere Veränderungen. Dort kommt es etwa in Marschengebieten zu Überflutungen, was zu Salzwiesen und damit verbundenen unwirtlichen Verhältnissen führte. Deshalb dürfte Beda Venerabilis' Bemerkung über die öde und menschenleere Heimat der Angeln zeitweilig auch für etliche Sachsengebiete gegolten haben. Zur Neuerschließung landwirtschaftlicher Nutzflächen kam es offensichtlich erst wieder seit dem 7. und 8. Jahrhundert, der Deichbau sorgte sogar erst erheblich später für die Rückgewinnung der verlorenen Küstengebiete. Die letztendlichen Ursachen mögen hier nicht weiter interessieren. Jedenfalls gab es ein Bündel von Gründen, die zu einer Massenabwanderung nach Britannien führten und dazu, dass dort ein regelrechter Bevölkerungsdruck die romanisierten Kelten in die Enge trieb.

Die Einwanderungslegende reduziert die ersten »Langschiffe« der Germanen auf drei Fahrzeuge, bei denen es aber in der historischen Realität nicht geblieben ist. Wie kamen im Laufe der folgenden Jahrzehnte Abertausende von Kriegern und Auswanderern über die Nordsee? Mit Sicherheit verfügten sie weder über die schnellen Drachenboote der Wikinger noch über deren Transportschiffe oder die bauchigen Koggen der Hansezeit. Gewiss ist ebenso, dass sie keine Segel nutzten und darum nur mit Ruderkraft vorwärtskamen. Der zeitnächste Zeuge Gildas bezeichnet die Gefährte der Invasoren als *cyulus*, was dem altenglischen Wort *ceol* (»Kiel«) entspricht und somit authentisch sein dürfte. Zu diesem Typus gehört wohl das oben beschriebene geklinkerte Nydam-Boot, das mit seinen 23 Metern Länge bis zu 30 Ruderer aufnehmen konnte. Ganze Flotten solcher Ruderschiffe müssen sich auf den Weg nach Britannien gemacht haben, begleitet wahrscheinlich von kleineren Booten und gespreizten Einbäumen, die bis zu zwölf Meter lang waren. Eine anschauliche Miniaturflotte aus zehn Zentimeter langen Booten aus Goldblech blieb im Opferfund von Nors (Nordjütland) erhalten. Hundert kleine Votivgaben dieser Art sollten womöglich die Götter um eine sichere Überfahrt bitten. Auch mit deren Zuspruch wären jedoch Fahrten über die Nordsee kaum möglich und höchst gefährlich gewesen. Die sinnvollste Route führte deswegen stets an der Küste entlang bis zum Ärmelkanal, den man dann an der schmalsten Stelle wie einst Caesar überquerte. Dazu bedurfte es einer gewissen Logistik, wie Stützpunkte, an denen man vorübergehend anlanden konnte, und Absprachen mit den dortigen Stämmen wie etwa den Friesen. Ansonsten brachten insbesondere die Sachsen genug nautische Erfahrungen mit, die sie als Piraten über Generationen gesammelt hatten.

Nach Britannien kamen sie höchstwahrscheinlich – wie oben ausgeführt – als Foederaten und als solche siedelten die Germanen zuerst im Ostteil des Landes. Während es andernorts in ehemaligen Gebieten des Römischen Reiches zu friedlichen

Machtübernahmen der Einwanderer kam, die später von der Bevölkerungsmehrheit mehr oder weniger absorbiert wurden, verlief dies in Britannien anders. Dort wehrte sich die eingesessene Bevölkerung auch wegen der Massen ankommender Germanen. Beda Venerabilis schildert die Situation vor dem Auftritt des rätselhaften Ambrosius Aurelianus wie folgt: »Wenig später, nachdem die Scharen der erwähnten Stämme auf die Insel geströmt waren, begann sich das Volk der Ankömmlinge zu vermehren, so daß sie auch für die Einwohner selbst, die sie gerufen hatten, zum Schrecken wurden« (ebd.). Dann hätten die Angeln, Sachsen und Jüten sich gegen die verbündeten Britannier gewandt und immer mehr Nahrung verlangt – unter Drohung weiter Verwüstungen. Schließlich nahm »das von den Händen der Heiden entzündete Feuer« seinen Lauf und verwüstete große Teile des Landes: »Öffentliche wie auch private Gebäude stürzten ein, überall wurden Priester an den Altären erschlagen, Bischöfe und Volk wurden ohne Rücksicht auf ihre Stellung durch Schwert und Flammen gleichermaßen hinweggerafft, und es gab niemanden, der die grausam Getöteten begrub. Einige der bedauernswerten Überlebenden wurden in den Bergen gefasst und rücksichtslos niedergemacht; andere kamen, vom Hunger überwältigt, hervor und reichten den Feinden die Hände, um für den Erhalt von Lebensmitteln in ewige Unfreiheit zu gehen, wenn sie nicht doch gleich erschlagen wurden; die einen strebten voller Schmerz in überseeische Gebiete« – nämlich in die Bretagne – »die anderen harrten voller Angst in der Heimat aus und führten, immer furchtsam, ein armes Leben in Bergen, Wäldern und steilen Felsen« (ebd.).

Im Kern schildert Beda Venerabilis mehr als zwei Jahrhunderte nach den Geschehnissen deren Ablauf, allerdings unter Rückgriff auf alttestamentarische Szenarien, denen zufolge die christlichen Britannier ein göttliches Strafgericht durchlitten. Wie hingegen die Vertreibung der keltischen Bevölkerung und die Ausbreitung der Angelsachsen im Detail ablief, können nur archäologische Funde und Erkenntnisse liefern und die sind mehrdeutig. So hat es zweifelsohne Massaker und brutale Unterwerfung gegeben, aber ebenso Zeiten der Koexistenz und der langsamen Anglisierung. Alles unterlag zudem einem Jahrzehnte währenden Prozess, der bis ins 6. Jahrhundert anhielt. Eines ist allerdings sicher: Politische Macht und Dominanz vermochte die britannische Oberschicht mit ihren Anführern nicht über die wachsende Bevölkerung der Germanen auszuüben. Dafür blieb in der Tat nur der Rückzug nach Wales und in andere Randgebiete sowie die Auswanderung in die Bretagne.

Die Angelsachsen prägen England

Nachdem die Migranten ihre Herrschaft konsolidiert hatten, wuchsen die Einzelstämme immer mehr zu den Angelsachsen zusammen. Was die Beziehung zur alten Heimat betraf, lassen sich allerdings Unterschiede feststellen: Während die Verbindungen der Jüten und Angeln zum Festland verblassten, pflegten die Sachsen weiterhin Kontakte zu ihren Verwandten im heutigen Niedersachsen. Trotzdem entstand in Britannien so etwas wie ein neues germanisches Volk, das bis gegen 600 dem traditionellen heidnischen Glauben anhing. 597 begann die intensive Missionsarbeit, die schnell in den insgesamt sieben angelsächsischen Königreichen Früchte trug. Erinnert sei hier an Beda Venerabilis, der ein Jahrhundert später bereits eine vorbildliche christliche wie gelehrte Ausbildung erfuhr. Ob die heidnischen Krieger der Sachsen entsprechend seiner dramatischen Schilderung wirklich Geistliche massakrierten und Kirchen zerstörten, sei übrigens dahingestellt. Trotz mutmaßlicher Plünderungen dürften Kirchen allein wegen ihrer Schätze, nicht wegen ihrer Religion, ein Ziel marodierender Sachsenkrieger gewesen sein.

Aber mit der Unterwerfung der christlichen Britannier fand selbstredend eine Repaganisierung statt, der zufolge sich Formen des Heidentums mit den Ansiedlern ausbreiteten. Dies hat bis heute vor allem Spuren in der Sprache hinterlassen: Der Name des angelsächsischen Hauptgottes Woden findet sich nicht nur im Wochentagsnamen *Wednesday* (»Wodens Tag«), sondern auch in Ortsnamen, die bezeichnenderweise zumeist im Süden und Südosten Englands liegen sowie in den Midlands. Oft sind diese mit von Menschen errichteten Erdhügeln verbunden oder mit Naturobjekten wie einem Wald (z. B. Wenslow, Wensley). Die Angelsachsen benannten zudem Örtlichkeiten nach ihren Gottheiten Thunor (Donar), Tiw (Ziu) und Frig. Aber lediglich Woden hat es als vermenschlichter Stammvater englischer Königssippen in die christlichen Chroniken und Historien gebracht, was für seinen alten Rang spricht. Dieser zeigt sich auch in den Darstellungen auf Brakteaten, den für Südskandinavien und Norddeutschland typischen Objekten, deren Verwendung mit den Angelsachsen nach Britannien kam. Die kreisrunden, einseitig geprägten und insbesondere aus Gold bestehenden kleinen Metallscheiben dienten als Schmuck, vor allem aber als Heils- und Glücksbringer. Solchen Amuletten unterstellte man magische Wirkung, die durch Runeninschriften unterstrichen wird. Außerdem stellen etliche Brakteaten den Gott Odin bzw. Woden dar, wie er in mythischen Szenen magische Handlungen ausübt. Englische Funde solcher Objekte sind insofern eindeutig angelsächsischer Provenienz und für die christlichen, allenfalls keltischen Traditionen verhafteten Britannier undenkbar.

Derartige Differenzen zeigen sich in allen religiösen Ausdrucksformen: Da unter Angelsachsen wie bei allen Germanenstämmen feste Tempelbauten unüblich waren, fanden sich keine sicheren Zeugnisse von ihnen. Für heidnische Schreine unter freiem Himmel mögen Wörter sprechen, die Hügel, Steinaltäre und figurative Idole bezeichnen. Vorchristliche Begräbnisse der Einwanderer lassen sich deutlich von denen der einheimischen christlichen Bevölkerung unterscheiden. War dort wie in Rom die mehr oder weniger einfache Körperbestattung üblich, bestatteten die Ankömmlinge ihre Toten gern mit reichen Beigaben wie Waffen, Kleidung, Schmuck, manchmal auch Getränken und Speisen, von anderen findet sich die Asche der Verstorbenen in einer Urne, selten und Häuptlingen vorbehalten sind Bootsbestattungen wie die von Fallward oder das angelsächsische Prachtgrab von Sutton Hoo aus der Mitte des 7. Jahrhunderts. Für die mit Letzterem zeitgleiche christliche Missionstätigkeit spricht aber, dass sich deren Sitte der Körperbestattung ohne Beigaben rasch durchsetzte. Wie Bestattungen der ersten angelsächsischen Generationen in Britannien aussahen, zeigen Funde des Gräberfeldes von Finglesham in Kent. Ein Männergrab von etwa 525 bestand aus einem Holzsarg für den Toten, dem als Beigaben unter anderem ein Ringknaufschwert mit Silbergriff, eine fränkische Gürtelschnalle mit Almandinen sowie ein gläserner Rüsselbecher gleicher Herkunft mitgegeben wurden. Ein gleichzeitiges Frauengrab enthielt mit einer fränkischen Scheibenfibel wiederum ein Objekt, das für enge Handelsbeziehungen mit dem Frankenreich spricht. Ein Brakteat bezeugt die zeitgenössische Mode vorchristlicher Amulette.

Eine der Klischeevorstellungen des *Dark Age* ist jene einer Umwelt und Landschaft, die von den Ruinen einer untergegangenen Hochkultur gezeichnet ist. Die Relikte der Römerzeit waren allerdings nicht erst den angelsächsischen Kriegern mit deren Plünderungen und Zerstörungen geschuldet. Nach allem, was wir wissen, lag die alte Provinz Britannien bereits vorher danieder, aufgrund von piktischen und irischen Angriffen und mehr noch wegen des Zusammenbruchs des römischen Staatswesens und der Zersplitterung in kleine Territorien unterschiedlicher Prägung. Die Germanen verursachten zumeist keine Ruinen, sondern fanden sie bereits vor. Anschaulicher als so mancher archäologische Befund schildert das altenglische Gedicht *The Ruin* (»Ruine«) die Szenerie der verfallenen Römersiedlung Bath am Fluss Avon, die einst für ihre heißen Quellen berühmt war. Obwohl erst gegen das Jahr 1000 niedergeschrieben und damit von christlichen Vergänglichkeitsgedanken beeinflusst, bietet es doch wahrscheinlich eine authentische Szenerie: die Steinbauten einer Stadt, die das Schicksal zerstörte. Ob Dächer, Türme oder Holztore: alles zerstört und verfallen. Die Erbauer und ihre Menschenreiche – dahingegangen, untergegangen und gestorben. Auch die schützende Mauer sank dahin. Einst standen dort helle Häuser, Badehäuser, mit hohen Räumen, in denen der Jubel der Menschen ebenso hallte wie in mancher Festhalle der der Männer. Dort hatte einst manch mächtiger Mann stolz und weintrunken in seiner Rüstung gestanden und auf den Schatz geschaut, auf Silber, Edelsteine und manch kostbare Perle. Dies alles ist vergangen und die Welt hat sich verdunkelt.

In der Tat verödeten die alten Siedlungen und die einstmals großartigen römischen Villen. Mit vielen dieser ehemaligen Großbauten konnten die Einwanderer nicht mehr anfangen, als dass sie sie als Steinbrüche benutzten. Manche Funde sprechen für sich: So wie die Franken im einstmals römischen Rheinland siedelten sich die Sachsen und ihre Verbündeten in den monumentalen Steinresten an. Beispielsweise stieß man in Orton Hall Farm (Northamptonshire) innerhalb der Ruinen eines römischen Gutes auf germanische Holzbauten wie einen einfachen Pfostenbau und ein simples Grubenhaus. In Silchester musste der prächtige Mosaikfußboden einer einstigen Villa für eine offene Feuerstelle der Neusiedler herhalten. Eines der wenigen noch halbwegs benutzten Überbleibsel der Provinz Britannien war bekanntlich das Straßennetz. In gehörigem Abstand davon und zumeist entlang der Flusstäler legten die frühen Angelsachsen ihre Siedlungen an. Vorerst blieb alles erheblich bescheidener als etwa in Altsachsen. Statt der dortigen durchaus repräsentativen Langhäuser baute man ungegliederte einfache Bauten, selbst kleine Grubenhäuser dienten als Wohnstatt. Viele Ansiedlungen scheinen planlos gewachsen und damit den Turbulenzen der relativ zügigen Anlage geschuldet gewesen zu sein. In diesen neu angelegten bescheidenen Siedlungen wirtschafteten die Bauern lediglich für ihre eigene Versorgung, die Möglichkeiten einer intensiven, ertragreichen Landwirtschaft wie unter römischen Verhältnissen kannten sie gar nicht. Wie in der alten Heimat bevorzugten sie die Rinderzucht, ohne jedoch deren Umfang zu erreichen. Bei Mucking (Essex) an der Themsemündung konnten die Spuren einer der ersten größeren angelsächsischen Siedlungen ausgegraben werden. Sie bestehen aus etlichen Gebäuden des oben beschriebenen einfachen Stils und hunderten von Gräbern, und sie werden bereits in die erste Hälfte des 5. Jahrhunderts datiert. Das mag dafürsprechen, dass sich dort Foederaten ansiedelten oder – bezüglich der Artusgeschichte – jene sächsischen Verbündeten des Vortigern, mit denen die Eroberung Britanniens begann.

Mit der Genese des angelsächsischen Englands finden sich ebenso Spuren, die kennzeichnend für die germanische Kultur sind. Dazu gehören Gegenstände mit eingeritzten Runen, Schriftzeichen also, die nur die Germanen gebrauchten und seit dem 1. oder 2. Jahrhundert n. Chr. benutzten. Sie waren natürlich auf den Britischen Inseln völlig unbekannt und kamen erst mit den Sachsen, Angeln und Jüten ins Land. Als bislang älteste gefundene Inschrift Englands gelten jene sechs Runen, die um 400 n. Chr. auf den Fußknochen (Astragalus) eines Rehs geritzt wurden (Caistor-By-Norwich, Norfolk, East Anglia) und schlicht »Reh« bedeuten. Ob dies etwas mit Magie zu tun hat, ist genauso unklar wie die Frage, ob die Zeichen in der Heimat der Angeln um das heutige Schleswig eingeritzt wurden oder erst in England. Prächtiger ist hingegen der Goldbrakteat von Undley (East Anglia), der auch noch dem 5. Jahrhundert zugeschrieben wird. Auf dem Objekt von 2,3 Zentimetern Durchmesser rahmt eine Zierleiste einen großen behelmten Männerkopf im Profil ein, der den Hauptgott Woden darstellen könnte. Als ungewöhnlich erweist sich ein weiteres Motiv, das zweifelsohne eine Szene der römischen Mythologie zeigt, wie nämlich eine Wölfin die Brüder und späteren Gründer Roms, Romulus und Remus, säugt. Die Lesung der Runeninschrift ist umstritten; sie könnte »Wölfin. Belohnung für Verwandten« bedeuten oder etwas mit Glück zu tun haben. Wahrscheinlich schenkte ein angelsächsischer Häuptling das wertvolle Stück einem treuen Gefolgsmann für seine Verdienste – womöglich im Kampf gegen Pikten oder gar gegen die Britannier. Der Goldbrakteat bezeugt ein weiteres Mal das Wissen der Germanen um die römische Kultur. Ein Wissen, das selektiv angewandt wurde und die traditionelle Lebensweise nicht in Frage stellte.

Ausdruck dieser eigenständigen Kultur sind auch die Erzählungen des Volkes, von Dichtern in poetische Form gebrachte Heldengeschichten und Göttermythen. Letztere haben sich unter den germanischen Völkern nur bei den Nordgermanen Skandinaviens erhalten, während Heldensagen verbreitet waren und gut erhalten bzw. bezeugt sind. Leider weiß man so gut wie nichts von dem, was sich die Angelsachsen erzählten. Denn die im Großen und Ganzen 500 Jahre später bezeugten Artusgeschichten bleiben selbstverständlich dem keltischen Kreis vorbehalten – in England breitete sich der Stoff um den sagenhaften König der Britannier bekanntlich erst seit dem 12. Jahrhundert auf Initiative der Normannen aus. Unter den Germanen Britanniens blieb allerdings ein einzigartiges Zeugnis erhalten, das nach seinem Protagonisten als »Beowulf« bezeichnet wird. Es ist das einzige erhalten gebliebene altenglische Heldenepos, mutmaßlich im 8. Jahrhundert verfasst, überliefert erst in einer Handschrift um 1000 (Nowell-Codex). Im Mittelpunkt des Geschehens stehen zwei Heldentaten des südschwedischen Gautenkriegers Beowulf. Zum einen befreit er mit seinen Kriegern die berühmte Halle Heorot des Dänenkönigs Hrodgar von dem Moorungeheuer Grendel und dessen Mutter. In seine Heimat zurückgekehrt, wird er König Hygelacs Nachfolger. Nach 50-jähriger Herrschaft wird das Gautenreich von einem Drachen verheert, der zwar besiegt werden kann, aber König Beowulf den Tod bringt. Sein Leichnam wird feierlich verbrannt und in einem Grabhügel beigesetzt. Das Heldenepos enthält eine Fülle von Abschweifungen mit Figuren und Motiven anderer germanischer Heldensagen. Auffallenderweise greift es auf skandinavische Personen und Handlungsorte zurück (Dänemark, Südschweden), die chronologisch in die Jahrzehnte um 500 gehören und sich auf kontinentale Ereignisse beziehen. Von der angelsächsischen Eroberung Englands ist nirgendwo die Rede. Historische Anspielungen verweisen auf die Verhältnisse Südskandinaviens und des benachbarten Norddeutschlands. Es waren folglich die Geschichten und Sagen aus der alten Heimat, die man sich über Jahrhunderte erzählte. Aus der germanischen Perspektive gibt es nichts zu den Kämpfen mit den Britanniern, von einem König Artus ganz zu schweigen.

8. Artus – Entschlüsselung einer Legende

Artus tritt auf die Bühne der Geschichte

Was hat aber nun der König Artus, wie man ihn seit Geoffrey von Monmouths *Historia regum Britanniae* kennt, mit den realhistorischen Ereignissen des *Dark Age* zu tun? Gildas als Zeitgenosse jener Epoche nennt ihn genauso wenig wie fast 200 Jahre später Beda Venerabilis. Bleiben die erheblich später verschriftlichten Texte der walisischen Überlieferung (vgl. Kap. 5), in der das »Buch Taliesins« mit dem kurzen Heldenepos *Gododdin* zumindest einen vorbildlichen Krieger Artus erwähnt. Wenn die Rückdatierung dieser altkymrischen Dichtung ins 7. Jahrhundert stimmt, hätte man einen ersten Beleg. Er macht allerdings Artus ebenso wenig zu einer historischen Gestalt wie das Gedicht *Preiddeu Annwfn* (»Die Beuten aus Annwfn«), das seinen Raubzug in die Anderwelt schildert. Auf dieser Überlieferungsbasis stünde Geoffrey letztendlich im Leeren, und man könnte ihm zu Recht die Kreierung einer bloßen Fabelgestalt unterstellen.

Damit täte man ihm unrecht, weil glücklicherweise zwei Textzeugnisse erhalten geblieben sind, die im 9. und 10. Jahrhundert einen Artus aus der Zeit um 500 kennen und ihm in den Kämpfen zwischen romano-keltischen Britanniern und Angelsachsen eine markante Rolle zuschreiben: das lateinisch verfasste Geschichtswerk der *Historia Brittonum* und die ebenso lateinisch gehaltenen *Annales Cambriae.*

Das Verdienst, Artus auf der Bühne der Geschichte eingeführt zu haben, kommt dem erstgenannten Werk zu. Die Abfassung dieser sprachlich recht kunstlos gehaltenen »Geschichte der Briten« wird auf etwa 830 datiert. Üblicherweise schrieb man sie einem Kleriker namens Nennius zu, was mittlerweile eher infrage gestellt wird – erhalten blieb jedenfalls die synonyme Bezeichnung nach dem Titel bzw. dem mutmaßlichen Verfasser. Dieser Nennius ist als Mönch des nordwalisischen Klosters Bangor bezeugt, das gegenüber der alten Druideninsel Anglesey lag und schon im 6. Jahrhundert gegründet worden war. Die *Historia Brittonum* folgt der üblichen Chronologie mittelalterlicher Geschichtsschreibung, nämlich beginnend mit der Einwanderung der Trojaner-Abkömmlinge, der 400-jährigen römischen Herrschaft und schließlich deren Verfall. Auf die massiven Angriffe der Schotten und Pikten hin wenden sich die Briten mit Hilfsgesuchen an Rom. Schließlich herrscht der bekanntlich auch andernorts übel beleumdete Vortigern über Britannien, der Hengist und Horsa auf ihren drei Booten nebst den folgenden Scharen von Sachsen in seinen Dienst nimmt und ihnen die Insel Thanet überlässt. Aber der unglückselige Herrscher kann der Germanen nicht Herr werden und flieht. Wie später auch Geoffrey von Monmouth erzählt, soll das Opfer eines Jünglings seinem Festungswerk Stabilität verleihen – nur dass dieser hier nicht Merlin, sondern Emrys heißt. Dessen Name geht letztendlich auf den siegreichen Britenführer Ambrosius Aurelianus des Gildas zurück. In der *Historia Brittonum* ist daraus jener Prophet geworden, der den Kampf zwischen rotem und weißem Drachen mit dem Sieg des ersteren als zukünftigen Sieg der Briten über die Sachsen weissagt. Die ersten Siege des *Dark Age* erringt hingegen Vortigerns Sohn Vortimer. Es folgen eine ganze Reihe britischer Siege, die jetzt nicht mehr Ambrosius Aurelianus zugeschrieben werden – als habe sein Name mit der Prophezeiung eine andere Rolle übernommen. Der neue Schlachtensieger heißt Artus, und dies ist sein erster historischer Auftritt in der *Historia Brittonum:*

»In dieser Zeit wuchs die Macht der Sachsen in Britannien durch ihre Stärke und ihre große Zahl gewaltig. Als Hengist gestorben war, rückte sein Sohn Octha vom nördlichen Britannien her in das Königreich Kent ein und von ihm stammen die Könige von Kent ab. In dieser Zeit kämpfte Arthur gegen ihn gemeinsam mit den Königen von Britannien, aber Arthur selbst war der Kriegsherr *(dux bellorum).* Seine erste Schlacht war an der Mündung eines Flusses, den man Glein nennt. Seine zweite, dritte, vierte und fünfte Schlacht war oberhalb eines anderen

Flusses, der Dubglas genannt wird und sich in der Region von Linnuis befindet. Die sechste Schlacht war oberhalb eines Flusses namens Bassas. Die siebte Schlacht war im Wald von Celidon, das ist Cat Coit Celidon. Die achte Schlacht war bei der Festung von Guinnion. In dieser Schlacht trug Arthur das Bild der heiligen Jungfrau Maria auf seinen Schultern. Und die Heiden wurden an diesem Tag in die Flucht geschlagen. Durch die Kraft unseres Herrn Jesus Christus und die Macht der heiligen Jungfrau Maria, seiner Mutter, wurde ein gewaltiges Blutbad unter ihnen angerichtet. Die neunte Schlacht wurde in der Stadt der Legion geführt. Die zehnte Schlacht wurde an den Ufern eines Flusses mit Namen Tribruit geführt. Die elfte Schlacht wurde an einem Berg mit Namen Agnet ausgefochten. Die zwölfte Schlacht fand am *Mons Badonis* statt. In dieser Schlacht starben an einem Tag 960 Männer durch Arthur selbst und niemand konnte sie niederringen außer Arthur selbst. Und aus allen diesen Schlachten ging Arthur als Sieger hervor« (Übersetzung nach Wolf 2009, 20). Näher als mit diesen wenigen Zeilen kann man dem mutmaßlich historischen König Artus nicht kommen. Von ihm gibt es vor Geoffrey von Monmouth keine Lebensbeschreibung, keinen Werdegang, nichts Genaueres über sein Ende. Nur die recht dürftigen Erwähnungen respektive Schilderungen seiner zwölf siegreichen Schlachten, für die zumindest die jeweiligen Orte des Geschehens genannt werden, ausschließlich einer Ergänzung in den *Annales Cambriae*. Da einige dieser Waffengänge als geografisch identifizierbar gelten, standen sie von jeher im Fokus der Artusforschung und werden folgerichtig auch uns beschäftigen. Ansonsten sticht hervor, dass Artus in seinem ersten historischen Zeugnis kein König, sondern ein *dux bellorum*, also ein Kriegsherr oder Heerführer ist und dass er mit ausgesprochen christlichen Attributen versehen wird.

Vor einer Interpretation und Deutung dieses so bedeutsamen Textzeugnisses müssen allerdings einige Überlegungen zur *Historia Brittonum* stehen – und damit Themen, die grundsätzlich die Krux im Umgang mit schriftlichen Quellen belegen und manche Erkenntnis relativieren. Da wäre erst einmal das Problem der handschriftlichen Überlieferung, liegen doch von der »Geschichte der Briten« über 40 mittelalterliche Handschriften vor, die den Text in insgesamt sechs verschiedenen Fassungen präsentieren. Hinzu kommt die späte schriftliche Abfassung; so wird etwa eine Haupthandschrift (der Codex Harley 38599) dem frühen 12. Jahrhundert zugeschrieben. Sie bietet – als Beispiel solcher Sammelwerke – nicht nur die *Historia Brittonum,* sondern auch die *Annales Cambriae* (vgl. unten) sowie weitere kymrische Genealogien. Eine ausufernde vergleichende Text- und Quellenkritik der Überlieferung wollen wir hier nicht betreiben. Sie wäre nämlich für die meisten Leserinnen und Leser wenig erbaulich und gehört zum Kerngeschäft der mediävistischen und philologischen Forschung. Wir übernehmen deren vorherrschende Meinung, der zufolge das obige Zitat dem Entstehungswerk um 830 zugeschrieben werden kann. Dann ist nach der Intention des Verfassers zu fragen, mag er nun Nennius oder anders geheißen haben. Mit Sicherheit war er jedenfalls ein walisischer Mönch, der eine der üblichen Geschichten seiner Zeit zusammentrug. Denn dass er eine Art von Sammlung betrieb, macht er selbst in seinem Prolog deutlich. Woher er seine Quellen hatte, teilt er leider nicht mit – zweifelsohne kannte er Gildas und Beda Venerabilis. Dazu dürften kymrische, also walisische Überlieferungen gekommen sein. Was Artus betrifft, mutmaßt man über ein älteres Gedicht in der Landessprache, ohne dass man auf dessen Spur gestoßen wäre. Sowie er walisischer Mönch war, verwurzelte ihn als gelehrten Kleriker die christliche Gelehrsamkeit in den diversen Autoritäten antiker und frühmittelalterlicher Grundlagenwerke, etwa Historien und Enzyklopädien. Dies galt natürlich zuallererst für die Bibel und ihre exemplarischen Vorgaben. Artus könnte etwa im alttestamentarischen Nachfolger Mose, Josua, einen biblischen Vorläufer gefunden haben, der als *dux belli* Ruhm in der Rolle des Heerführers erworben hatte. Und die zwölf Siege des Artus – sind sie historisch authentisch oder orientiert sich diese Angabe an der Zahl zwölf, etwa der zwölf Stämme Israel usw.? Biblischer Gelehrteneinfluss macht die Angaben der *Historia Brittonum* nicht unbedingt unglaubwürdig, ist aber als erzählerisches Gestaltungsmuster mit zu berücksichtigen. Dies könnte beispielsweise die Anzahl der zwölf Schlachten relativieren.

Ein anderer Erklärungsansatz für die Abfassung der »Geschichte der Briten« ist ganz gewiss deren Entstehungszeit. Ihr Verfasser schrieb sein Werk während der Regierung des Königs Merfyn Frych von Gwynedd (reg. 825–844). Als Herrscher des nordwestwalisischen Reiches (vgl. Kap. 5) dürfte dieser mehr oder weniger enge Beziehungen zum angesehenen Kloster Bangor gepflegt haben (eine gewisse Wahrscheinlichkeit spricht dafür, die *Historia Brittonum* dort entstanden zu sehen). Merfyn mit dem Spitznamen »Frych (der Sommersprossige)« scheint ein ungewöhnlicher König gewesen zu sein, der zu seinen Vorfahren einen legendären britischen König Beli Mawr (Beli der Große) zählte, den Nennius unter der Bezeichnung Bellinus zum Gegner Caesars macht. Merfyn gelang es jedenfalls, sich im nördlichen Teil von Wales ein beachtliches Herrschaftsgebiet anzueignen. Damit wurde er zu einem Hauptgegner der angelsächsischen Königreiche von Mercia und Wessex, die, obgleich untereinander zerstritten, Ambitionen gegen Wales hegten. Insbesondere der dominante Egbert von Wessex (reg. 802–839) unternahm immer wieder Feldzüge gegen die keltischen Nachbarn. Das heißt, hier lebte der alte Gegensatz zwischen Briten (Walisern) und Angelsachsen weiter fort, jener Kampf, den bereits Artus bestritten hatte. Die historiografische Darstellung der *Historia Brittonum* präsentierte die britannischen Ahnen als siegreiche Krieger und als die immer noch rechtmäßigen Besitzer des ganzen Landes. Und verwies die Prophezeiung des Emrys, die dem roten Drachen in der fernen Zukunft den letzten und entscheidenden Sieg über die Angelsachsen verhieß, nicht auf Merfyn Frych, dessen Spitzname wohl auch auf rotes Haar verwies und ihn damit dem roten Drachen ähnlich machte? Hier dürfte insofern eine keltische Siegesideologie zum Lobpreis König Merfyns eine mögliche historische Authentizität überlagert haben. Ob Artus gerade in diesem Zusammenhang die Bühne der Geschichte betritt, ist nicht gewiss. Der kriegerische Erfolg macht ihn jedenfalls zum heroischen Vorbild des regierenden Königs von Gwynedd.

Zwölf Schlachten und die Eine

Zu Beginn der oben zitierten Artus-Passage der *Historia Brittonum* fällt auf, dass von ihm als König keine Rede ist, von einem Hochkönig schon gar nicht. Denn er kämpft gegen die Sachsen »mit den Königen der Briten« *(cum regibus Brittonum)*, ist aber der Feldkommandant *(dux bellorum)* oder Kriegsherr. Als Heerführer war er formal den britischen Herrschern unterstellt, was aber in Anbetracht ihrer zumeist begrenzten Macht nichts heißen muss. Einem siegreichen Kriegsherrn darf man hingegen durchaus ein gehöriges politisches Übergewicht zutrauen – Näheres darüber ist unbekannt. Als Heerführer füllt Artus jedenfalls die Position aus, die Gildas Ambrosius Aurelianus zugeschrieben hatte. Die lateinische Betitelung des *dux bellorum* greift als ungewöhnliche Variante auf die römische Militärterminologie zurück. Dort war der *dux* (»Anführer«) in der späten Kaiserzeit der Befehlshaber eines Heeresteils, der schließlich zum Militärkommandeur einer ganzen Provinz avancierte. Dabei trennten die Römer streng zwischen der zivilen und der militärischen Gewalt. Für Britannien wird noch um 400 ein *dux Britanniarum* überliefert, ein »Heerführer der Britannien«, der also das Kommando über sämtliche damals bestehende Verwaltungseinheiten innehatte. Der Schwerpunkt seiner Tätigkeit lag allerdings im Norden am Hadrianswall, seine Zentrale war in Eburacum (York). Ob das Amt dieses britischen *dux* für den späteren *dux bellorum* Artus ein Vorbild abgab, muss genauso Spekulation bleiben wie die Frage, ob diese Bezeichnung jemals um 500 in Gebrauch war (für Artus oder wen auch immer) oder ob sie eine literarische Fiktion der späteren Historiografen ist.

Das große Interesse der Wissenschaftler und Hobbyforscher haben von jeher die von Nennius angeführten Schauplätze der Artusschlachten geweckt. Die Auflistung dieser zwölf Schlachten nimmt die Forschung gern als Indiz für die Vorlage jenes bereits erwähnten altkymrischen Gedichtes, das allerdings nicht erhalten geblieben ist. Bevor wir auf die einzelnen Ortsangaben eingehen, sei vermerkt, dass sie verständlicherweise einen

Kernpunkt der Artusforschung bilden. Kann man doch hier möglicherweise auf harte Fakten zurückgreifen, nämlich auf geografische Verweispunkte, die in der fabelhaften und spekulationsträchtigen Artuswelt Greifbares zu liefern scheinen. Darum hat sich um diese und andere Ortsangaben der Artusliteratur seit Jahrhunderten eine rege Forschung etabliert, die man oftmals als keltische bzw. britische »Heimatforschung« bezeichnen kann. Denn gern nimmt man in vielen Teilen des Vereinigten Königreichs Locations für sich in Anspruch, die sich als mythische Plätze der Artuswelt entpuppen sollen, was sogar für Camelot und Avalon gilt. Da kommen die Schlachtorte der *Historia Brittonum* erheblich nüchterner daher, was leider nicht für Gewissheiten ihrer geografischen Identifizierungen spricht. Absolute Sicherheit gibt es für sie nicht, wohingegen jede Forscherin und jeder Forscher ihre Lage nach Gusto interpretiert, so wie es zur eigenen Artustheorie passt.

Nun aber zu den Schlachtorten: Die erste Schlacht soll an der Mündung eines Flusses Glein stattgefunden haben. Für ihn nimmt man gern den River Glen in Anspruch, der durch die Grafschaft Lincolnshire fließt, sich also in den östlichen Midlands verorten lässt, in einem Gebiet östlich von Nottingham bis zur Nordseeküste, von der Humbermündung im Norden bis zum Wash, dem breiten Mündungsgebiet mehrerer Flüsse im Süden. Die Verwaltungshauptstadt Lincoln blickt unter der Bezeichnung Lindum auf eine reiche römische Vergangenheit zurück, war ursprünglich Legionssitz und dann eine Veteranenkolonie. Überhaupt war Lincolnshire geprägt von durchziehenden Römerstraßen und zahlreichen Kastellen. Die vier folgenden Schlachtorte schließen sich eventuell dieser Lokalisierung an. Sie sollen nämlich allesamt an einem Fluss Dubglas stattgefunden haben. Während dieser nicht so recht identifiziert werden kann, hilft doch die Angabe »in der Gegend Linnuis« weiter. Linnuis ist als Bezeichnung des kleinen angelsächsischen Königreichs von Lindsey bekannt, das im Lauf des 6. Jahrhunderts im Gebiet des heutigen Lincolnshire entstand und später von Northumbrien vereinnahmt wurde. Um 500, also in Artus' Zeit, dürfte die Region schon unter der Kontrolle von eingewanderten Angeln gestanden haben. Somit ergibt sich ein Schwerpunkt im östlichen England, der aber streng genommen nichts über das reale historische Geschehen ausdrückt.

Konnte man bis hierhin zumindest einer gewissen geografischen Logik folgen, macht sich bei der Zuordnung des Flusses Bassas, an dem die sechste Schlacht stattgefunden haben soll, Ratlosigkeit bzw. völlige Zerstrittenheit breit. Mehr Gewissheit scheint die folgende Schlacht zu gewähren, die in *silva Celidonis* (»im Wald von Celidon«) lokalisiert wird. Nennius greift hier zum einzigen Mal in seiner Aufzählung auf eine keltische Bezeichnung zurück: *Cat Coit Celidon* (»Schlacht vom Wald Celidon«). Ob das etwas zu bedeuten hat? Spricht es für einen besonderen Stellenwert in der kymrischen Überlieferung, stammt es aus dem ominösen Vorlagegedicht? Eine dezidierte Forschungsmeinung siedelt diese Ortsbezeichnung jedenfalls weit nördlich von Lincolnshire an, nämlich in Zentralschottland am Oberlauf des Clyde. Der Wald von Celidon entspräche dann jener *silva Caledonis*, jenem »schottischen Wald«, den Geoffrey von Monmouth erwähnt und durch den der sagenhafte Myrddin (Merlin, vgl. Kap. 9) gestreift sein soll. Um 500 kontrollierten auf jeden Fall die Britannier das Gebiet. Die achte Schlacht soll sogar in oder bei einer Festung stattgefunden haben, die *castellum Guinnion* genannt wird. Sie zeichnet sich in der Schilderung durch einen deutlich religiösen Bezug aus, indem Artus nicht nur ein Marienbild auf seinen Schultern trägt – wohl in der Art römischer Militärausrüstung gedacht –, sondern die Feinde ausdrücklich als *pagani* (»Heiden«) bezeichnet werden. Wo dieses Massaker unter ihnen stattgefunden haben soll, ist indes ungewiss. Ein Vorschlag tendiert zu dem Dörfchen Binchester in der nordostenglischen Grafschaft Durham, gewissermaßen auf dem Weg von Lincolnshire nach Schottland. Die kleine Gemeinde hat als Vinovia oder Vinovium immerhin ein römisches Militärlager zu bieten und dürfte zu Artus' Zeiten in einem Grenzraum zwischen Britanniern und Angelsachsen gelegen haben. Ungewissheit herrscht ebenso über jene Stadt, der man die neunte Schlacht zuordnet, heißt es doch lediglich *in urbe*

Legionis, »in der Stadt der Legion«. Damit könnte Carliun bzw. Caerleon gemeint sein, eine Stadt mit römischer Vergangenheit in Südwales, die unter dem Namen *Castra Legionum* bekannt war und die späterhin große Bedeutung in der Artuswelt gewann (vgl. unten). Oder ist damit Chester, York oder etwa Carlisle im nordwestenglischen Cumbria an der heutigen Grenze zu Schottland gemeint? Wiederholt kommt hier die jeweilige Theorie zum Tragen, die sich die Interpretation zunutze macht. Über die folgenden Schlachtorte scheint sich wiederum Ratlosigkeit breitzumachen, denn weder weiß man mit Gewissheit zu sagen, wo der Fluss Tribruit fließt, an dessen Ufern Artus gefochten haben soll, noch wo sich ein Berg Agned erhebt.

Ganz anders hingegen die zwölfte und letzte Schlacht der *Historia Brittonum,* die an einem Berg Badon *(Mons Badonis)* stattgefunden und in der Artus selbst sage und schreibe 960 Feinde erschlagen haben soll. Ob mit dieser Angabe bei aller Nüchternheit der Schlachtenaufzählung ein sagenhaftes Motiv Einzug gehalten hat oder ob man die Zahl dem ganzen Heer des Artus zuschreiben sollte, muss unbeantwortet bleiben. Aber ansonsten hat es die Ortsangabe des Berges Badon in sich, findet sie sich doch nicht nur in späteren historischen Werken (wie etwa den *Annales Cambriae*), sondern bereits bei Beda Venerabilis und vor allem bei Gildas (*Mons Badonicus,* vgl. Kap. 6). Das macht den Ort zu einer festen Größe, die über 300 Jahre tradiert wurde. Mit dieser Schlacht dürfte Artus ein Entscheidungssieg gelungen sein, der bekanntlich den Vormarsch der Angelsachsen verzögerte: *Et in omnibus bellis victor extitit* (»Und in allen Schlachten blieb er Sieger«, Zimmer 2006, 55) – damit endet die Aufzählung des Nennius. Wann fand dieser letzte erfolgreiche Waffengang statt? Laut Gildas um das Jahr 500. Nach Beda Venerabilis müsste es in den 470er- bis 490er-Jahren geschehen sein; wohingegen sich die *Annales Cambriae* für das Jahr 516 entscheiden: »Jahr 516. Schlacht von Badon, in der Arthur für drei Tage und Nächte das Kreuz Jesu Christi auf seinen Schultern oder seinem Schild trug und in der die Briten Sieger waren.« (Wolf 2009, 21). Leider machen die frühmittelalterlichen Chronologien häufig relative Angaben, absolute Zahlen müssen zudem nicht unbedingt stimmen, was die variierenden Jahreszahlen belegen. Was chronologisch bleibt, ist der Zeitrahmen der Jahrzehnte um 500 und damit mitten im *Dark Age*. Wo aber liegt dieser *Mons Badonis*? Leider lautet auch hier die Antwort: Wir wissen es nicht; allerdings gibt es so manchen, der es zu wissen glaubt. Jedenfalls existieren etliche Berge oder Hügel zwischen der schottischen Grenze und dem Ärmelkanal mit dem Anspruch, Ort der legendären Schlacht gewesen zu sein. Im Laufe der Jahrhunderte kamen dazu ganz unterschiedliche Ansätze auf. Geoffrey von Monmouth verortete den *Mons Badonis* in der Nähe des südenglischen Römerbades Bath in Somerset, wo in der flachen Umgebung der Hügel Bannesdon Hill infrage käme. Unter archäologischen Gesichtspunkten diskutierte die Forschung das Hillfort Badbury Rings im südwestenglischen Dorset, von dem man mutmaßt, dass die Sachsen die in römischer Zeit aufgegebene Befestigung vorübergehend einnahmen. Von Cornwall wäre dann ein britisches Heer gekommen, das sie besiegte und wieder zurückdrängte. Möglicherweise war dies der Keim der zum *Mons Badonis* gehörenden Artusgeschichte.

Eine weitere schriftliche Quelle bringt darüber keine Klarheit, erweitert aber den frühmittelalterlichen Artus-Horizont: Die »Annalen von Wales« (*Annales Cambriae*, Mitte des 10. Jahrhunderts) erwähnen nämlich nicht nur die Badon-Schlacht, sondern für zwei Jahrzehnte danach einen Kampf, der mit Artus' Tod endet: »Jahr 537. Schlacht von Camlann, in der Arthur und Medraut fielen. Gleichzeitig wüteten Seuchen in Britannien und Irland« (Wolf 2009, 21). Das lateinische Original verwendet bemerkenswerterweise statt des Wortes *bellum* das kymrische Wort *gweith* für die Schlacht. Dieser ungewöhnliche Sprachgebrauch wird als Hinweis dafür interpretiert, dass dem gelehrten Kleriker der Annalen ein walisischer Text vorlag. Wie überhaupt in den überlieferten walisischen Texten die Schlacht am Berg Badon kaum eine Rolle spielt, während Camlann anscheinend Berühmtheit genoss. Was den Inhalt dieser Annalenangabe betrifft, werden hier erstmals die beiden Namen Artus und Medraut im Kampf erwähnt, den dann 200 Jahre später

Geoffrey von Monmouth als große Entscheidungsschlacht gestaltet: zwischen König Artus und seinem verräterischen Neffen Modred.

Wir erinnern uns: Nachdem Artus aus Gallien wieder zurückgekehrt ist, schlägt er Modred bei Winchester und treibt ihn westwärts vor sich her, bis es in Cornwall zum entscheidenden Waffengang kommt, in dem beide den Tod finden. Davon sprechen die »Annalen von Wales« allerdings nicht explizit; denn hier fallen beide, ohne dass sie gegeneinander gekämpft haben müssen. Was darf man überhaupt als historisch authentisch sehen, was als Sagenbildung eines kymrischen Heldenstoffes? Heldendichtung schätzt allgemein die Tragik des familiären Konflikts, wie man ihn etwa zwischen Geschwistern und angeheirateten Verwandten im mittelhochdeutschen Nibelungenlied findet. Überhaupt scheint erst Geoffrey Modred zum Verräter gemacht zu haben, denn in walisischen Quellen genießt »Medrawd« einen guten Ruf als tapferer Kämpfer, der nicht übel beleumdet ist. Und der Schlachtort? Geoffrey lässt ihn an einem Fluss Camblan in Cornwall stattfinden, damit könnte das Flüsschen Camel gemeint sein oder das heutige Camelford. Historisch-archäologisch wäre diese Verbindung wohl möglich, andererseits wird Geoffrey eine gewisse Vorliebe für Verortungen in Südwestbritannien unterstellt – man denke nur an Tintagel. Solche willkürlichen geografischen Zuordnungen sind allenthalben gang und gäbe und müssen darum für Fragen der Historizität mit Vorsicht genossen werden. Für die Ortsangabe Camlann handelte man ebenso eine Schlacht in der Nähe der frühgeschichtlichen Festung Cadbury Castle im Cornwall benachbarten Somerset (vgl. unten) oder die ehemalige römische Festung Cambolanda, weit im Norden am Hadrianswall und in Cumbria gelegen. Insofern lässt sich auch für die Lokalisierung dieser Schlacht keine endgültige Entscheidung treffen, sodass der unter den Walisern hoch gerühmte Schlachtenname in sagenhaftem Nebel verbleibt. Alle Schlachtorte sind am ehesten im Grenzgebiet zwischen Britanniern und Angelsachsen zu vermuten. Dieser Übergangs- oder Konfrontationssraum entsprach damals noch nicht der Grenze zwischen

England und Wales, sondern erstreckte sich für das 6. Jahrhundert vom Ärmelkanal in nördlicher Richtung zur schottischen Grenze. Diese Kontaktzone lässt sich anhand archäologischer Kriterien wie Keramik und Begräbnisart in etwa bestimmen. Sie sprechen für das erwähnte germanische Ausgreifen von Südostengland aus. Davon ausgehend kämen Artusorte für den gesamten Mittel- und Westteil der britischen Hauptinsel infrage.

Artus' Grab? Die archäologischen Zeugnisse

Bislang hinterfragten wir jene ältesten überlieferten Ortsnamen, die in einem Zusammenhang mit Artus stehen. Die Antworten entbehrten nicht einer gewissen Vieldeutigkeit. Dabei erfassten sie beileibe nicht den ganzen Umfang an Ortsdeutungen und Interpretationen, über die so manches Buch in Großbritannien geschrieben wurde. Im Folgenden schlagen wir einen anderen Weg ein, auch diesen gehen wir selbstredend nicht vollständig, sondern lediglich ein wichtiges Stück. Nun sollen nämlich einige der berühmtesten Orte der Artuswelt auf ihre archäologischen Zeugnisse untersucht werden und darauf, ob sie Spuren des *Dark Age* aufweisen, die zu Artus führen. Aber geben wir uns keinen Illusionen hin: Gerade archäologische Funde sind interpretationsbedürftig. Grundmauern von Häusern und Befestigungen, Einzel- oder Hortfunde mit Schmuck oder Waffen, Keramikscherben und anderes führen nicht zielgenau zu Artus, sondern allenfalls in eine bestimmte Epoche und zu deren gesellschaftlichen Verhältnissen. Zumeist bedarf es eines Zusammenspiels solcher Funde mit den Schriftzeugnissen (bestenfalls zeitgenössischen wie Gildas'), mit Ortsnamen und weiteren Überlieferungen. Für Artus kommt erschwerend hinzu, dass er ein christlicher Anführer oder Herrscher war, als dessen Begräbnisstätte kein imposanter Grabhügel mit prächtigen Beigaben zu erwarten ist – so wie das erwähnte angelsächsische Schiffsgrab von Sutton Hoo aus der Mitte des 7. Jahrhunderts. Gewidmet wurde dieses einem ostanglischen König Raedwald, der wohl schon getauft war, aber doch noch die Würdigung eines heidnischen Begräbnisses erfahren sollte. Während der germanische Herrscher keinen Nachruhm errang, ist der von Artus immens. Dafür fehlt uns sein Grab. Denn bekanntermaßen war der Grabfund von Glastonbury eine Fälschung des Mittelalters zum politischen Nutzen der englischen Monarchen. Und das, was womöglich wissenschaftlich hätte analysiert werden können, fiel den Klosterzerstörungen Heinrichs VIII. zum Opfer. Nichts blieb also vom ominösen Artusgrab als ein zweifelhaftes schriftliches Zeugnis.

Wenden wir uns Artus' Geburtsort zu, dem legendären Tintagel an Cornwalls Nordküste, das erst Geoffrey von Monmouth nennt. Er lässt hier bekanntlich die dramatische Belagerung durch König Utherpendragon spielen, dessen Gestaltwechsel mit Merlins Hilfe und die Beiwohnung Lady Ygairnes, die zu Artus' Zeugung führt. Die exponierte Lage der Festung, die angeblich mit drei Rittern zu verteidigen war, macht einen Teil der immer noch aktuellen Popularität dieses Ortes aus. Der Journalist und Schriftsteller Heinz Ohff (1922–2006) beschreibt in seinem Artusbuch (1993) die Szenerie sehr anschaulich: »ein mächtiger Granitblock im Meer, heute zu erreichen über eine wenig vertrauenerweckende Holzbrücke. Es ist nicht jedermanns Sache, einer verfallenen Kloster- und einer Burgruine sowie – bei klarer Sicht – eines umwerfenden Ausblicks wegen mehr als zweihundert steile, schlüpfrige Stufen zu erklimmen. Tintagel Head ist 300 Fuß, also 100 Meter hoch« (Ohff 1993, 13). Um dies vorwegzunehmen: Die Burgruine ist mitnichten die Festung, in der Artus das Licht der Welt erblickte, sondern stammt von einem Bau, den Earl Richard von Cornwall (1209–1272), Bruder des englischen Königs, um 1230 errichten ließ. Grund dafür war höchstwahrscheinlich die von Geoffrey begründete literarische Berühmtheit des Ortes. Aber daneben existieren tatsächlich bauliche Überreste, die der Artuszeit zuzuordnen sind. Lange ging man von den Relikten eines frühen keltischen Klosters aus, während die Forschung mittlerweile zur Interpretation einer regionalen Herrscherfestung, sogar eines Fürstensitzes tendiert. Er dürfte von der Mitte des 5. Jahrhunderts bis nach 600 bestanden haben und könnte dem britannischen Teilkönig von Dumnonia als eine von mehreren Residenzen gedient haben. Spekulation muss bleiben, ob der von Gildas geschmähte Konstantin von Dumnonia jemals hier war. Aber die archäologischen Funde heben Tintagel doch aus deren Umfeld heraus. Nicht nur, dass sie den Bestand etlicher rechteckiger Steinbauten belegen und einen Graben, der nebst Wall den Ort landwärts schützte. In dem Areal fand sich auch eine Fülle importierter Töpferware eindeutig mediterraner Herkunft, überhaupt hochwertige Keramik und Glasware, die in ganz Großbritannien ihresgleichen suchen. Wein und Öl kamen offensichtlich bis aus Griechenland und von der Levante hierher nach Cornwall, wo man traditionell mit einheimischem Zinn handelte. Damit entpuppt sich Tintagel für das *Dark Age* der Fundlage entsprechend nicht als militärischer Brennpunkt, sondern als Handelszentrum von geradezu internationalem Ausmaß. Es folgt den traditionellen Wirtschaftsbeziehungen des römischen Weltreichs und belegt, dass die »dunkle Zeit« in Britannien so düster eben doch nicht war. Der ökonomische Schwerpunkt schließt natürlich ein politisches sowie militärisches Zentrum nicht aus – nicht selten bedingen sich diese Faktoren gegenseitig. Als Stammsitz des *dux bellorum* wäre der Ort eines Artus des frühen Mittelalters würdig gewesen.

Neue Aspekte zu Tintagel erbrachte 1998 ein Fund, der durchaus als sensationell bezeichnet werden darf. Damals stieß man nämlich auf ein Schieferbruchstück, das anscheinend als Grabstein gedient hatte und dem 6. Jahrhundert zugeschrieben werden kann. Darauf fand sich eine Inschrift in »spätantiker lateinischer Majuskelschrift« (Wolf 2009, 12): Pater Coliavi ficit Artognou, »Der Vater des Coliavos hat [den Grabstein] gemacht, [nämlich] Artognou« (Zimmer 2006, 39). Der »Artognou-Stein« fasziniert seitdem zumindest Teile der Artusforschung, die den Personennamen mit dem Sagenkönig verbinden wollen. Sprachhistorisch dürfte er zu altkornisch »Arth-gnou« zu stellen sein, was »berühmt wie ein Bär« (ebd.) bedeutet. In der Tat ist auch Artus ein solcher Bärenname, allerdings nicht der einzige (vgl. unten). Wenn die Inschrift nicht von Artus persönlich stammt, könnte sie als Anspielung auf ihn gemeint sein? Jedenfalls stützt der Fund die Theorie, wonach Tintagel etwas mit einer historischen Gestalt Artus zu tun hatte. Und wie fand Geoffrey von Monmouth zu diesem Ort, der um 1130 ziemlich unscheinbar war? Die erwähnten älteren Schriftquellen wie Gildas und Beda Venerabilis wissen nichts davon. Selbstredend kommt das geheimnisvolle keltische Buch als Quelle infrage. Genauso gut können Geoffrey kymrische Erzählungen und mündliche Sagen aus Cornwall zu Ohren gekommen sein. Manches deutet daraufhin, dass Tintagel und Artus seit Längerem miteinander verbunden waren.

Während das literarische Tintagel sich problemlos mit dem geografischen Ort in Cornwall verbinden lässt, stellt sich die Frage für den glanzvollen Hof Camelot, gleichsam ein Synonym für die Artuswelt mit all ihrer Pracht, ganz anders. Denn die Lokalisierung von Camelot ist nicht weniger unsicher als die der Schlachtorte des Nennius. Dann wäre zu klären, welche der geografischen Favoriten entsprechend der archäologischen Befunde für einen Artushof im *Dark Age* infrage kommen. Hinzu kommt, dass in den literarischen Zeugnissen seit Geoffrey die Namen Caerleon und Camelot gewissermaßen in Konkurrenz auftreten oder nur zwei aus einer Vielzahl von Höfen sind. Anfangs genoss Caerleon den größeren Ruf und wurde erst später von Camelot in die Schranken gewiesen. Ersteres ist immerhin historisch eindeutiger festzumachen, lässt es sich doch auf das antike Carliun zurückführen, das unter der römischen Herrschaft auch als Castra Legionum bzw. Isca Silurum bekannt war. Die südwalisische Römerstadt, die als Kandidat für eine der Nennius-Schlachten gilt, zeichnete sich in Artus' Zeiten durch ihre römischen Ruinen und die monumentalen Reste eines Amphitheaters aus. Sie hätte folglich einen passenden Rahmen für einen britannischen Führer des *Dark Age* abgegeben. An archäologischen Spuren deutet allerdings nichts auf die Artuszeit, von ihm persönlich ganz zu schweigen.

Camelot kam erst zu seinem Ruf durch den *Lancelot* des Franzosen Chrétien de Troyes und gewann seitdem in der europäischen Artusdichtung an Ruhm, bis dann im 15. Jahrhundert Thomas Malory den Artushof mit der alten angelsächsischen Hauptstadt Winchester in Südengland gleichsetzte – was eher zeitgenössisch-politisch als historisch-archäologisch begründbar ist. Seitdem hat man versucht, Camelot mit Camulodunum (Colchester), Camelfort und dem Schlachtort Camlan zu identifizieren, wobei der letzte selbst geogafisch ungeklärt ist. Allerdings geistert seit Jahrhunderten ein Vorschlag durch die Artusforschung, der in seinen Ursprüngen zu Recht als eine gelehrte Spekulation bezeichnet wurde. 1542 veröffentlichte der englische Altertumsforscher John Leland (1506–1552) ein Itinerar seiner Reise durch England, auf der er historische Zeugnisse eruieren wollte. Darunter erwähnt er einen Ort in Somerset, in dem er Artus' Camelot identifiziert: »Ganz am südlichen Ende der Kirchengemeinde von South Cadbury steht Camallate, einst eine berühmte Stadt oder Festung […] Die Leute können nichts darüber erzählen, außer daß sich laut Hörensagen Arthur häufig in Camalat aufhielt« (Ashe 1987, 94). Der Artusforscher Geoffrey Ashe stellt diesen Ort wie folgt vor: »Dort steht eine von Glastonbury Tor aus sichtbare Hügelfestung namens Cadbury Castle. Ihr Gipfel liegt ungefähr 170 Meter über Meereshöhe. Es gab hier nie eine Burg im mittelalterlichen Sinne. Der Hügel selbst ist die Burg, die von vier Erdwällen gebildet wird, sie schützen einen großen Gipfelbezirk, der in der Mitte zu einem Plateau aufsteigt. Cadbury ist schon in vorrömischen Jahrhunderten als bewohnter Ort belegt. Einst stand ein Dorf auf dem Plateau und vertraute seine Sicherheit den aus Erdwällen bestehenden Verteidigungsanlagen an […]« (ebd.).

Cadbury Castle hat bei allen löblichen Verdiensten des Antiquars John Leland in seiner Erwähnung eher einen sagenhaften Charakter. Und die Nähe zu Glastonbury nährt diese Zweifel, muss doch dieser *locus classicus* für Artus und Gral als ein spätes Konstrukt bewertet werden, dass sich nichtsdestotrotz großer Popularität erfreut (vgl. unten). Deshalb könnte man die alte Hügelfestung als pure Legendenbildung abtun, ebenso die Identifizierung des nahebei fließenden Flusses Cam mit dem

Schlachtort Camlann der Walisischen Annalen. Hier fand sich auch keine Inschrift wie auf dem Artognou-Stein in Tintagel – es mangelt wieder einmal an stichhaltigen Beweisen für Artus. Aber es gibt archäologische Funde, die für eine exponierte Stellung dieses Hillforts in der Artuszeit sprechen. Das hat Cadbury Castle zu einem Herzstück der britischen Archäologie gemacht, wo in den letzten Jahrzehnten Ausgrabungskampagnen gestartet wurden. Sie belegen eine vorgeschichtliche Hügelfestung, die im 1. Jahrhundert n. Chr. anscheinend ein Zentrum des keltischen Widerstands gegen die Römer war und von diesen zerstört wurde. In den unruhigen Zeiten des 5. Jahrhunderts erfuhren die alten Reste eine deutliche Wiederbelebung, wie man sie auch für andere keltische Befestigungswerke festgestellt hat. Hier entstand allerdings etwas Größeres, das durchaus als Fürsten- oder Königssitz interpretiert werden kann. Inmitten des Plateaus erhob sich offensichtlich eine große hölzerne Halle *(Arthur's Palace)*, umgeben von kleineren Gebäuden und geschützt von einer Mauer mit einem Torbau. Diese das Ganze umrundende Mauer hat das besondere Interesse der Ausgräber geweckt (insbesondere von Leslie Alcock, vgl. Bibliografie), besteht sie doch aus einem Holz-Stein-Konstrukt, wie es für das *Dark Age* in England und Wales bislang einzigartig erscheint und das sich lediglich mit ähnlichen Bauweisen in Schottland vergleichen lässt. Übrigens stieß man auch in Cadbury Castle auf Keramikscherben, die wie in Tintagel für Handelsbeziehungen in die Mittelmeerwelt sprechen. Man möchte Cadbury Castle als politisches Zentrum von womöglich sogar überregionaler Bedeutung sehen, das das 6. Jahrhundert nicht überstand. Wegen des singulären Mauerbaus hat man über spezielle Beziehungen in den britischen Norden gemutmaßt. Laut Nennius ließ sich Vortigern in Wales eine Festung aus Holz und Steinen errichten. Ist dies ein literarischer Reflex auf Cadbury Castle? Blieb über Jahrhunderte eine ferne Erinnerung an den Ruhm der Hügelfestung erhalten, und war sie von Anfang an mit dem verbunden, der dort residierte, nämlich Artus? Oder ergab sich erst im späten Mittelalter eine Lokalisierung des mittlerweile durch die Artusliteratur weitverbreiteten Britenkönigs mit der alten Hügelfeste? Cadbury Castle bleibt ein spannender Ort der Artusforschung.

Eine Fülle von Orten, Ortsnamen und anderen geografischen Gegebenheiten werden in Großbritannien, aber auch in der Bretagne mit Artus und dem Artusstoff verbunden. Sie beanspruchen mehr oder weniger ernsthaft Geburtsort, Schlachtfeld, Königshof oder gar das fabelhafte Avalon zu sein. Ansonsten finden sich zahllose Inschriften auf Steinen und Steinpfeilern, auf Grabsteinen und anderen Platten, denen eine Affinität zu Artus und seiner Welt nachgesagt wird. Die meisten entpuppen sich als Objekte einer Legendenbildung, die nichts Seriöses mit dem König zu tun haben. Die in Cornwall gefundene sogenannte Tristan-Stele von Fowey bei Castle Dor belegt hingegen für das 6. Jahrhundert die Existenz eines Tristan: DRVSTANVS HIC IACET / CUNOMORI FILIUS (»Hier liegt Tristan, der Sohn des Cunomor«, Wolf 2009, 13). Sollte dieser Cunomorus dem kymrischen Namen Kynvawr und dieser dem König Marke der Tristansage entsprechen, in dessen Auftrag Tristan seine Braut Isolde von Irland nach Cornwall begleitet und die tragische Liebe der beiden ihren Anfang nimmt, hätte man zumindest einen historischen Ausgangspunkt für einen Artusritter. Er führt jedoch auch vor Augen, wie vertrackt die Sagenbildung abläuft, die in diesem Fall den Vater zu einem fremden König macht.

Werfen wir einen Blick auf einen Fund, der zeitlich wie geografisch weit von Britannien wegführt und der doch immer wieder bei der Suche nach dem historischen Artus angesprochen wird. Dieser Blick führt nach Dalmatien, wo man in Solin bei Split auf einen Marmorbogen stieß. An ihm findet sich auf einem Grab- bzw. Gedenkstein der Name eines römischen Offiziers Lucius Artorius Castus, der etwa in die Zeit um 200 n. Chr. zurückführt. Natürlich ist es der an Artus gemahnende Gentilname Artorius, der in seinen Bann schlägt und der nach römischem Brauch die Zugehörigkeit zu einer Familie ausdrückt. Was aber wissen wir von diesem Römer? Mittels der epigrafischen Bezeichnungen und des Historiografen Cassius Dio, der den Offizier in seiner »Römischen Geschichte« erwähnt, lässt sich ein erstaunlich exaktes Bild entwerfen. Danach durchlief L. Artorius Castus eine ordentliche Karriere als Centurio (Hauptmann) mehrerer Legionen, etwa der 3. Gallischen, dann als Dux (Anführer) der britannischen Legionen und Kohorten, die er gegen die Aremoricaner in der heutigen Bretagne führte, schließlich Verwalter, wenn nicht gar Statthalter der Provincia Liburnia in Norddalmatien. Genaueres lässt sich durch die Angaben des Cassius Dio erschließen: Demnach nahm Artorius Castus an einem Feldzug Kaiser Marc Aurels in Pannonien (Westungarn, Teile Österreichs bis in den Balkan hinein) teil, wo im Jahr 175 n. Chr. ein Sieg über das Reitervolk der Sarmaten errungen wurde. Diese mussten nach üblichem Brauch ein Kontingent Hilfstruppen stellen, genauer 8000 schwer gepanzerte Reiterkrieger aus dem Teilstamm der Jazygen. 5500 dieser Cataphracti (»in Eisen Gekleidete«) wurden dem Befehl des Artorius Castus unterstellt und in Britannien eingesetzt, so in Kämpfen gegen die Pikten. Um 180 ist er als Präfekt in Eburacum bezeugt, wenige Jahre später scheint er seine Panzerreiter gegen die Aremoricaner geführt zu haben. Diese Sarmaten sollen in Bremetennacum stationiert gewesen sein und anschließend dort als Veteranen ihr Auskommen gefunden haben. Das war in dem heutigen Dorf Ribchester in Lancashire, einer nordwestenglischen Grafschaft, an der Irischen See gelegen. Dies wären die Ausgangsfakten für eine frühe Artusgeschichte des späten 2. Jahrhunderts, 300 Jahre vor dem *Dark Age*. Die Gemeinsamkeiten des Artus ähnlichen Namens Artorius, des militärischen Dux-Titels, der Stationierung in Britannien und des Zuges gegen die Aremorica lassen so manchen Forscher von einer Präfiguration des Artusstoffes sprechen. Ob man etwa die jazygischen Panzerreiter als Vorläufer und Vorbild der Ritter der Tafelrunde interpretieren kann, wie durchaus ernsthaft erwogen wurde, sei dahingestellt. Dass aber die sogar für internationale römische Armeeverhältnisse auffallenden Sarmaten unter dem Anführer Lucius Artorius Castus in Britannien in Erinnerung blieben und dass daraus zumindest »Erinnerungsfetzen [...] im kulturellen Gedächtnis« (Wolf 2009, 13) haften blieben und sich später mit anderen Vorstellungen mischten, das scheint doch im Bereich des Möglichen zu liegen.

Birgt der Name ein Geheimnis?

Die dalmatinische Römerinschrift führt uns in die komplexen Tiefen der Onomastik, der Namensforschung also. Denn was sagt der Name Artorius aus und in welchem Verhältnis steht er zu Artus bzw. Arthur? Erst einmal muss festgestellt werden, dass der römische Geschlechtername naturgemäß für alle Angehörigen dieser Sippe gilt und darum vielfach überliefert wird. Im Römischen Reich haftete ihm keine Besonderheit an. Namenkundliche Herkunftserklärungen sind nicht unumstritten, hier bezieht man jedoch den Namen auf gallo-lateinisch ars, artus, m., »Gefüge«, als Adjektiv »straff« und deutet Artorius als »Zusammenfüger«. Als »früh latinisierter Name keltischen Ursprungs« (Zimmer 2006, 35) hat er wahrscheinlich nichts mit dem britannischen Artus zu tun – was aber in der Forschung durchaus umstritten ist. Etymologische Untersuchungen auf der Basis strenger sprachhistorischer Kriterien bringen uns sowieso nicht weiter, wenn man Artorius als Erinnerung auffasst, die wegen der Namensähnlichkeit zum Artusbild beitrug. In den mittelalterlichen Zeugnissen findet sich jedenfalls keine Form Artorius für den Sagenkönig, obwohl etliche Namensvarianten überliefert sind: Arthwr, Artur, latinisiert Arthurus, selten Arcturus, lateinisch schließlich Artus – daraus resultiert bekanntlich die differente englische Namensform Arthur sowie das auf dem europäischen Kontinent übliche Artus. Dem Namen liegt ein keltisches Wort (*artos, »Bär«) zugrunde, das seinen bekanntesten Ausdruck in der Bärengöttin Artio gefunden hat, von der eine figürliche Darstellung mit einer Fruchtschale und einem sie anblickenden Bären erhalten blieb. Womöglich wurde die Gottheit als Fruchtbarkeits- und Schutzgöttin oder sogar als Herrin der Bären verehrt. Die Kelten kannten den Bären jedenfalls als Totemtier, mit dem einzelne Sippen oder Stämme sich eng verbunden fühlten.

Gern brachte man mit dem kraftvollen Raubtier kriegerische Vorstellungen zusammen, sodass Krieger und Bär sogar Synonyme wurden. Unter den Inselkelten kursierten dazu verschiedene Komposita, deren Bedeutung für sich sprechen: Iren, Waliser und Bretonen kannten die Bezeichnung »lebendig wie ein Bär«, die auf ein älteres keltisches **arto-bivo-* zurückgeht (altirisch *Artbe,* altkymrisch *Artbeu,* altbretonisch *Arthbiu*). Das Kymrische kannte zudem Wortbildungen wie *Artgal,* »Kampfeswut eines Bären habend«, *Arthmail,* »Bärenkönig«, und *artowiros,* »Bär-Mann«. Sie sprechen für die Gleichsetzung von Bär und Krieger und unterstützen somit mögliche Namensassoziationen wie Tapferkeit und Stärke auch für Artus. Die *Historia Brittonum* übersetzt Artus immerhin mit »schrecklicher Bär« und beweist damit, dass man sich dieser Beziehung noch im 9. Jahrhundert bewusst war.

Überhaupt fand der Name unter den Inselkelten weite Verbreitung, bevor er im Mittelalter fast schon zu einem Modenamen wurde. Walisische Genealogien erwähnen einen Arturius (Arthur) als Fürsten des südwestwalisischen Dyfed, das er nach 600 beherrschte. Ebenso schätzten offensichtlich die Iren diesen Personennamen, den um 700 die Lebensbeschreibung des Missionars Columba *(Vita Columbae)* anführt. Demzufolge war Artuir der Sohn des Königs Aedan von Dál Riata, einem irischen Reich in Schottland, der gegen 600 herrschte und wie sein Vater den Tod in der Schlacht fand. Den Annalen von Ulster zufolge siegte ein Brite Artur um 625 in einer Schlacht. Gerade im Umfeld Irlands und der von Iren besiedelten Inseln einschließlich Teilen Schottlands genoss der Name diesen Zeugnissen zufolge eine beachtliche Popularität. Sogar wenn die genannten Anführer historischen Personen entsprechen, stellt sich die Frage, woher diese Beliebtheit des Namens stammt und ob sie bereits so früh vom Ruhm der britischen Heldengestalt Artus initiiert oder zumindest beflügelt wurde. Derartige Nachbenennungen sind häufig und finden sich später im Nachklang von Geoffreys Artus zuhauf. So etwa in der Bretagne bei der Benennung mehrerer Herzöge, erstmals mit Arthur I. (mittelbretonisch Arzur, 1187–1203).

Im frühen Mittelalter erweist sich der Artusname mit seinen Varianten also mitnichten singulär. Ein weiteres Mal verschließt sich der britische Sagenkönig einer exakten Deutung. Darum verwundert es kaum, dass einige Interpreten auf die römischen Wurzeln des Namens verweisen, während ihn die anderen fest im inselkeltischen Umfeld ansiedeln. Wie auch immer – Namensgebung orientiert sich nicht unbedingt an ethnischen, sozialen oder genealogischen Vorgaben, und genauso wenig bringt sie diese zum Ausdruck. Bliebe letztlich zu diesem Thema die spekulative Überlegung, ob der Name wie ein Beiname oder ein schmückender Ehrenname verwendet worden sein könnte. So wie auch Artorius nur der Familienname des besagten römischen Offiziers war. Dann hätte jedenfalls ein »bärenstarker« Kriegername den eigentlichen Namen ergänzt und wäre von Nennius auf sich reduziert worden.

Der König im Berg und sein Hund – Über ein Jahrtausend Artus-Folklore

Was immer über Herkunft und Bedeutung des Personennamens Artus/Arthur zu sagen ist – in Großbritanniens Ortsnamen ist er allenthalben präsent. Eine Schätzung beläuft sich auf sage und schreibe 600 geografische Bezeichnungen, die seinen Namen tragen bzw. einen Zusammenhang mit ihm herstellen. Bemerkenswert und historisch bezeichnend ist die Tatsache, dass sich diese Namen mit wenigen Ausnahmen in den alten britannischen Gebieten finden, nämlich in Cornwall und dem benachbarten Somerset, in sehr großer Zahl in Wales, außerdem in geringerer Zahl in Nordengland und Schottland. Zudem ist die Artuswelt mit Ortsnamen in der Bretagne vertreten, was insbesondere die Gestalt Merlins betrifft (vgl. Kap. 9). Diese Verteilung spiegelt also durchaus die Verhältnisse des *Dark Age* wider, die Teilung in keltische und angelsächsische Gebiete. Das sagt nichts über die reale historische Präsenz des Königs oder *dux bellorum* aus, aber über seine Beliebtheit in der Bevölkerung.

Lokalitäten mit Artus-Bezug müssen selbstredend Orte wie Tintagel und Cadbury Castle zugerechnet werden, die entweder in der Literatur genannt oder über die archäologische Erkenntnisse gewonnen wurden, die in jene historische Epoche verweisen. Welche aufschlussreichen Beziehungen sich zwischen solchen Artusorten ergeben, belegt eindringlich der »Arthurspfad« *(Arthur's Path)*, der mittlerweile als touristische Wanderstrecke die Gegend von Cadbury mit dem nahen Glastonbury in Somerset verbindet. Oder in der arthurischen Terminologie Camelot mit Avalon, für das Glastonbury gern gehalten wird (vgl. Kap. 9). Dieses schon des Öfteren genannte südenglische Städtchen bündelt mit seiner Klosterruine und dem kegelförmigen Hügel mit seinem markanten Turm gewissermaßen alle »weichen« Faktoren der Artuswelt, ohne dass bislang etwas wissenschaftlichen Ansprüchen genügen konnte. In Verbindung mit der Gralslegende hat sich der Ort über Jahrhunderte zu einem »focus of much legend and speculation« (Lacy 1996, 198) entwickelt, eine Art von esoterischem Zentrum Britanniens, in dem Gralssucher, Neudruiden, moderne Hexen und spirituell Gesinnte einen Nabel ihrer Welt sehen. Mit gerade einmal 60 Kilometern Entfernung liegt mit Stonehenge ein weiterer Hot Spot dieser Welt in greifbarer Nähe und damit jenes beeindruckende Megalithdenkmal der Jungsteinzeit, das Geoffrey von Monmouth durch Merlins Zauberkraft erbaut sah. Derartige Beziehungen lassen sich zu regelrechten Netzen einer Artuswelt spannen, mit denen der Sagenkönig zur historischen Wirklichkeit werden soll (vgl. Kap. 10). Verifizieren lässt sich dies alles nicht: Die Artusnetze geben nur selten historische Sachverhalte wieder, sie sind der wahrscheinlich bedeutendste Teil der britisch-englischen Folklore. Solches »Volkswissen«, dem man sich im deutschsprachigen Raum traditionellerweise im Forschungsfach der Volkskunde widmete und das mittlerweile lieber als Europäische Ethnologie bezeichnet wird, begründet sich in der Alltagskultur und der modernen populären Kultur. Artus scheint nie von einem spröden Gelehrtennimbus umgeben gewesen zu sein, sondern auch immer im Leben der sogenannten einfachen Leute einen Platz gefunden zu haben.

Sie erzählten sich Sagen und Märchen, die Quelle, aber auch Entlehnung der kymrischen Literatur gewesen sind. Dies galt ebenso für Übernahmen aus lateinischen Historien und der umfänglichen Artusliteratur. Selten nachweisbar ist das Feld solcher mündlichen Erzählungen, die bereits im frühen Mittelalter entstanden sein dürften.

Von damals bis heute wurden Sagen mit konkreten Örtlichkeiten verbunden, wie sich etwa am *Arthur's Seat* zeigen lässt, dem Hausberg der schottischen Metropole Edinburgh. Allerdings existieren derart benannte Berge nicht nur zahlreich in Großbritannien, sondern sogar in anderen Ländern des Commonwealth wie Australien und Neuseeland. Mit Artus haben diese Orte außer der Benennung natürlich nichts zu tun. Bereits für 1542 bezeugt John Leland von Cadbury Castle sagenhafte Geschichten, die sich die Anwohner offensichtlich erzählten. Diesen zufolge sollte Artus im Hügel in einer Höhle schlafen und seiner Rückkehr harren – übrigens alles andere als ein Alleinstellungsmerkmal, denn die Sage vom König im Berg ist ein weitverbreitetes Wandermotiv, das man in Deutschland unter anderem mit Kaiser Barbarossa und dem Kyffhäuser im Harz verband. Wenn man zudem zur Sommersonnenwende oder in der Weihnachtszeit Artus mit seinen Reitern über Cadbury Castle habe hetzen sehen, entpuppte sich dies als die berüchtigte Wilde Jagd *(wild hunt)*: unter den Germanen und damit unter den Angelsachsen ein beliebtes Motiv mit Odin bzw. Woden an der Spitze, das hier für den keltischen Artus übernommen wurde.

Aber die Überlieferung solcher offenkundigen Volkssagen ist erheblich älter, greift doch bereits die *Historia Brittonum* um 830 darauf zurück. Zumindest erwähnt eine ihrer erhaltenen Fassungen (Harley XXX) *mirabilia* (»wunderbare Dinge«) Britanniens, darunter zwei von Artus: »In einer Region, die man Buelt nennt, findet sich ein gewaltiger Haufen Steine. Einer der Steine, ganz oben platziert, zeigt den Fußabdruck eines Hundes. Er stammt von Cabal, der der Hund des Kriegsherrn Arthur war. Einst, als er den Eber Troynt jagte, hat sich sein Fußabdruck in den Stein gepresst. Später schichtete Arthur einen Steinhügel auf unter dem Stein mit dem Fußabdruck. Und er nannte den Steinhügel Carn Cabal (Steinhügel des Cabal). Menschen kamen und nahmen den obersten Stein mit ihrer Hand weg für einen Tag und eine Nacht. Am nächsten Tag fanden sie den Stein stets wieder an der Spitze des Steinhaufens« (nach Wolf 2009, 20). Hier erzählt der vermeintliche Nennius ein Märchenmotiv, das er wahrscheinlich mit einem Ort im südlichen Wales verbindet. Dort nämlich vermutet man den wundersamen *cumulus lapidum* (»Steinhaufen«), der einem alten Steinhügelgrab in der Grafschaft Breconshire entsprechen könnte, wo zu Zeiten der *Historia Brittonum* noch das kleine keltische Königreich von Brycheiniog bestand. Im Übrigen hat es Artus auch in dieser Sage noch nicht zum König geschafft, sondern wird schlicht als *Miles* bezeichnet, worunter wohl ein kriegerischer Anführer zu verstehen ist. Sein Hund Cabal und der wüste Eber Troynt (Twrch Trwyth) sind aus der mittelkymrischen Dichtung von *Culhwch ac Olwen* bekannt (vgl. Kap. 5). Unklar ist, ob hier ein Missverständnis vorliegt und Cabal (eigentlich von lat. caballus, »Pferd«) Artus' Pferd bezeichnete oder ob wirklich sein übernatürlich großer Hund gemeint war. Gewiss ist die enge Verbindung zwischen der kymrischen schriftlichen Überlieferung und der folkloristischen Ortsnamenerklärung, die den Hügel mit dem sagenhaften Artus in Verbindung brachte.

Das zweite Wunder erwähnt »ein Grab in der Nähe einer Quelle, die Licat Amr (das Auge Amrs) heißt. Der Name des Mannes, der in diesem Grab beerdigt liegt, war Amr. Er war der Sohn von Arthur, dem Kriegsherrn. Arthur selbst hatte ihn getötet und an diesem Platz bestattet« (nach Wolf 2009, 20 f.). Dieses bemerkenswerte Grab, dessen Größe sich angeblich verändern konnte, wird im südöstlichen Wales dem kymrischen Kleinreich Ergyng zugeschrieben, das heute jenseits der walisischen Grenze in der englischen Grafschaft Herefordshire und damit in den westlichen Midlands liegt. Die genannte Quelle könnte die des Flusses Gamber sein, der an einem Hügel namens Gamber Head entspringt. Zweierlei fällt an dieser kurzen Geschichte auf: Sie greift anscheinend auf Erzählstoff zurück, den später auch die kymrische Erzählung *Culhwch ac Olwen* kennt. Dort findet nämlich ein Sohn Artus' namens Amr oder Anir Erwähnung. Die Tötung eines nahen Verwandten oder gar des eigenen Sohnes gehört nicht nur in der späteren Artusliteratur und im Artusfilm zum festen Motivinventar. Sie entspricht einem anscheinend sehr alten Sagenmotiv, das die Tragik eines Helden darstellt, der gezwungen ist, sein Kind zu töten. Es dürfte nicht mehr als ein Zufall sein, dass fast zeitgleich zu Nennius mit dem althochdeutschen Hildebrandlied ein germanisches Heldenlied zu Pergament gebracht wurde, das just diese Tragik anschaulich schildert. Jenes Motiv, das sowohl Kelten als auch Germanen kannten, reicht wahrscheinlich weit zurück in die Zeit der indoeuropäischen Sprache, Kultur und Dichtung, die den meisten europäischen Kulturen zugrunde liegt.

Die von der *Historia Brittonum* im Zusammenhang mit Artus erwähnten *Mirabilia* erweisen sich letztlich als Wundergeschichten, die dem fabulösen Sagen-Artus der kymrischen Literatur am nächsten stehen – mit greifbarer Geschichte haben sie nichts zu tun. Sie helfen nicht, die Legende zu entschlüsseln, sie stützen und stärken die Artussage der inselkeltischen Überlieferung. Wie helfen die historischen Zeugnisse der *Historia Brittonum* und der *Annales Cambriae* bei der Suche nach dem »wahren Artus« (eine verbreitete Formulierung, der wir noch im letzten Kapitel begegnen werden), wie die diversen Lokalisierungsversuche etwa der berühmten dreizehn Schlachten? Was vermitteln uns die archäologischen Befunde über diese Gestalt, was sagt sein Name aus? Um ehrlich zu sein, erschienen bislang keine schärferen Konturen dieses Artus, nirgendwo ließ sich mit Begeisterung ausrufen: Da und dort muss er aufgetreten sein, erkennt man sein Handeln, kann man die Figur greifen und begreifen. Der mysteriöse Kriegsherr oder König gewinnt an Substanz und Leben bislang allein in Geoffrey von Monmouths *Historia regum Britanniae* und in Thomas Malorys Spätwerk *Le Morte Darthur*. Mit Blick auf ihre Artusgeschichten stellt sich Tintagel noch im hellsten Licht dar, ausgerechnet jener mit Zauber und Magie verbundene Ort liefert mit der Artognou-Inschrift ein Zeugnis, das Artus ein bisschen nahezukommen scheint. Aber überzeugend ist es nicht! Und Glastonbury: Bisher hörten wir nur von Mittelalter-Fakes und esoterischer Mystik, aber wo bleibt Artus? Wo ist die Idee, die alles miteinander verbindet, mit Geoffrey und anderen Quellen harmonisiert und uns Artus präsentiert? Den leibhaftigen Artus?

9. Rätsel in der Artuswelt

Merlinus der Zauberer

Bevor wir uns abschließend dem »wahren Artus« widmen, sei unser Augenmerk auf einige Figuren respektive Motive der Artuswelt gerichtet, die nicht weniger mysteriös wirken. Die rätselhafteste Gestalt im Umfeld des Königs Artus ist dessen Ratgeber Merlin, von dem Thomas Malory in *Le Morte Darthur* ein bis heute nachwirkendes Bild gezeichnet hat: Nie ist er zu fassen, stets taucht er unvermittelt auf und verschwindet ebenso. Hinter jeder Person kann er sich verbergen; einmal tritt er als Bettler auf, dann wieder als Jäger. Die Gestalt eines 14-jährigen Knaben tauscht er mit der eines 80-jährigen Greises und schafft Verwirrung und Misstrauen. »Hexenmeister« nennt man ihn darum, vor dem man sich hüten müsse, denn er wisse alles durch vom Teufel verliehene Künste, dessen Sohn er sein soll. Diese verrufene Magie setzt Merlin ein, als er Utherpendragon eine andere Gestalt gibt und damit die Zeugung Artus' ermöglicht (vgl. Kap. 2). Aber Malorys Merlin zeigt bekanntlich auch menschliche Schwächen, die ihm zum Verhängnis werden: Die feenhafte Dame vom See betört ihn derart, dass er sich ohne jegliche Vorsicht unter einen Stein begibt und dort von ihr mit einem Zauber auf immerdar gebannt bleibt. Damit entschwindet er aus dem Umkreis König Artus' und seiner Tafelrunde.

Als eigentlicher Schöpfer der Merlinfigur der mittelalterlichen Artusdichtung gilt Geoffrey von Monmouth. In der »Geschichte der Könige Britanniens« (vgl. Kap. 4) führt er den Zauberer unter dem latinisierten Namen Merlinus ein. Erinnert sei hier an die Weissagung des Knaben über den Drachenkampf und an den Bau von Stonehenge, an Merlins Magie vor Artus' Zeugung und überhaupt an seine Rolle als weiser Ratgeber des Königs. Der walisische Gelehrte Geoffrey schenkte jedoch dem Propheten und Magier so viel Aufmerksamkeit, dass er gleich mehrere Werke über ihn schrieb. Dazu gehörten die *Prophetiae*

Merlini (»Merlins Prophezeiungen«, 1135), die als siebtes Buch in die Geschichte der britischen Könige eingingen. Überdies verfasste Geoffrey um 1150 noch eine *Vita Merlini*, eine ebenfalls lateinische Lebensbeschreibung Merlins im Hexameter-Versmaß, deren Held sich in vielen Zügen von Artus' Zauberer unterscheidet. Bereits Geoffreys Zeitgenossen sprachen folgerichtig von dessen zwei Merlingestalten. Der zweite Merlin wurde im britannischen Norden lokalisiert, wo sich keltische Herrscher untereinander erbitterte Kämpfe lieferten. Nach einer besonders blutigen Schlacht sah Merlin seine Verwandten und die treuen Gefolgsmänner niedergemetzelt liegen. Dieser Anblick erschütterte ihn so sehr, dass er wahnsinnig wurde: »Drei Tage lang hatte er nun schon geweint und alle Speisen verweigert, so groß war der Schmerz, der ihn verzehrte. Immer von Neuem ganz außer sich, füllte er mit lautem Klagegeschrei die Luft, dann entwich er ungesehen in die Wälder. So hielt er seinen Einzug im Hain und war froh unter den Eschen verborgen zu liegen; und er staunte über die wilden Tiere, die in den Lichtungen weideten. Bald lief er ihnen nach, bald eilte er ihnen voraus. Er nährte sich von den wilden Kräutern und ihren Wurzeln, er genoss die Früchte der Bäume und die Beeren des Dickichts; er wurde ein Waldmensch, gleichsam ein den Wäldern Geweihter« *(Vita Merlini)*. Auf diese Weise wurde er zu *Merlinus sylvestris* (Wald-Merlin) oder *Caledonius*, dem Merlin der kaledonischen Wälder. Als solcher durchstreifte er die Wälder im Süden Schottlands und tauchte manchmal auf einem Hirsch reitend aus ihnen auf. Mehrmals wurde er zum königlichen Hof gebracht, an dem er durch seine Prophezeiungen berühmt wurde. Doch stets packte ihn die Scheu vor den Menschen, und er zog sich in seiner Besessenheit in die wilde Natur zurück. Endlich entdeckte er eine wundersame Quelle, deren Wasser ihn von seinem Wahnsinn heilte. Trotzdem blieb er als frommer Mann im Wald und lebte dort als Seher mit einigen Gleichgesinnten.

Übrigens trugen die französischen Dichter seit dem 12. Jahrhundert ganz erheblich zur Weitergabe und Ausgestaltung der Merlinfigur bei. Dies gilt insbesondere für Robert von Boron, von dem nur noch ein Fragment seiner *Merlin*-Dichtung erhalten ist (*Estoire du Graal*, »Geschichte vom Gral«, um 1180). Er führte den Zauberer diesseits des Kanals ein, Poeten wie Chrétien de Troyes folgten ihm, ein anonymer Prosatext *Merlin en prose* rundete sein Bild ab – mit dem er berühmt wurde: der weise Zauberer und Berater von König Artus, der ihn und seine Ritter durch viele Gefahren zu lenken weiß. Diese französische Vorliebe für den Zauberer trug dazu bei, seine Figur mit der bretonischen Sagenwelt zu verknüpfen. Als erster siedelt ihn Wace in seinem *Brut* in Brocéliande an, dem »Abenteuerwald der Artuswelt« (Simek 2012, 55), wobei ihm spätere Dichter nicht durchgehend gefolgt sind. Aber trotzdem lokalisiert man den sagenhaften Zauberwald mit dem Forét de Paimpont in der Bretagne und verknüpft mehrere Örtlichkeiten mit der Artuswelt. Dazu gehört eine Megalithanlage, die als Grab Merlins (frz. Tombeau de Merlin) ausgewiesen ist. Mit den Ursprüngen der Gestalt hat dies allerdings nichts zu tun, Brocéliande entpuppt sich letztlich als sagengemäße Aneignung eines Ortes.

Geoffrey von Monmouth hingegen hat als mittelalterlicher Erfinder des Merlinus den Archetyp des Zauberers geschaffen. Dessen Name ist seit Jahrhunderten in aller Munde und gilt sogar als berühmtestes Beispiel eines keltischen Druiden. Dabei hat der gelehrte Kleriker für Merlins vermeintliche Prophezeiungen vor allem Motive und Symbole aus mittelalterlichen Enzyklopädien und Chroniken geschöpft. Die Figur des Sehers und Magiers enthält aber so manches, das aus keltischen Überlieferungen der Britischen Inseln stammt. Dort kennt nämlich die walisische Tradition einen Barden namens Myrddin, der etwa 573 an einer Schlacht zwischen keltischen Häuptlingen im nordwestenglischen Cumbria teilnahm, in der historischen Region Strathclyde. Diesen Kampf von Arfderydd bei Carlisle bezeugen immerhin mehrere Quellen als historisch, darunter auch die *Annales Cambriae*. Demnach standen sich die Könige Gwenddoleu fab Ceidiaw und Rhydderch Hael gegenüber, wobei ersterer als Myrddins Gefolgsherr erschlagen wurde. Als er den Tod seines Fürsten mit ansehen musste, verlor der Dichter den Verstand und streifte vom Wahnsinn umfangen im Land umher. Unter den schottischen Kelten kursierte schon bald die

Sage von Lailoken, dem »Wilden Mann«, wie sie ihn nannten. Die Waliser übernahmen diese Geschichte und gaben dem traurigen Wanderer den Namen Myrddin. Jahrhunderte später hörte Geoffrey davon und passte ihn seinen lateinischen Texten an, indem er daraus Merlinus machte. Inzwischen war die Gestalt des Barden und Sehers Myrddin in Wales heimisch geworden und wurde mit vielen Orten und Ereignissen verbunden. Aus dem wahnsinnigen Waldmensch und Seher entwickelte sich immer mehr die Gestalt des Weisen und Zauberers, der schließlich Geoffrey zum Durchbruch verhalf. Historisches ist bei Myrrdin/Merlin allerdings kaum greifbar. Mag sein, dass sich um eine tatsächliche Schlacht des 6. Jahrhunderts die Erzählungen und Dichtungen der Barden rankten. In ihnen vermischten sich alte Relikte mit der Gestalt des Naturmenschen und späteren Magiers. Darum war die Kunstfigur Merlin selbst beileibe kein echter Druide – obwohl sie doch uralte Motive aufgenommen haben kann: Das Außer-sich-Sein des Wahnsinns, das Wissen um die Natur mit ihren Pflanzen und Tieren, die Fähigkeit des Gestaltwandels, das zweite Gesicht des Sehers verweisen bei beiden Merlingestalten auf keltische Quellen.

Merlin und die keltischen Druiden

Insofern lohnt ein Blick auf das dort überlieferte Druidenbild: In der mutmaßlichen Lebenszeit Myrddins kannte man Druiden in Irland, wie die Vita des heiligen Patrick aus dem 7. Jahrhundert mit fantasievoller Ausgestaltung bezeugt. Demnach bekam es zwei Jahrhunderte zuvor der Missionar mit den einheimischen Zauberern zu tun, mit denen er sich im regelrechten Wettstreit magischer Kräfte zu messen hatte. Diese Erzählung versinnbildlicht die historische Situation; denn mit dem Auftreten der ersten christlichen Glaubensboten verloren die Druiden zunehmend an Bedeutung. Ursprünglich kannte man in Irland, wie andernorts erwähnt, mehrere Gruppen von Gelehrten, die den Herrscher unterstützten sowie die Gesetze und die mythischen wie historischen Stammesüberlieferungen bewahrten. Den Druiden (irisch druí) kam die Aufgabe zu, an der Seite des Königs das Land zu beschützen, ihm etwa mit magischen Kräften zu helfen, Weissagungen mit Ratschlägen zu verbinden und in der Schlacht die Feinde mit Sinnestäuschungen zu verwirren. Insofern zeigt das literarische Bild des Zauberers Merlin durchaus Ähnlichkeiten mit der historisch bezeugten Stellung der inselkeltischen Druiden, insbesondere in Irland.

Unter den Kelten des Festlandes galt die Priesterkaste der »sehr Weisen« oder »Eichenweisen« – so die mutmaßliche Bedeutung des Wortes »Druiden« – als typisch für ihre Religion und Kultur. Unter den griechischen und römischen Geschichtsschreibern liefert Caesar als erster ausführliche Informationen über sie. Danach oblagen den Druiden Kult und Opfer, aber auch die Pflege des Rechts. Zu einer bestimmten Zeit des Jahres tagten die gallischen Druiden an einem geweihten Ort im Gebiet der Carnuten, das man für das Zentrum des ganzen Landes hielt. Von allen Seiten kamen dort jene zusammen, die einen Streitfall auszutragen hatten, und unterwarfen sich den Entscheidungen und Urteilen der Druiden. Deren Lehre soll laut Caesar aus Britannien stammen und nach Gallien herübergebracht worden sein. Daher gingen Lernbegierige meist nach Britannien, um sie dort zu studieren – was manchmal bis zu 20 Jahre dauerte. Schriftliche Aufzeichnungen waren verboten, alles musste auswendig gelernt werden (*De Bello Gallico*, 6. Buch, 13 f.).

Demzufolge verfügten die Druiden über außerordentliche Macht. Ihr Wissen umfasste alle Kenntnisse ihrer Welt, deren Grundlagen sie bewahrten: Sie kannten die zahlreichen Götter und wussten, wie ihnen zu opfern sei und wie man sich ihnen zu nähern habe. Sie lehrten von den Grundlagen des Kosmos, seinem Werden und Vergehen, den Bewegungen der Gestirne und den Wirkungen von Pflanzen. Als Kenner der Naturkräfte wussten sie von den Krankheiten der Menschen und wie man sie heilte. Ebenso führten sie in die Geheimnisse der menschlichen Seele ein und in das, was sie nach dem Tod erwartete, wobei sie angeblich der Lehre von einer Seelenwanderung und Wiedergeburt anhingen. Außerdem erzählten sie die Mythen und Heldensagen ihres Stammes. Darüber hinaus waren einem

Druiden auch nicht die praktischen Hilfsmittel der Magie fremd, sodass er sich und anderen mit den passenden Zaubersprüchen zu helfen wusste. Das Schriftverbot sicherte die Exklusivität von Geheimwissen für Eingeweihte, dessen strenge Hüter die Druiden waren. Die Gründe dafür sind ungewiss: Vielleicht verbaten sich die Götter eine feste Fixierung ihrer Mythen. Ihre Niederschrift war tabu, damit das Heilige nicht seine ihm innewohnende Kraft verlor. Darum behielt auch die Sprache ihre magische Kraft und wurde zum alleinigen Medium der Mythen und des Wissens über Kosmos und Welt.

Das populärste Druidenbild überlieferte im 1. Jahrhundert n. Chr. der römische Gelehrte Plinius der Ältere († 79 n. Chr.). Nach seinen Worten halten sie »nichts für heiliger als die Mistel und den Baum, auf dem sie wächst, wenn es eine Steineiche ist. Schon um ihrer selbst willen wählen sie Steineichenhaine und sie verrichten keinen Kult ohne deren Laub […] Denn alles, was daraus hervorwächst, halten sie für vom Himmel gesandt und für ein Zeichen, dass der Baum vom Gott selbst erwählt sei. Die Mistel ist jedoch ziemlich selten zu finden, und wenn sie gefunden wird, so wird sie mit großer Feierlichkeit geerntet, insbesondere am sechsten Tag des Mondes – womit bei ihnen die Monate und Jahre beginnen – und nach dem dreißigsten Jahr eines Zeitabschnitts, weil sie dann Kräfte im Überfluss hat und nicht nur die Hälfte. Sie nennen sie in ihrer Sprache Allheilmittel. Nach dem Ritus bereiten sie unter dem Baum ein Opfer und Opfermahl vor und führen zwei weiße Stiere herbei, deren Hörner bei dieser Gelegenheit das erste Mal bekränzt werden. In weißem Kultgewand besteigt der Priester den Baum und schneidet die Mistel mit einer goldenen Sichel ab. Man fängt sie in einem weißen Wolltuch auf. Endlich schlachten sie die Opfertiere, wobei sie beten, dass der Gott seine Gabe jenen, denen sie zu Teil wird, zum Glück ausschlagen lasse. Sie glauben, dass durch Mistelabsud jegliches unfruchtbare Tier fruchtbar werde und dass er ein Gegengift gegen alle Gifte sei« (*Historia Naturalis*, »Naturgeschichte«, Buch 16, 249 ff.).

Die frühgeschichtlichen Priester der Kelten haben nur wenige archäologische Spuren hinterlassen – aber ein Fund auf der

Insel Anglesey vor der Küste von Wales verweist doch immerhin auf die inselkeltische Überlieferung: Dort gilt eine reiche Opferstätte an einem See als Zeugnis druidischer Opfer, zu denen Schwerter, Speere, Schilde und ganze Streitwagen gehörten. Die Insel war unter dem antiken Namen Mona ein berühmtes Druidenzentrum der Britischen Inseln, das Roms Legionäre bekanntlich 60 n. Chr. eroberten und zerstörten (vgl. Kap. 6). Aber wie geschildert existierte das Druidentum im niemals von Rom eroberten Irland noch ein halbes Jahrtausend länger, bis ihm die christlichen Missionare ein offenbar friedliches Ende bereiteten. Auch die Druiden des Festlandes scheinen noch länger gewirkt zu haben; obwohl sie ihren großen Einfluss verloren, überlebten sie als Weise und Gelehrte. Jedenfalls bezeugen spätere Überlieferungen das Fortleben alten keltischen Wissens – so verfasste der Gelehrte Marcellus aus Bordeaux um 400 ein Medizinbuch mit Zaubersprüchen, die er zum Teil in gallischer Sprache niederschrieb. 200 Jahre früher entstand der rätselhafte Kalender von Coligny, der in 150 Fragmenten einer Bronzetafel erhalten blieb. Darauf berechnete man für fünf Sonnenjahre den jeweiligen Jahresverlauf nach dem Mondkalender. Wahrscheinlich befand sich die Tafel ursprünglich in einem Heiligtum und diente kultischen Zwecken. Denn trotz des kaiserlichen Verbots der Priesterkaste und ihres Verschwindens aus den schriftlichen Quellen seit der Mitte des 1. Jahrhunderts n. Chr. finden sich erheblich später wieder einzelne Spuren: Pomponius Mela (1. Jahrhundert n. Chr.) preist sie noch in seiner Weltbeschreibung *De Chorographia* als Meister des Wissens, die den Adligen über 20 Jahre in Höhlen oder abgelegenen Wäldern viele Dinge beigebracht hätten. Aber auch jüngere Inschriften erwähnen gallische Priester, hinter denen sich vielleicht die Erben der Druiden verbergen, die sich nun überwiegend der Lehre und Wahrsagekunst widmeten. Im 4. Jahrhundert bekannten sich angesehene Gelehrte aus Bordeaux ganz offen zu ihren druidischen Vorfahren. Bis in die Epoche des *Dark Age* wirkten demnach noch alte Traditionen, die letztlich mit den inselkeltischen Überlieferungen das populäre Druidenbild begründeten.

Was uns das alles über Merlin sagt, ist Folgendes: Geoffrey von Monmouth griff zweifelsohne auf inselkeltische kymrische Überlieferungen seiner Heimat Wales zurück, die uns genauer nicht bekannt sind. Auch christliche Einflüsse wie die des anachoretischen Eremiten in der Wildnis mag in sein Bild des Merlinus eingeflossen sein. Gleichwohl zeigen sich sowohl bei ihm als auch in der gesamten inselkeltischen Überlieferung um Myrddin und Lailoken bis hin zu den irischen Verhältnissen mehr oder weniger Hinweise, die auf so etwas wie einen druidischen Urgrund verweisen. Was heißen soll, dass weder Myrddin noch Merlinus Druiden waren, aber dass die Erzählungen von ihnen Relikte des Druidentums enthalten. Die Verbindung mit König Artus hat jedenfalls als Erfindung Geoffreys um 1130 zu gelten. Dass ein historischer *dux bellorum* names Artus irgendwann um 500 einen druidischen Ratgeber hatte, erweist sich in Literatur und Film als attraktive Fiktion. Der Wirklichkeit dürfte sie jedoch nicht entsprochen haben. Artus und Merlin bleiben in ihren Ursprüngen zwei getrennte Gestalten, rätselhaft alle beide, die erst im Mittelalter wirkungsmächtig zusammengefügt wurden.

Avalon und die Anderwelt

Ein weiteres Mal sorgten Thomas Malory und William Paxton in ihrem Artusbuch für die anhaltende Berühmtheit eines Motivs: die Insel Avalon, auf die der todwunde König gebracht wird. Bekanntlich sind es klagende Frauen in schwarzen Kapuzen, darunter drei Königinnen, die Artus aufnehmen und mit ihrer Barke entschwinden. Geoffrey von Monmouth führt das sagenumwobende Eiland unter der lateinischen Bezeichnung *Insula Avallonis* ein. Bereits für ihn ist Avalon der Entrückungsort von Artus, zugleich stammen von dort aber auch das Schwert Caliburn (Excalibur) sowie die Lanze Ron. Wer immer in seiner Vorstellung die Insel bewohnte, gute Schmiede müssen darunter gewesen sein. Vor allem die erste Vorstellung hat sich in der mittelalterlichen Artusliteratur durchgesetzt, auch wenn die Bedeutung Avalons mal stärker, mal weniger exponiert ist. Während man in der *Historia Regum Britanniae* nicht allzu viel darüber erfährt, widmet sich die *Vita Merlini* der Insel ausführlicher. Dort nennt sie Geoffrey *insula pomorum* (»Insel der Äpfel«), auf der geradezu paradiesische Zustände herrschen, die ein langes Leben bewirken. Dafür sorgen neun Schwestern, die sowohl zauber- wie heilkundig sind und als deren Herrin Morgan (Morgane) gilt. Hier wird auch deutlich gesagt, dass Artus nur auf der Insel überleben kann. Die Bezeichnung Avalons als »Apfelinsel« findet eine Entsprechung in der mittelkymrischen Formulierung Ynis Afallach, was auf deren keltische Herkunft verweisen mag. Ebenso kommen antike Vorbilder ins Spiel, wie sie etwa die griechische Mythologie mit den elysischen Gefilden liefert, wobei Elysion auch als Insel ewiger Glückseligkeit bekannt ist. Einen handgreiflicheren Bezug bietet die Vorstellung vom Apfelgarten der Hesperiden, der sich irgendwo weit im Westen finden soll und ursprünglich wohl zur Jenseitswelt der Griechen gehörte. Dort hüten die Atlastöchter jene goldenen Äpfel, die einstmals die Erdgöttin Gaia dem obersten Götterpaar Zeus und Hera als Hochzeitsgeschenk gemacht hat. Erde und Äpfel verdeutlichen das Prinzip der Fruchtbarkeit, das in diesem Motiv nicht nur mythologisch, sondern auch symbolisch verdeutlicht wird. Mythische Erklärungen dieser Art finden sich zweifelsohne weltweit in vielen Kulturen – die antike Mythologie der Griechen und Römer war mittelalterlichen Gelehrten soweit vertraut, dass Geoffrey aus ihr hätte schöpfen können.

Andererseits erweisen sich einmal mehr inselkeltische Vorlagen als äußerst fruchtbar, sodass deren Einflüsse gar nicht von der Hand zu weisen sind. Von dort haben wir bereits das Konzept der Anderwelt (englisch *otherworld*, vgl. Kap. 5) kennengelernt, die in Irland als Síde, in Wales als Annwfn bekannt war. Beide Anderwelten glichen der Menschenwelt. Aber obwohl das Volk schöner, reicher und langlebiger war, herrschten auch dort Streit und Fehden. Die Normalsterblichen sollten den Kontakt zum schönen Volk meiden, brachte er doch nach anfänglichem Ergötzen nur Leid und Tod über die Menschen. Trotzdem oder gerade deshalb schätzten Iren wie Waliser in ihren Erzählungen Reisen und sogar Raubzüge in jene Anderwelten (vgl. Kap. 5). Bei Ersteren war diese Vorstellung so beliebt, dass sich Anderweltreisen als eigene dichterische Gattung der *echtrae* und *immram* etablierten.

Als älteste und berühmteste Dichtung dieser Art gilt »Brans Seefahrt« *(Immram Brain)*, die im frühen 8. Jahrhundert entstand: Deren Held Bran mac Febail war eines Tages nahe seiner Burg allein unterwegs, als er Musik hinter sich hörte. So oft er sich jedoch auch umblickte, stets erklangen die süßen Töne hinter seinem Rücken. Darüber schlief er schließlich ein. Als er nach einiger Zeit erwachte, sah er einen silbernen Zweig mit weißen Blüten neben sich. Den trug er in den Palast, dessen Königshalle voll von Gästen war. Unter ihnen stand auf einmal eine fremde Frau in seltsamem Gewand, von der niemand wusste, wie sie hereingekommen war. Sie sang ein langes Lied über die Anderwelt: Der silberne Ast sei von deren Apfelbaum auf einer fernen Insel. Dort herrschten weder Schmerz noch Kummer, gäbe es keine Krankheit und keinen Tod. Nur Bran könne dorthin gelangen und vielleicht sogar das Land der Frauen finden. Nach diesen Worten verschwand die Elfin samt dem wunderbaren Apfelzweig.

Schon am nächsten Morgen stach Bran mit seinen Männern in See. Nach zwei Tagen erblickten sie einen Mann, der mit einem Streitwagen über das Meer fuhr. Bran gab er sich in einem Gesang als Manannán mac Lir zu erkennen, als Herrscher eines Meerreiches, denn hier sei Mag Meld, die Gefilde der Glückseligkeit, voller Blumen und umgeben von unzähligen Pferden, die für Bran unsichtbar seien. Nach dem Zusammentreffen sah Bran bald eine Insel vor sich, voll von Menschen. Als sie das fremde Schiff erblickten, brachen sie in schallendes Gelächter aus und antworteten nicht auf Brans Fragen. Genauso verhielt es sich mit einem der Iren, den man auf dieser Insel der Fröhlichkeit zurücklassen musste. Dann traf Bran auf ein Land, wo ihn die Fürstin der Frauen begrüßte. Sie lud ihn ein, er möge doch zu ihr kommen. Als er noch zögerte, warf sie ihm ein Bindfadenknäuel zu und zog damit das ganze Boot an den

Strand. Sie führte die Männer in ihren Palast, in dem für alle Liebesbetten bereitstanden. Die Speisen wurden niemals weniger, und die Seefahrer wähnten sich dort ein Jahr; aber in Wirklichkeit waren in der Menschenwelt viele Jahre vergangen. Als die Männer Heimweh packte, warnte sie die Fürstin, niemals mehr die Erde Irlands zu betreten. An dessen Küste angelangt, hielt es einen Begleiter Brans nicht länger an Bord. Doch an Land zerfiel er sofort zu einem Haufen Staub. Da erkannte Bran, dass er in Irland dem schnellen Tode geweiht wäre. Er erzählte den Versammelten seine Geschichte und stach in See, ohne jemals wieder gesehen zu werden.

Soweit die Erzählung von der geheimnisvollen Apfelinsel der irischen Mythologie, die zweifellos zur Anderwelt gehört, in der völlig andere Lebenszeiten herrschen. Neben der evidenten Analogie mit Avalon hat man noch eine Ähnlichkeit mit der Artusfigur ins Spiel gebracht: Jener Meeresgott Manannán, dem Bran auf seiner Reise begegnet, ist nämlich auf dem Weg nach Irland, wo er mit einer Königsgattin einen Sohn zeugen will. Dieser werde von einem anderen Mann als eigenes Kind angenommen. Als mächtiger König werde er herrschen, mit den Wesen der Anderwelt vertraut, die ihn schließlich nach seinem Tod in der Schlacht zu sich holen (Egeler 2019, 17). Sein Name Mongán ist für einen historischen irischen Herrscher des 7. Jahrhunderts bezeugt. Die Parallelen seiner Biografie mit der von Artus sind offensichtlich, ohne dass man zu viele gemeinsame Details erwarten sollte. Fragen nach gegenseitigen Einflüssen scheinen uns hier müßig zu sein. Anders hingegen die Erkenntnis vom Typus eines mythischen Heldenkönigs, der unter den miteinander vernetzten Inselkelten verbreitet war. Dies müsste bei der Suche nach dem »wahren Artus« berücksichtigt werden (vgl. Kap. 10).

Was ist aber nun von der weitverbreiteten und populären Gleichsetzung Avalons mit dem südwestenglischen Glastonbury zu halten, das gemeinhin als Brennpunkt der Artusüberlieferung gilt (vgl. Kap. 8)? Dafür zeichnet der Historiograf William von Malmesbury († um 1143) verantwortlich, der in seinen Schriften über die Geschichte der englischen Könige

(Gesta Regum Anglorum) und der Abtei Glastonbury *(De antiquitate ecclesiae Glastoniensis)* diesen Ortsnamen mit dem kymrischen Ynisgutrin, lateinisch *insula vitrea,* »Glasinsel« und Avalon gleichsetzt. Dabei wandte er die Regeln einer letztlich vorwissenschaftlichen mittelalterlichen Etymologie an. Der einige Jahrzehnte später erfolgte vermeintliche Fund von Artus' Grab bestätigte die Verbindung Glastonburys mit der Artuswelt. Dem setzte schließlich die Beziehung zum Gral die Krone auf (vgl. unten). Wissenschaftlich lässt sich diese Rolle Glastonburys erst für das 12. Jahrhundert nachweisen, und der Rest ist, wie so vieles bei Artus und den mit ihm verbundenen Motiven, Glaubenssache.

Was ist der Gral? Das größte Rätsel der Artuswelt

Zu den Requisiten der Artuswelt gehört der sogenannte Gral. Bei Geoffrey von Monmouth kommt er allerdings noch nicht vor. Wenn wir erneut den Bogen vom Anfang der mittelalterlichen Artusliteratur zu ihrem Ende spannen, nämlich zu Sir Thomas Malory, nimmt der Gral bei diesem einen festen Platz ein: Der erste Ritter Lanzelot erblickt etwa eine Dame mit einem goldenen Gefäß in den Händen, das der Heilige Gral geheißen wird, dessen Geheimnis aber Lanzelot nicht zu lösen vermag. Später legt man den verwirrten Ritter in ein Gemach neben den Gral, worauf er gesundet und vom Wahnsinn befreit ist. Wie wir in *Le Morte Darthur* erfahren, erweist sich Galahad als der Erwählte, der von den Geschichten um Joseph von Arimathia sowie den Heiligen Gral erfährt und der dem Gralskönig die rechte Hilfe leistet. Nach seinem Tod soll den Gral kein Mensch mehr erblickt haben (vgl. Kap. 2). Dabei ist es bis heute geblieben, wenn wir literarischer Imagination und vermeintlicher Realität vertrauen. In beiden Sphären wurde der Gral zum Symbol des Geheimnisvollen und Mystischen, über das man sich seit dem 12. Jahrhundert unterschiedliche Vorstellungen machte, etwa als Schale, Kelch oder Edelstein. Das Wort ist wahrscheinlich mittellateinischer Herkunft (cratalis oder gradalis) und leitet sich vom älteren griechisch-lateinischen crater (»Mischgefäß«) her. In den für die Überlieferung überaus wichtigen französischen Texten des Mittelalters findet es sich als graal und greal (altfranzösisch) oder grazal (provenzalisch). Insofern dürfte es ursprünglich nicht mehr als ein schlichtes Gefäß bezeichnet haben. Als Heiliger Gral wurde daraus der Abendmahlskelch Christi und damit ein christliches Symbol (vgl. unten). Bis heute gilt der geheimnisumwitterte Gegenstand als Symbol des Heils, der Erlösung und des dies- wie jenseitigen Glücks. Seit 800 Jahren bewegt die Suche nach dem Gral die Gemüter. Denn nie wollte man sich damit abfinden, in ihm lediglich ein literarisches Motiv zu sehen. Deshalb vermutete man ihn in verborgenen Gewölben, verwitterten Burgruinen oder einsamen Kapellen. Die Zahl der Gegenstände, die mit dem Gral identifiziert wurden, ist Legion; dazu zählen ein Kelch im spanischen Valencia, ein Holzgefäß in Nordwales und eine Bronzeschale in Glastonbury, wohin der Gral nach der literarischen Überlieferung aus dem Heiligen Land gebracht wurde.

Die Gralssuche begann mit dem französischen Dichter Chrétien von Troyes (vgl. Kap. 4) und seinem letzten Werk, das den bezeichnenden Titel »Die Geschichte des Gral« *(Perceval* oder *Conte del Graal)* trug und um 1190 geschrieben wurde, das allerdings bloß als Fragment überliefert ist. Dessen Protagonist ist der junge Perceval (Parzival), den seine Mutter fern der höfischen Etikette und des ritterlichen Lebens aufzieht, um ihn vor dem Tod im Kampf zu bewahren. Denn nicht nur ihr Mann, sondern auch ihre Brüder verloren als Ritter ihr Leben. Als dem Jüngling jedoch eines Tages Ritter begegnen, bricht er trotz aller Klagen der Mutter zu König Artus' Hof auf. Dort wird der bäuerlich aufgewachsene und höfisch ungebildete Perceval zum Inbegriff des tumben Tors, der Ritter werden will. Doch mit seiner Beherztheit erwirkt er den Ritterschlag und begibt sich auf die Suche nach seiner Mutter. Dabei besteht er viele Abenteuer und begegnet zum ersten Mal dem Gral: Auf dem Ritt durch einen Wald gelangt er an einen reißenden Fluss, den er mit der Hilfe eines Fischers überquert. Dieser Mann setzt ihn nicht nur über, sondern lädt ihn auch in eine benachbarte Burg ein. Inmitten der Wildnis macht sich der Ritter dorthin auf den Weg und gelangt schließlich zu einer prächtigen Feste. Perceval wird in eine Halle geführt, wo ihn der hilfsbereite Fischer begrüßt – er ist der Herr und König der Burg. Der offensichtlich kranke und leidende Mann schenkt seinem Gast ein Schwert, das von außergewöhnlicher Stärke und Schärfe ist. Anschließend beobachtet Perceval eine seltsame Prozession: »Während sie über dies und das sprachen, kam aus einer Kammer ein Knappe mit einer weißen Lanze, deren Schaft er in der Mitte gepackt hielt. Zwischen dem Feuer und den im Bett Sitzenden schritt er hindurch. Alle im Saal sahen die weiße Lanze und ihre weiße Spitze, und oben aus dieser quoll ein Blutstropfen und rann dunkelrot auf die Hand des Knappen. Der Gast starrte auf dieses Wunder, doch scheute er sich, danach zu fragen, wie dies geschehen könne; er erinnerte sich nämlich an das Gebot des Edelmannes, der ihn zum Ritter geschlagen und ihn gelehrt und aufgefordert hatte, nicht vorlaut zu sein. Er fürchtete, man könnte seine Frage für unschicklich halten. Also schwieg er. Nun erschienen zwei weitere Edelknaben mit nielloverzierten Kerzenleuchtern aus reinem Gold in der Hand. Sehr schön waren die Knappen mit den Leuchtern, auf denen jeweils wenigstens zehn Kerzen brannten. Mit ihnen kam ein holdes, anmutiges Fräulein, prächtig geschmückt. In ihren beiden Händen trug sie einen Gral. Als sie mit diesem in die Halle getreten war, da verbreitete sich dort eine strahlende Helligkeit, dass die Kerzen ihren Glanz verloren, ebenso wie die Sterne oder der Mond tun, wenn sich die Sonne erhebt. Ihr folgte ein Mädchen mit einer silbernen Platte. Aus purem, lauterem Gold war der Gral, der vorauszog. Mit vielerlei Edelsteinen war er übersät; sie zählten zu den kostbarsten und wertvollsten, die Meer und Erde freigeben; zweifellos übertrafen sie alle anderen. Wie es sich auch bei der Lanze zugetragen hatte, durchquerten sie vor dem Bett die Halle und verschwanden in einem anderen Raum« (Barber 2010, 30 f.).

Perceval glaubt sich höflich zu verhalten, indem er dem König zu dem rätselvollen Geschehen keine Fragen stellt. Als er am nächsten Morgen erwacht, wirkt die Burg menschenleer. Nachdem er sie über die Zugbrücke verlassen hat, wird diese wie von Geisterhand hinter ihm hochgezogen. Später erfährt der junge Ritter, welche Fehler er begangen hat: Er hätte den sogenannten Fischerkönig nach dessen Leiden fragen und ihm sein Mitleid zeigen müssen; außerdem hätte er den Sinn des Grals erfragen müssen. Dadurch wäre der kranke Herrscher geheilt und gerettet worden, doch nun käme sogar Schaden über das Land. Trotz dieser Erklärungen bleibt die letztendliche Bedeutung des Grals im Dunklen. Gewiss ist nur, dass er mit bestimmten Fragen und Ritualen verbunden wird. Als Perceval davon erfährt, macht er sich erneut auf die Suche nach dem Zauberding, und viele Ritter der Tafelrunde folgen ihm.

Chrétiens Zeitgenosse Robert de Boron, der aus einer anglonormannischen Familie stammte, hat die Gralsgeschichte in seiner »Geschichte vom Gral« *(Estoire du Graal)* erheblich erweitert. Er verbindet nämlich das Motiv sowie den gesamten Stoff mit der Mythologie des Neuen Testaments bzw. mit dem apokryphen Nikodemusevangelium. Damit kommt in seinem dreiteiligen Versroman eine biblische Gestalt ins Spiel: Joseph von Arimathäa, nach dem mit *Joseph d'Arimathie* der einzige vollständig erhaltene Teil der Geschichte benannt ist. Dort wird der Gral zum Abendmahlsgefäß, in dem Joseph als ein Jünger Jesu das bei der Kreuzabnahme geflossene Blut auffing. Damit avanciert er zur »heiligste[n] Reliquie Jesu« (Mertens 2003, 83), die allen anderen Jesus-Reliquien weit überlegen ist; wird zu einem religiösen Kultgegenstand, dessen Verehrung aus reinem Herzen die Offenbarung des Heiligen Geistes bewirkt. Der auferstandene Jesus selbst erscheint dem eingekerkerten Joseph von Arimathäa und übergibt ihm den Gral, von dem er sich in vierzigjähriger Haft ernährt, kommt doch jeden Tag eine Taube und legt ihm Brot in das Gefäß. Nach seiner Befreiung wird Joseph von Arimathäa der erste Hüter des Grals und sammelt eine Gemeinschaft um sich. Diesen Jüngern bereitet er einen Tisch wie das letzte Abendmahl und stellt das Gefäß mit einem Tuch bedeckt darauf. Die Jünger zweifeln noch: »Und welches wird der Ruhm des Gefäßes sein, das Euch so überaus wohlgefällt? Sagt uns an, wie nennt man es, wenn man es bei seinem Namen nennt? Petrus antwortete: »Das gedenke ich nicht zu verheimlichen: Wer es recht nennen will, soll es mit Fug und Recht Gral nennen! […] Ihn zu sehen erfüllt alle mit Wonne, die in seiner Nähe leben und seine Gesellschaft genießen können, so viel Wonne haben sie dabei wie ein Fisch, den ein Mann in seiner Hand hält und der aus der Hand wieder entschlüpft und ins tiefe Wasser eintauchen kann.« Und als sie dies hörten, sagten sie: »Dieses Gefäß soll wahrhaftig der Gral genannt werden« (Barber 2010, 63). In der von Robert de Boron und seinen Nachfolgern unter anderem in einem Prosa-Artus-Gralszyklus weitergesponnenen Geschichte zeichnet die Gralsgemeinde von Anfang an eine »geheimnisumwitterte Erwähltheit« (Mertens 2003, 84) aus. Außerdem spannt sie einen Bogen, der vom Heiligen Land nach Britannien reicht und damit die Artuswelt ins Spiel bringt. Demzufolge soll es Josephs Familie nach Britannien verschlagen haben, als Hüter des Grals brachten sie die Reliquie mit in die »Täler von Avalon«. Josephs Schwager Bron wurde als dessen Nachfolger der Fischerkönig.

In diesem Artusbuch sei auf eine weitergehende Darstellung der komplizierten mittelalterlichen Überlieferung verzichtet. Nur so viel sei angemerkt: Die Translation des literarischen Grals auf die Britischen Inseln – ein materialisierter Gegenstand lässt sich selbstredend nicht nachweisen – erwies sich als entscheidender Schritt, zumal nun die Gralsgeschichte mit der Historiografie Geoffreys und dem *Roman de Brut* von Wace verknüpft wurde. Damit hat Merlin seinen Auftritt und Utherpendragon, und es folgt die Artusgeschichte, wie wir sie kennengelernt haben. Die auf diese Weise bewirkte (Pseudo-)Historizität trug zur Integration des Gralsstoffes mit bei – und zu der bis heute mancherorts gepflegten Überzeugung, der Gral sei ein reales Phänomen. Folgen wir kurz der prominenten und insbesondere in Großbritannien populären Verbindung mit Glastonbury: Die literarische Verortung in die Täler von Avalon führte dazu, seit der Gleichsetzung dieser mythischen Lokalität mit dem Ort in Südengland. Der bereits mehrmals angesprochene Fund der Artusgebeine daselbst im Jahr 1191 ist völlig zu Recht in der Forschung als »Publicity-Maßnahme des Klosters« (Egeler 2019, 50) eingestuft worden, die erfolgreich zahlreiche mittelalterliche »Artustouristen« (ebd.) anzog.

Seit damals wurde der Faden um Gral, Avalon und Artus in Glastonbury eifrig weitergesponnen. Dabei mischen sich seriöse historische und archäologische Ansätze mit spirituellen und esoterischen Beweggründen, die letztlich der subjektiven Überzeugung entspringen. Mittlerweile ist eine »Vielfalt der Assoziationen Glastonburys mit dem Gral« (Egeler 2019, 112) zu konstatieren. So benennt man eine Quelle am Fuß des Glastonbury Tor vielversprechend als Chalice Well, »Kelch-Quelle« (dazu ausführlich Egeler 2019, 110–120), in deren Schlamm sich in der Tat der Gral fand. Enttäuschend nur, dass der Name der Quelle erst seit 1885 bezeugt ist und dass der Weg dieses Grals dorthin genau nachzuzeichnen ist. Er führt aber nicht zurück ins 1. Jahrhundert n. Chr., in dem entsprechend der literarischen Darstellung Josephs Familie nach Britannien kam, sondern in die Jahre um 1900, für die das Geschehen gut bezeugt ist. Damals erwarb ein englischer Arzt in Italien eine blaue Mosaikglasschale, die er nach Jahren laut einer Vision nach Glastonbury bringen sollte. Nach weiteren visionären Eingebungen verbarg er die Schale im Schlamm der besagten Quelle, wo sie geborgen wurde und eine regelrechte Karriere machte: Sie gelangte in den Besitz des einflussreichen, der Krone nahestehenden Erzdiakons von Westminster, wo sie sogar Mark Twain auf einer Englandvisite besichtigt hat (vgl. Kap. 3 zu Twains Affinität zum Artusstoff).

Das Gralsmotiv hat auch unabhängig von Glastonbury immer wieder eine Mischung von Facts und Fiction provoziert. Ein jüngeres prägnantes Beispiel dafür bietet das 1982 erschienene Sachbuch *The Holy Blood and the Holy Grail* der Autoren Michael Baigent, Richard Leigh sowie Henry Lincoln. Sie erzählen eine ganz abenteuerliche Geschichte des Grals, der unter anderem auch in Südwestfrankreich verortet wurde. Mit historisch fragwürdigen Methoden und Begründungen nehmen sie eine atemberaubende Neuinterpretation vor. Ihr zufolge wurde der Name Sangreal, »Heiliger Gral« (San-greal), bisher falsch gelesen, er bedeute hingegen sang real, »königliches Blut«, und bezeichne nichts weniger als die Blutlinie Jesu Christi. Der Gral sei folglich kein materieller Gegenstand, sondern eine Dynastie, die ihren Anfang bei Jesus und Maria Magdalena nahm und über die fränkischen Merowinger sich bis heute nachverfolgen lässt. Was diese Behauptung für die abendländische Geschichte und das Verständnis der katholischen Kirche bedeuten würde, muss nicht sonderlich herausgestellt werden. Aus wissenschaftlicher Perspektive entpuppt sich die zugrunde liegende Publikation als einem Genre zugehörig, in dem sich auch Erich von Dänikens Prä-Astronautik über außerirdische Erdbesuche wiederfindet. Aber wie groß der Einfluss solcher Faction (also der erwähnten Verbindungen von historischen Fakten und Fiction) ist, bewies der Amerikaner Dan Brown mit seinem Thriller *The Da Vinci Code* (2003, dt. *Sakrileg* 2004), in dem er die Theorie von der Blutlinie Jesu adaptierte und in eine »schwungvolle Schnitzeljagd« (Egeler 2019, 105) durch Paris und London integrierte. Die Verfilmung des Weltbestsellers 2006 verbreitete Roman und Theorie weiter und verwischte im breiten Publikum und in den Medien nur zu oft die Grenzen zwischen historischer Realität und Fiction.

Für die Deutung des Grals tut sich jenseits der christlichen noch eine weitere Sicht auf, die deren Einfluss nicht negiert, aber doch zu anderen Ursprüngen führt. Konstatieren wir, dass Chrétiens Nachfolger das Gralsmotiv aufnahmen und ausschmückten, worunter insbesondere die mittelhochdeutsche Parzivaldichtung des Wolfram von Eschenbach um 1210 zu erwähnen ist. Seine reiche Symbolik und Bildersprache konnte ebenso wenig wie die anderer Dichter vollständig entschlüsselt werden. Zweifelsohne wird sie von christlichen Vorstellungen bestimmt, wonach der leidende König Christus ist, während die Lanze an jene Waffe erinnert, mit der er am Kreuz verwundet wurde. Aber andererseits zeigt das Geschehen um die Gralsburg große Ähnlichkeit mit keltischen Erzählungen und Vorstellungen. Dementsprechend wirkt Parzivals Ritt zur Burg wie eine Reise in die Anderwelt. Eben deshalb führt auch für den Gral eine Spur zu den Kelten und Inselkelten. Die Iren erzählten sich etwa eine Geschichte von der »Weissagung des Phantoms« (*Baile in Scáil*, 11. Jahrhundert). Darin tritt der König Conn Cétchathach in seiner Residenz Tara auf den magischen Stein Fál, der daraufhin laut aufschreit. Die Berater des Herrschers deuten die Schreie als Prophezeiung der Nachfolger Conns. Dann tut sich plötzlich ein Zaubernebel auf, und die Männer finden sich in einer Ebene mit einem goldenen Baum. Ein geheimnisvoller Reiter führt sie in sein Haus, wo auf einem Kristallthron eine junge Frau sitzt, die die Herrschaft über Irland personifiziert. Der Gastgeber entpuppt sich als Angehöriger eines alten Göttergeschlechts und spricht Weissagungen über die zukünftigen Könige Irlands. Nachdem die Frau Conn in einem goldenen Kelch Bier ausgeschenkt hat, ist plötzlich alles verschwunden, und der König findet sich mit seinem Gefolge wieder in seinem Hof in Tara.

Diese Geschichte entrückt den Herrscher in eine Anderwelt, wo ihm und seiner Familie nach einem bestimmten Ritual die rechtmäßige Herrschaft zugesichert wird – dabei kommt einem Kelch offenbar eine besondere Bedeutung zu. Wahrscheinlich sehr alte Mythen dieser Art blieben in irischen und walisischen Erzählungen erhalten. In ihnen ging es nicht um christliche Erlösung, sondern um den Aspekt der Macht. Dabei sind ebenso diverse Gefäße von Bedeutung. Bereits Jahrhunderte vor der Zeitenwende gaben die Festlandkelten ihren Fürsten große und prächtige Kessel mit ins Grab, die mit Met gefüllt waren (z. B. im Grabhügel des Fürsten von Hochdorf). Kessel galten seit damals zudem als Opfergefäße, in die sogar Menschblut geflossen sein soll. Das berühmteste Exemplar ist der sogenannte Kessel von Gundestrup, dessen Silberplatten neben Gottheiten auch religiöse Rituale zeigen. Gemäß archäologischer Funde und literarischer Überlieferungen aus Irland und Wales genossen solche Kessel auch unter den späteren Inselkelten eine große Bedeutung. Denn sie galten als Spender von Nahrungsfülle und Reichtum sowie von Weisheit und poetischer Inspiration. Außerdem verband man mit ihnen mutmaßlich den Glauben an eine Wiedergeburt. Darum schrieb man ihre Herkunft der anderen Welt zu, was den keltischen Artus dazu veranlasste, dorthin einen Kriegszug zu unternehmen und einen derartigen Zauberkessel zu rauben (vgl. Kap. 5). Mythen, Erzählungen und religiöse Vorstellungen der Kelten scheinen in das mittelalterliche Gralsmotiv eingeflossen zu sein, womöglich bilden sie sogar seine Grundlage. Sie erklären in der Verbindung mit christlichen Inhalten die alles umfassende, rätselhafte Macht dieses Gefäßes, das zugleich fundamentale menschliche Sehnsüchte anspricht. Auf alte keltische Traditionen und Bräuche verweist eine Änderung, die die Geschichte von Parzival in einer walisischen Erzählung erfuhr. Auch in ihr beobachtet der Held eine Prozession; doch statt des Grals bringen zwei Mädchen eine Schüssel, in der ein Kopf in seinem Blut schwimmt.

Schwerter, Lanzen und Tafelrunden

Anders als der Gral erweist sich die berühmte Tafelrunde als wenig geheimnisvoll. Auch sie gehört nicht zu den von Geoffrey von Monmouth erwähnten Artusobjekten, sondern wird erst etwas später von Wace im *Roman der Brut* eingeführt. Bei ihm hat der runde Tisch (table ronde) einen recht banalen Grund, seine Form sollte nämlich eine gewisse Egalität der an ihm Sitzenden gewährleisten und einen Streit über die Rangordnung verhindern. Allein König Artus stand ihm vor, wobei er erst später zur Tischrunde gezählt wird. Die Artusliteratur nennt schwankende Zahlen der dazugehörigen Artusritter: Anfangs sind es dreizehn (einschließlich des »gefährlichen Sitzes«), die bis heute erhaltene Winchester-Tafel (vgl. unten) bietet Platz für 25 Ritter, einschließlich Artus, die höchste genannte Zahl umfasst sage und schreibe 1600 Ritter, wofür verständlicherweise eine Sonderanfertigung notwendig war. In der Gralsgeschichte um Joseph von Arimathäa stellt der Abendmahlstisch seiner Jünger eine Präfiguration der Tafelrunde dar. Der später sogenannte gefährliche Sitz ist demzufolge ursprünglich der Platz des Judas. Der Sinn des runden Tisches und seine Verknüpfung mit dem neutestamentarischen Konzept sind insofern evident – die Tafelrunde hat ihre Symbolik, ohne dass sie jemals als ein Mysterium wie der Gral angesehen wurde. Im südenglischen Winchester, das Thomas Malory mit Camelot identifizierte, ist ein berühmtes Exemplar eines runden Tisches erhalten geblieben. Es findet sich mit einem Durchmesser von mehr als fünf Metern und einem Gewicht von 1200 Kilogramm an der Wand der Great Hall von Winchester Castle. Der mächtige Tisch soll seit dem 15. Jahrhundert dort hängen, er wurde vielleicht bereits um 1270 unter König Edward I. (reg. 1272–1307) angefertigt. Von etwa 1520 stammt seine Dekoration, die unter anderem die Artusritter zeigt. Die Winchester-Tafel ist folglich ein Produkt der eifrigen Artusstoff-Rezeption im Mittelalter, in dem es wohl etliche solcher runden Tische gab. Sie nahmen sich das literarische Camelot zum Vorbild, haben aber mit einem vermeintlich historischen Artus nichts zu tun.

Die in verschiedenen Gralsszenen gezeigte Lanze (Gralslanze) erweist sich als Waffe mit biblisch-christlichem Hintergrund und entsprechender Symbolik. Die Blutstropfen an ihrer Spitze verweisen auf das Blut Christi und die Longinusepisode des Nikodemusevangeliums: Der blinde Legionär Longinus sticht dem gekreuzigten Jesus mit seiner Lanze in die Seite, dessen Blut rinnt über seine Hände. Dadurch erfährt der Römer eine Heilung von seiner Blindheit, er erkennt Jesu und seine persönliche Untat, die er zutiefst bereut. Die sogenannte Longinuslanze gehörte im Mittelalter zu den beliebtesten Reliquien Jesu. Von ihr sind mehrere Ausführungen bezeugt, so ein Exemplar, das während des ersten Kreuzzuges (1096–1099) in Antiochien aufgefunden worden sein soll und angeblich zu einem wunderbaren Sieg der Kreuzritter über die Muslime führte. Zur gleichen Zeit scheint man auch in Konstantinopel in der damaligen Kirche der Hagia Sophia ein Exemplar der verehrungswürdigen Reliquie gezeigt zu haben.

Anders als diese Lanze, die ihre eigentliche Bedeutung in der Gralsszene gewinnt, gehört das Schwert Excalibur grundlegend zum Artusstoff. Bereits Geoffrey von Monmouth erwähnt es als Caliburn (lat. Caliburnus), das in Avalon geschmiedet worden sein soll. Daraus wird dann bei Robert von Boron das Schwert aus dem Stein, das bis heute einen mythenhaften Charakter gewonnen und bewahrt hat. Im Lauf der Überlieferung überschneiden sich verschiedene Erzählungen dazu: Teils ist es die Gabe der Dame vom See, teils fertigt Morgane eine Kopie an, um Artus zu täuschen (vgl. in Kap. 2 die Ausgestaltung durch Thomas Malory). Am Ende von Artus wird es jedenfalls mit einem Wurf ins Wasser dieser Feenwelt zurückgegeben. Anders als derartig mythenhafte und symbolisch aufgeladenen Szenen kommt die Namensbedeutung profan daher. Die mittelalterlichen Zeugnisse interpretieren Excalibur als »durch Eisen und Stahl und Holz schneidend«, so noch Thomas Malory mit »schneidet Stahl«. In der Tat geht man davon aus, den Namen auf lat. chalybs (»Stahl«) zurückzuführen.

Während die Gralslanze zum überwiegenden, wenn nicht ausschließlichen Teil einem christlich-biblischen Kontext zuzuschreiben ist, lässt sich Artus' Schwert eindeutig in inselkeltischen Vorstellungen verorten. In der kymrischen Erzählung *Culhwch ac Olwen* findet es sich unter dem entsprechenden Namen Caledfwlch (vgl. Kap. 5), irische Formen sind Calad-Colc oder Calad-Bolg, die dort allerdings nichts mit dem Artusstoff zu tun haben. Überhaupt genossen Schwerter unter den Kelten ein großes Ansehen, galten diese doch in frühgeschichtlicher Zeit auf dem Festland als Meister der Schmiedekunst. Eine ferne Erinnerung an diese Wertschätzung mag sich im Mythologischen Zyklus der Iren finden. Dort gehört die Waffe des Herrschers Nuada zu den Wunderdingen der Tuatha Dé Danann; denn dieses Schwert trägt stets den Sieg davon. Und ein Schwert namens Orna, das einst den vorzeitlichen dämonischen Fomóri gehörte, erzählte von seinen Taten, wenn man es aus der Scheide zog und reinigte. Überhaupt pflegten die irischen Wunderwaffen über ihre blutige Arbeit zu sprechen. Sie verfügten über magische Eigenschaften, und Dämonen klangen aus ihnen. Die Krieger verehrten ihre Schwerter fast wie Götter und sprachen ihnen besondere Kräfte zu. Dieser pagane Zug ist Excalibur im christlichen Kontext abhandengekommen. Was blieb, ist offensichtlich seine Verwurzelung in der Anderwelt.

10. Der wahre Artus

Der vielgestaltige Artus

Dieses Buch endet wie so manche Monografie zum Thema mit dem Versprechen, das Rätsel um König Artus zu lösen. Aber die Leserinnen und Leser mögen gewarnt sein: Des Rätsels Lösung wird sich als keine historische Person entpuppen, die zweifellos und mit scharfen Konturen dokumentiert vorliegt. Der Verfasser legt keine elaborierte Theorie vor, die einen leibhaftigen Artus zum Ergebnis hat. Er berichtet auch nicht von einer Vision oder intellektuellen Eingebung, wie wir sie im esoterischen Dunstkreis der modernen Gralssuche gefunden haben. Er versucht, sachlich und nüchtern zu bleiben, obwohl auch ihn die Geheimnisse der Artussage faszinieren.

Werfen wir also noch einmal einen Blick auf die Artusgestalten, wie sie uns begegnet sind: Geoffrey von Monmouth installiert ihn als quasi historischen König der Briten, womit er eine mittelalterliche Artus-Manie hervorruft – eine Begeisterung in ganz Europa, die ihren krönenden Abschluss mit Thomas Malorys *Le Morte Darthur* 1485 findet. Dieser präsentiert uns jene Geschichte, die im Großen und Ganzen bis heute und sicherlich auch zukünftig den Artusmythos ausgestaltet und zur Weitererzählung einlädt. Die Quellen des Mittelalters kennen jedoch ebenso den keltischen Artus, der mit dem vorbildlichen Herrscher und Helden nichts zu tun hat: In der Welt der Waliser und vielleicht auch der Iren scheint er der Inbegriff des kriegerischen Helden zu sein. Und das heißt für die frühmittelalterliche Gesellschaft, selbst wenn sie dem Heidentum entsagt und das Christentum angenommen hat, ein Heros mit durchaus wilden und barbarischen Zügen. Folglich tritt Artus nicht als glänzender Ritterkönig von Camelot auf, sondern wie ein Clanchef oder Warlord, der einer Kriegerschar vorsteht. Mit diesen Haudegen kämpft er in einer sagen- und mythenhaften Welt gegen Monster und Riesen, unternimmt er einen Raubzug in die Anderwelt, gibt für einen Verwandten den Brautwerber unter Riesen. Hier lassen die Geschichten der inselkeltischen Stämme grüßen und damit Vorstellungen, die von den Britischen Inseln bis nach Skandinavien die Mythen des europäischen Nordens widerspiegeln. Womöglich ist von dieser Welt jener *dux bellorum* Artus der *Historia Brittonum* und der *Annales Cambriae* trotz seiner überdeutlich christlichen Attribute gar nicht so weit entfernt. Bekanntlich reicht deren Zeugnis nicht weiter zurück als in die Jahre um 830.

Alles, was zeitlich davorliegt, basiert auf Spekulation: Die einfachste Verknüpfung des Fadens in die bezeugte Geschichte wäre, ihn mit jenem Ambrosius Aurelianus zu identifizieren, den unser ältester Zeuge Gildas nennt; Artus in seinen verschiedenen Ausformungen wäre dann ein Beiname mit der möglichen Bedeutung »Bärenfellträger«. Oder führt doch der römische Feldherr Lucius Artorius Castus mit seinen sarmatischen Kriegern auf eine richtige Spur? Man muss nicht so weit gehen, in diesen das Vorbild für die Tafelrunde zu sehen – eine ferne Erinnerung um einen bemerkenswerten Helden reichte aus. Und archäologische Erkenntnisse? Wie gern hätten wir ein greifbares Zeugnis für den rätselhaften König. Aber das Artusgrab des 12. Jahrhunderts war bekanntlich nicht echt, und die vermeintlichen königlichen Gebeine sind auf immerdar verschwunden. Der »Artognou-Stein« von Tintagel kommt Artus chronologisch sehr nahe, aber einer mutmaßlich authentischen Person bringt er uns nicht näher. Und die Gleichsetzung von Camelot und Cadbury Castle ist eine schöne Theorie, die aber leider keine Sicherheit bietet. Hier sei schließlich noch ein anderer Ansatz erwähnt, der je nach Forschungsperspektive ein überzeugenderes Szenario abgeben könnte (Higham 2013, 64): Dieser Sicht zufolge verbirgt sich hinter Artus ursprünglich eine mythologische Figur, die mit etlichen Heldentaten und mit Naturplätzen verbunden wurde. Denn den Namen kann man in der kymrischen Sprache auf *arth* (altwal. **arto-*) und *gwr (*wiros)* zurückführen, was das Kompositum »Bär-Mann« ergibt (vgl. Kap. 8). Damit mutiert unser Camelot-König zu einem »Geist der Wildnis«, der in vorchristlichen Zeiten verehrt und angerufen wurde, der womöglich sogar einen göttlichen Charakter hatte. Nach der Christianisierung könnte diese alte pagane Gestalt vermenschlicht worden sein, wie es vielerorts geschehen ist. Etwa unter den Angelsachsen und Skandinaviern unterliegen deren Gottheiten einem derartigen Euhemerismus, der die alten heidnischen Götter als menschliche Vorfahren interpretiert und etwa den höchsten germanischen Gott Wodan (Woden bei den Angelsachsen, Odin in Skandinavien) als vorzeitlichen König ansieht. Bei einem Bären-Artus muss es nicht genauso abgelaufen sein, aber eine Historisierung durch die lateinisch schreibenden christlichen Historiografen und Annalisten scheint durchaus möglich. Die Verwendung einer solchen mythologischen Figur schließt selbstredend die Einflüsse einer überlieferten historischen Gestalt nicht aus. Die Konturen des Königs gewinnen unter dieser Perspektive und Interpretation nicht an Schärfe, sie werden eher diffuser, und wir sehen im dichten britischen Sagennebel Bärengestalten und barbarische Krieger umherstreifen.

Der wahre Artus: Einige Vorschläge

Aber es geht auch anders: Manche Interpreten glauben in dem Gerüst diverser Überlieferungselemente eine Struktur zu erkennen, die sie mit einer Theorie unterlegen, mit der für sie der »wahre Artus« Gestalt annimmt. Ihm glaubt der britische Historiker Geoffrey Ashe (*1923), der als weithin bekannter und hochgeehrter Artusforscher gilt, auf die Spur gekommen zu sein. Seit Anfang der 1980er-Jahre hat er seine Sicht in diversen Artikeln und Büchern vorgelegt, unter denen insbesondere das Sachbuch *The Discovery of King Arthur* (1985, dt. König Arthur. Die Entdeckung von Avalon, 1986) bekannt wurde. Seine »Suche nach dem historischen Arthur« (Ashe 1987, 55), der sich letztendlich hinter den Legenden verbirgt, gipfelt in einer Theorie, die in der Artusforschung durchaus für Aufsehen gesorgt hat und die nicht grundsätzlich verworfen wird. Ihr zufolge steckt im Kern der dichterisch fabulierten Sagengestalt eine historische Person des 5. Jahrhunderts, die in schriftlichen Quellen bezeugt ist – allerdings nicht unter dem Artusnamen. Grundlage und Ausgangspunkt ist für Ashe die *Historia regum Britanniae* des Geoffrey von Monmouth. Hinter dessen Schilderung der Feldzüge König Artus' auf dem Kontinent glaubt er bei aller fiktionalen Gestaltung historische Tatsachen zu erkennen. Aus der Zeit um 1130 führt Ashe die Suche ins 6. Jahrhundert, in dem der Gelehrte Jordanes († nach 552), gotischer Abstammung, aber römisch gebildet, eine Geschichte des germanischen Gotenvolks verfasste *(Getica)*. Ein Teilstamm dieser weit umherziehenden Ostgermanen, die West- bzw. Visigoten, siedelte in der ersten Hälfte des 5. Jahrhunderts in Südwestfrankreich. Deren Könige herrschten als römische Foederaten in offiziellem Auftrag des Kaisers über die gesamte Bevölkerung. König Eurich (lat. Euricus, reg. 466–484) nutzte nun laut Jordanes die Schwäche des weströmischen Kaisers Anthemius (reg. 467–472) aus, um seine Position in Gallien zu stärken, wozu auch der eine oder andere Feldzug gehörte. In dieser gewissermaßen innenpolitischen Notlage soll der Kaiser die Brittonen *(Brittoni)* um militärische Hilfe gebeten haben, deren König Riotimus prompt mit 12 000 Mann »über den Ozean« gekommen und im »Staat der Biturigen« *(in beturigas civitate)* gelandet sei. Deren Gebiet findet sich in der heutigen zentralfranzösischen Landschaft Berry mit der Hauptstadt Bourges wieder. Diese sollen nach dem fränkischen Geschichtsschreiber Gregor von Tours die Brittonen besetzt haben, bis sie gegen Eurich eine schwere Niederlage erlitten und sich ins Land der Burgunden flüchteten *(ad burgundzonum gentem)*. »Dort verschwindet Riothamus aus der Geschichte« (Ashe 1987, 70) – die auch der genannte Gregor von Tours († 594) in seiner *Historia Francorum* (»Geschichte der Franken«) allerdings ohne Nennung eines Riotimus wiedergibt. Anders als die beiden Quellen aus dem 6. Jahrhundert beweist mit dem gelehrten Galloromer Sidonius Apollinaris († um 479) ein Zeitgenosse die Historizität eines Riotimus, hat er diesem doch einen erhalten gebliebenen Brief geschrieben. Dessen Name wird mittlerweile als Riothamus bezeichnet und auf ein keltisches rigatamos (»Hochkönig«) zurückgeführt.

Er führt folglich genauso zu den Inselkelten wie der Volksname der Brittonen.

In deren Bezeichnung liegt das Problem und der entscheidende Ansatzpunkt der Theorie von Geoffrey Ashe. Das Wort kann nämlich sowohl die »Briten« auf der Britischen Hauptinsel wie die in der Bretagne bezeichnen. Auf diese Bretonen hatte man die Stelle des Jordanes stets bezogen, Ashe setzt sie jedoch mit den Briten von der Insel gleich. Damit gewinnt er die historisch bezeugte Gestalt eines Königs, der, wie von Geoffrey von Monmouth geschildert, über den Kanal setzte und in gallische Kämpfe verstrickt war. Über die Identifizierung der von diesem genannten Personen wie einen Kaiser und einen Papst gewinnt der Artusforscher letztlich sogar das Jahr 470 für die Niederlage des Riothamus. Wie es sich häufig in einer Theorienbildung findet, spinnt er nun den Faden fort auf der Grundlage historischen Materials. Er folgt den Briten nach ihrer Niederlage zu den Burgunden in die Bourgogne: Dort findet sich die hübsche, mittelalterlich geprägte Stadt Avallon! Dort könnte Riothamus also »verschwunden« sein; zuvor könnte er noch gegen Sachsen gekämpft haben, die sich damals als Söldner und Piraten in den Loire-Gegenden herumtrieben. Damit hätte man das Grundgerüst der Artusfabel und: »In dem als Riothamus bezeichneten Hochkönig haben wir endlich eine dokumentarisch belegte Persönlichkeit als Ausgangspunkt der Legende« (Ashe 1987, 123). Aus den historischen Ereignissen wurde eine Heldensage, die man sich in Britannien erzählte und die walisische Dichter weiter ausmalten, und irgendwann erhielt die Figur den Namen des Artus.

Bei Geoffrey Ashe klingt das alles sehr plausibel, nachvollziehbar und spannend erzählt wird es obendrein. So könnte es in der Tat gewesen sein! Aber vieles spricht dagegen, zumal er in seiner Theorie historische Figuren, Ortsnamen und Ereignisse miteinander verknüpft, ohne dass es dafür Beweise gibt: Nichts spricht dafür, dass mitten in den *Dark Ages* ein britischer Hoch- oder Oberkönig zu einem groß angelegten Kriegszug nach Gallien in der Lage gewesen wäre. Plausibler ist hingegen, in dem in der Tat historisch bezeugten Riothamus einen Heerführer der Bretonen zu sehen, der in den komplizierten politischen und militärischen Verhältnissen Galliens um 450 mitmischte. Ashe begründet seine Theorie unter anderem mit der vermeintlichen Meerfahrt der Brittonen: Aber selbst Bretonen könnten eine Fahrt die Küste entlang unternommen haben. Und was, wenn der Historiograf Jordanes viele Jahrzehnte später und weit von Gallien und Britannien entfernt, insulare Briten und Bretonen verwechselt hat. Zumal Jordanes ohnehin große Unzuverlässigkeit unterstellt wird. Fabuliert ist zweifelsfrei die Heeresstärke von 12 000 Mann, die damals kaum jemand aufstellen konnte, zudem sind Geschichtsschreiber von der Antike bis ins Mittelalter für ihre unglaubwürdigen Zahlensuperlative berüchtigt. Und Avallon? Die römische Stadt mit dem keltischen Namen Aballo bringt erst Ashe mit dem Zug des Riothamus zusammen, in den Quellen findet sich nichts davon. Aballo und Avalon haben lediglich ihre keltische Herkunft gemein und eine Etymologie, die mit dem Wort Apfel zusammenhängt. Als Fazit bleibt der von Geoffrey Ashe gefundene oder konstruierte »wahre Arthur« Glaubenssache. Vieles spricht hingegen dafür, in Riothamus einen bretonischen Heerführer zu sehen, der sich mit einigen hundert Kriegern an den gallischen Geplänkeln und Gemetzeln beteiligte und nach dem in Wales kein Hahn krähte.

Zu einem ganz anderen Ergebnis als Geoffrey Ashe kommt die Amerikanerin Norma Lorre Goodrich (1917–2006), die als Professorin für Vergleichende Literaturwissenschaft in Kalifornien lehrte. Als Kennerin der französischen Literaturgeschichte stieß sie auf deren reiche mittelalterliche Artusdichtung. Diese weckte ihr Interesse an der Artusforschung, der sie sich geradezu enthusiastisch hingab. Sie unternahm nach eigenem Bekunden mit ihrem Mann unzählige Reisen durch viele Regionen der Britischen Inseln, um Artus auf die Spur zu kommen. Derartige Entdeckungsreisen haben übrigens oftmals als Topos zu gelten, der vorgaukelt, vor Ort wissenschaftliche Erkenntnisse gewonnen zu haben! Jedenfalls publizierte Goodrich als Ergebnis ihrer Reisen und Studien 1986 ein dickleibiges Werk über *King Arthur*, das acht Jahre später im C.H.Beck Verlag in deutscher Übersetzung erschien: »Die Ritter von Camelot. König Artus, der Gral und die Entschlüsselung einer Legende«. Auf fast 500 Seiten geht die Autorin die gesamte Artusüberlieferung durch, um zu einem äußerst konkreten Ergebnis zu gelangen. Sie verortet Artus als historische Person in der Grenzregion zwischen Schottland und England. Außerdem gewinnt sie für die ganze Artuswelt historische Identifizierungen, so steckt hinter Ginevra eine piktische Königin, und Lanzelot ist ursprünglich ein schottischer Herrscher. Avalon liegt bei Goodrich weder in der Anderwelt noch in Frankreich, sondern findet sich als Saint Patrick's Isle vor der Isle of Man inmitten der Irischen See. Hier sei darauf verzichtet, sich im Detail kritisch mit dieser Theorie auseinanderzusetzen – zumal sie eine allumfassende Geschichte ist. Die ausgewiesene Wissenschaftlerin arbeitet dafür mit wissenschaftlich durchaus unklaren Methoden. Dies hat ihr die Ignoranz der seriösen Artusforschung eingebracht, in der sich mancher fragt, ob das nicht eher »Unterhaltungsliteratur« sei und ob sich die Amerikanerin schlichtweg und vielleicht augenzwinkernd einen Witz erlaubt hätte – was bei 500 Seiten ein sehr arbeitsaufwendiger Joke gewesen wäre. Goodrich liefert jedenfalls ein schönes Beispiel dafür, was um den Artusstoff gesponnen werden kann und dass Wissenschaft und populäre Enthüllungsliteratur nah beieinanderliegen können.

Einen nüchternen Rigorismus legt hingegen der englische Historiker Guy Halsall (* 1964) zutage, den er in seiner Publikation *Worlds of Arthur. Facts & Fictions of the Dark Ages* (2013) anwendet. Im Fokus steht allerdings die frühmittelalterliche Welt Britanniens mit ihren historischen, kulturellen und sozialen Verhältnissen. Einen Artus vermag der Autor dort nicht zu finden, und dementsprechend sind für ihn sämtliche Erklärungsmodelle, die ich zum Teil in diesem Buch vorgestellt habe, »red herrings« (falsche Fährten) oder »old chestnuts« (alte Kastanien). Die Suche nach Artus sei letztlich völlig unergiebig (»*The old quest for King Arthur is fruitless.*« Halsall 2013, 307). Er schließt mit dem Diktum, die Fakten seien bemerkenswerter und damit interessanter als die Fiktion (»*Fact [...] is stranger than fiction.*«

Halsall 2013, 307). Diese Aussage ist zweifellos seiner archäologischen Forschungsperspektive geschuldet, die in der Tat mit Artus wenig anfangen kann – es sei denn, auf der Grundlage einer entsprechenden Theorie. Eine literaturwissenschaftliche Sicht nimmt Artus und seine Welt ganz anders wahr, sie hält demzufolge die Fiktion hoch, vor allem aber das gesprochene und geschriebene Wort. König Artus ist eine Gestalt des geschriebenen Wortes, da mag man über die Jahrhunderte noch so sehr nach Anzeichen und Beweisen seiner historischen Materialisierung gelechzt haben.

Des Rätsels Lösung

Des Rätsels Lösung kann nach mehr als einem Jahrtausend nur in der fiktiven Gestaltung einer womöglichen historischen Vorlage sein. Deren Kern und deren Überlieferung sind nicht mehr definitiv zu bestimmen. Die Erkenntnisse der Mythen-, Heldensagen- und Erzählforschung sprechen für einen Weg, der sich über eine Fülle von mündlichen und schriftlichen Gestaltungen erstreckte. Seinen Ausgangspunkt nahm er offensichtlich in den *Dark Ages* der britischen Geschichte. Dort ist eine historische Kernperson zu vermuten. Aber Vorsicht ist geboten, wenn etwa Geoffrey Ashe einem authentischen Artus eine bedeutende Rolle als unabdingbar zuschreibt (wenn sie unbedeutend war, »warum gab es dann die Legende?«, Ashe 1987, 98). Beispiele, die gegen solch eine historische Bedeutung sprechen, bietet die anfangs erwähnte germanische Heldensage, in der sich der bedeutende Ostgotenherrscher Theoderich der Große zur Sagengestalt Dietrich von Bern entwickelt – dabei allerdings vom triumphalen Herrscher zum umherstreifenden Flüchtling mutiert. Vom legendären Drachenkämpfer Siegfried hingegen kennen wir kein historisches Vorbild – wahrscheinlich war er nur eine Randfigur der kabalenreichen merowingischen Königsgeschichte. Entscheidend ist für die Anfangsphase der Überlieferung, was man sich erzählte, welche Dichtungen kymrische Barden an den walisischen Höfen vortrugen und wie der Faden weitergesponnen wurde. Wer das unternahm, ist kaum zu klären, und die Deutungen sind von wissenschaftlichen Ideologien abhängig: Die einen favorisieren eine Erzählgemeinschaft des Volkes, die anderen sehen vor allem professionelle Dichter am Werk.

Bereits im frühen Mittelalter dürften sich verschiedene Erzählstränge um Artus entwickelt haben, etwa um eine Heldengestalt der britischen Reiche, die sich mit mythischen Vorstellungen verband, und um eine doch mehr der historischen Überlieferung verpflichteten Figur. Aber: Ob unter Hofdichtern, gelehrten Geschichtsschreibern oder in den Sagen des Volkes – unter den inselkeltischen Briten stellte die Artusgestalt einen gewichtigen Baustein des kulturellen Gedächtnisses dar, also jener Traditionen, die von Gemeinschaften über Generationen gepflegt werden und in Texten, Bildern und vielem mehr einen Ausdruck finden (vgl. dazu Jan Assmann: Das kulturelle Gedächtnis. München 2005). Einem walisischen kulturellen Gedächtnis fühlte sich Geoffrey von Monmouth verpflichtet, der damit bekanntlich den Normannen eine Historie jenseits der besiegten Angelsachsen anbot. Der Rest der Geschichte ist bekannt. Artus erwies sich jedenfalls als Chiffre, die mit allem möglichen Material befüllt wurde, etwa mit Merlin und Avalon. Aus diesem dichten fiktionalen Gespinst trotz der Möglichkeit und Wahrscheinlichkeit historischer Motive und Gestalten einen nachvollziehbaren Erzählstrang oder gar ein authentisches Geschehen herausarbeiten zu wollen, scheint vermessen. Aber Artus und seine Welt funktionieren weiter, und dies ist doch das eigentliche Faszinosum bei aller Rätselhaftigkeit. Das Mysterium ist unabdingbar Bestandteil des Stoffes sowie der Geschichte. Zudem führt sie uns mit ihren archetypischen Elementen nicht nur in die Vergangenheit, sondern ebenso in die Zukunft. Denn auf Artus ließe sich in Variation ein Ausspruch des großen italienischen Gelehrten und Romanciers Umberto Eco (1932–2016) anwenden, demzufolge ein Roman eine Maschine zur Erzeugung von Interpretationen ist (»Nachschrift zum ›Namen der Rose‹«. München 1986, 9 f.). Ebenso ist der Sagenkönig eine Figur, die mit ihrer reichhaltigen Welt immer wieder zu künstlerischen Adaptionen und Neugestaltungen einlädt. Artus ist nach mehr als einem Jahrtausend zu einer modernen fiktionalen Figur geworden, deren Ursprünge mannigfaltig und unentwirrbar sind. Er bleibt der *famosus rex Arthurus:* »der berühmte König Arthur«.

Anhang

Zeittafel

Um 325 v. Chr.	Pytheas von Marseille bereist die Britischen Insel *(Bretanike).*
58–51 v. Chr.	Caesar erobert Gallien (Schrift *De Bello Gallico* »Über den gallischen Krieg«).
55 v. Chr.	Erste Expedition Caesars nach Britannien
54 v. Chr.	Zweite Expedition Caesars nach Britannien
43 n. Chr.	Unter Kaiser Claudius beginnt die römische Eroberung weiter Teile Britanniens.
60 n. Chr.	Römische Eroberung der Insel Anglesey (Wales) und Vernichtung des dortigen Druidenheiligtums
61 n. Chr.	Britannischer Aufstand unter Führung der Boudicca
84 n. Chr.	Der römische Statthalter Julius Agricola besiegt im schottischen Hochland ein kaledonisches Heer.
Um 110 n. Chr.	Die *Annales* (lat. »Annalen«) des Tacitus
122	Kaiser Hadrian besucht Britannien und lässt den Hadrianswall errichten.
Um 150	Ptolemäus erwähnt erstmals die Sachsen.
Um 180	Der römische Offizier Lucius Artorius Castus in Britannien
286	Erste Erwähnung sächsischer Seeräuber
287	Sonderreich des Feldherrn Carausius in Britannien und Nordgallien
360	Überfälle der Schotten und Pikten
383	Magnus Maximus lässt sich in Britannien zum römischen Kaiser ausrufen.
Um 390	Geschichtswerk der *Res gestae* (lat., »Bericht der Taten«) des Ammianus Marcellinus

Vor 400	Der römische Heermeister Stilicho kämpft in Britannien gegen die Pikten.
Um 400	Zusammenbruch des gegen sächsische Seeräuber gerichteten Küstenverteidigungssystems *Litus Saxonicum* (»sächsische Küste«)
Seit etwa 400	Britannische Gruppen wandern nach Aremorica (Bretagne) aus.
407	Erhebung römischer Truppen in Britannien, die ihren Befehlshaber zum Kaiser ausrufen.
Um 410	Abzug der römischen Legionen aus Britannien
429	Der gallische Bischof Germanus von Auxerre in Britannien
Um 435	Der heilige Patrick missioniert in Irland.
446/47	Die Bischöfe Germanus von Auxerre und Severus von Trier bereisen Britannien.
Um 450	Angeln, Sachsen und Jüten als Söldner in Britannien – womöglich auf Initiative eines britannischen Königs Vortigern. Einwanderung germanischer Stammesgruppen bis ins 6. Jahrhundert
470	Niederlage des Riothamus in Gallien (nach Ashe)
Um 500	Der britannische Heerführer Ambrosius Aurelianus besiegt die Sachsen in mehreren Schlachten, zuletzt vielleicht am Berg Badon (nach Gildas).
Um 500	Geschichtswerk *Historia nea* (griech., »Neue Geschichte«) des griechischen Historiografen Zosimos
537/539	Schlacht von Camlann, in der Artus gefallen sein soll (nach *Annales Cambriae*)
Um 540	*De excidio et conquestu Britanniae* (lat., »Über den Untergang und die Eroberung Britanniens«) des Gildas
6. Jahrhundert	Taliesin und weitere frühe britische Dichter
Um 573	Die Schlacht von Arfderydd zwischen keltischen Fürsten. Der Dichter Myrddin nimmt daran teil.

597	Beginn der Missionierung der Angelsachsen
638	Die Angeln erobern Edinburgh.
7. Jahrhundert	Mutmaßliche Entstehung des walisischen *Y Gododdin* (»Die Gododdin«)
Um 700	*Vita Columbae* (»Leben des Heiligen Columban«)
8. Jahrhundert	Irische Dichtung *Immram Brain* (»Brans Seefahrt«)
Um 730	Vollendung der *Historia ecclesiastica gentis Anglorum* (lat., »Kirchengeschichte der Angelsachsen«) des Beda Venerabilis
Um 830	*Historia Brittonum* (lat., »Geschichte der Briten«), manchmal dem Nennius zugeschrieben.
Um 900	Wahrscheinliche Entstehung der walisischen Heiligenlegende *Vita Sancti Iltudi* (lat., »Leben des hl. Illtud«)
Um 930	*Armes Prydein* (kymr., »Prophezeiung von Britannien«)
um 950	*Annales Cambriae* (lat., »Annalen von Wales«)
11. Jahrhundert	Irische Erzählung *Baile in Scáil* (»Die Weissagung des Phantoms«)
11. Jahrhundert	*Pedair Cainc y Mabinogi* (kymr., »Die vier Zweige des Mabinogi«)
Vor 1100	Walisisches Gedicht *Pa gur yv y porthaur* (»Wer ist der Torwächter?«)
Um 1100	Irische Sammelhandschrift *Lebor na hUidre* (»Buch der dunklen Kuh«)
Um 1100	*Culhwch ac Olwen* (kymr., »Culhwch und Olwen«) aus dem *Mabinogion*
Um 1100	Walisische Heiligenlegende *Vita Sancti Cadoci* (lat., »Leben des Heiligen Cadoc«)
12. Jahrhundert	Walisische Heiligenlegende *Vita Sancti Carantoci* (lat., »Leben des Heiligen Carantoc/Carannog«)
Um 1120	Walisische Heiligenlegende *Vita Paterni* (lat., »Leben des Heiligen Padarn«)
Etwa 1120–30	Walisische Heiligenlegende *Vita Gildae* (lat., »Leben des Heiligen Gildas«)

Um 1120	Artus-Episoden auf dem Relief am Nordportal der Kathedrale von Modena (Norditalien)
Etwa 1125	*Gesta Regum Anglorum* (lat., »Taten der englischen Könige«) des William von Malmesbury
1135	*Prophetiae Merlini* (lat., »Merlins Prophezeiungen«) des Geoffrey von Monmouth
Um 1136	*Historia regum Britanniae* (lat., »Geschichte der Könige Britanniens«) des Geoffrey von Monmouth
Um 1140	Artus-Streit in *De miraculis Sanctae Mariae Laudunensis* (lat., »Von den Wundern der heiligen Maria von Laon«) des Hermann von Laon
Um 1150	*Vita Merlini* (lat., »Leben des Merlin«) des Geoffrey von Monmouth
Um 1155	*Roman de Brut* (anglonormannisch, »Geschichte von den Briten«) des Wace
Um 1160	Irische Sammelhandschrift *Lebor Laignech* (»Buch von Leinster«)
Um 1165	Fußbodenmosaik der Kathedrale von Otranto (Süditalien)
1165–1180	Französische Artusromane des Chrétien de Troyes: *Erec et Enide, Cligès, Lancelot ou Li Chevalier de la charette* (»Lanzelot oder der Karrenritter«), *Yvain, le chevalier au Lion* (»Iwein, der Ritter mit dem Löwen«)
Um 1180	*Estoire du Graal* (altfrz., »Geschichte vom Gral«) des Robert von Boron
Um 1180	Der Artusroman *Erec* (mhd.) des Hartmann von Aue
Um 1180	Eilhart von Obergs Versroman *Tristrant und Isalde* (mhd.)
1180–1190	*Perceval* (altfrz., auch *Conte del Graal,* »Die Geschichte vom Gral«) des Chrétien de Troyes
Um 1190	Die Weltgeschichte *Pantheon* (lat.) des Gottfried von Viterbo
1191	Fund des Artusgrabes in Glastonbury (Südwestengland)

Um 1200	*Itinerarium Kambriae* (lat., »Reisebeschreibung durch Wales«), *Descriptio Kambriae* (lat., »Beschreibung von Wales«) des Giraldus Cambrensis
Um 1200	Der Artusroman *Iwein* (mhd.) Hartmanns von Aue
Um 1200	Versepos *Lanzelet* (mhd.) des Ulrich von Zatzikhoven
Um 1200	Layamons *Brut* (mittelengl.)
Um 1200	*Merlínusspá* (altnord., »Weissagung Merlins«)
Um 1200	*Merlin en prose* (frz.)
Nach 1200	Prosa-Artus-Gralzyklus (frz.)
Um 1210	Das Gralsepos *Parzival* (mhd.) des Wolfram von Eschenbach
Um 1210	Gottfried von Straßburgs Versepos *Tristan* (mhd.)
Um 1210	Der Versroman *Wigalois* (mhd.) des Wirnt von Grafenberg
Um 1210	Enzyklopädie *Otia imperialia* (lat., »Kaiserliche Muße«) des Gervasius von Tilbury
Um 1220	Artus-Anekdote im *Dialogus Miraculorum* (lat., »Dialog über Wunder«) des Caesarius von Heisterbach
Um 1220	Strickers Artusroman »Daniel von dem Blühenden Tal« (mhd.)
Um 1220	Niederschrift der *Breta sögur* (altnord., »Sagas von den Briten«) auf Island
Um 1230	»Prosa-Lancelot« (mhd.)
Um 1250	Norwegische *Riddarasögur* (Rittersagas): *Erex saga* (»Saga von Erec«), *Ívens saga* (»Saga von Iwein«), *Parcevals saga* (»Saga von Parceval«), *Tristrams saga ok Ísöndar* (»Saga von Tristan und Isolde«), alle altnord.
Um 1250	Walisische Sammelhandschrift *Llyfr Du Caerfyrddin* (»Schwarzes Buch von Camarthen«) mit älteren Texten
Um 1270	*Chronicle* des Robert von Gloucester (mittelengl., Reimchronik Englands)

1278	Schrein für die Gebeine von Artus und Ginevra in Glastonbury
Um 1300	*Llyfr Taliesin* (kymr., »Das Buch Taliesins«) mit älteren Texten, darunter das Gedicht *Preiddeu Annwfn* (»Die Beuten aus Annwfn«)
Um 1350	Walisische Sammelhandschrift *Llyfr Gwyn Rhydderch* (»Weißes Buch des Rhydderch«)
Um 1390	Die Verserzählung *Sir Gawein and the Green Knight* (mittelengl., »Sir Gawein und der Grüne Ritter«)
Um 1400	Walisische Sammelhandschrift *Llyfr Coch Hergest* (»Rotes Buch des Hergest«)
Um 1475	Ulrich Füetrers »Buch der Abenteuer« (deutsch) als Kompilation der Artusromane
1485	Thomas Malorys *Le Morte Darthur* (engl., »Der Tod Arthurs«), bearbeitet und gedruckt von William Caxton.

Bibliografie

Auf genauere Angaben von wissenschaftlichen Editionen der einzelnen Texte wird hier verzichtet. Sie lassen sich am Ende der jeweiligen Artikel des Artus-Lexikons von Rudolf Simek (Stuttgart 2012) einschließlich vorhandener Übersetzungen gut erschließen. Für antike und andere dort nicht genannte Quellen wird auf die üblichen Wikipedia-Artikel verwiesen, die meistens mit Editionen und Übersetzungen verlinkt sind. Neuere Literatur der Artusrezeption wird bibliografisch zumeist im laufenden Text ausgewiesen. Wichtige und hilfreiche Übersetzungen ins Deutsche bieten die folgenden Publikationen:

Das Leben des Zauberers Merlin. Geoffrey von Monmouth. Vita Merlini. Erstmalig in deutscher Übertragung. Mit anderen Überlieferungen. Herausgegeben von Inge Vielhauer. Amsterdam 1964 (2. Auflage).

Das Sagenbuch der walisischen Kelten. Die vier Zweige des Mabinogi. Übersetzt, kommentiert und mit einem Nachwort versehen von Bernhard Maier. München 1999.

Der keltische Kessel. Wandlung und Wiedergeburt in der Mythologie der Kelten. Irische, walisische und arthurianische Texte. Ausgewählt und neu übersetzt von Fritz Lautenbach. Stuttgart 1991.

König Artus und seine Tafelrunde. Europäische Dichtung des Mittelalters. Herausgegeben von Karl Langosch und Wolf-Dieter Lange. Stuttgart 1986.

Sir Gawain und der Grüne Ritter. Aus dem Mittelenglischen übersetzt von Hans J. Schütz. Stuttgart 2004.

Sir Thomas Malory. Die Geschichten von König Artus und den Rittern seiner Tafelrunde. Bd. 1–3. Übertragen von Helmut Findeisen auf der Grundlage der Lachmannschen Übersetzung. Frankfurt am Main 1977.

Einführungen und weitere Sekundärliteratur

Ahrens, Claus (Hg.): Sachsen und Angelsachsen. Hamburg 1978.

Alcock, Leslie: Arthur's Britain: History and Archaeology AD 367 – 634. London 1971.

Alcock, Leslie u. a.: Cadbury Castle, Somerset. The Early Medieval Archaeology. Cardiff 1995.

Archibald, Elisabeth. Putter, Ad (Hg.): The Cambridge Companion to the Arthurian Legend. Cambridge 2009.

Ashe, Geoffrey: König Arthur. Die Entdeckung von Avalon. München 1987 (engl. 1985).

Barber, Richard: Der Heilige Gral. Geschichte und Mythos. Düsseldorf/Zürich 2004.

Beck, Heinrich u. a. (Hg.): Reallexikon der Germanischen Altertumskunde. 37 Bde. Berlin / New York 1973–2008.

Birkhan, Helmut: Das Geheimwissen der Kelten. Wiesbaden 2014.

Birkhan, Helmut: Kelten. Versuch einer Gesamtdarstellung ihrer Kultur. Wien 1997 (2. Auflage).

Botheroyd, Sylvia und Paul F.: Lexikon der keltischen Mythologie. München 1992.

Brodersen, Kai: Das römische Britannien. Spuren seiner Geschichte. Darmstadt 1998.

Bromwich, Rachel u. a. (Hg.): The Arthur of the Welsh. Cardiff 1991.

Bruce, Christopher W.: The Arthurian Name Dictionary. New York 1999.

Burdach, Konrad: Der Gral. Forschungen über seinen Ursprung und seinen Zusammenhang mit der Longinuslegende. Darmstadt 1974 (Nachdruck von 1938).

Burgess, C. S./Karen Pratt: The Arthur of the French. Cardiff 2006.

Campbell, James (Hg.): The Anglo-Saxons. Oxford 1982.

Capelle, Torsten: Archäologie der Angelsachsen. Eigenständigkeit und kontinentale Bindung vom 5. bis 9. Jahrhundert. Darmstadt 1990.

Capelle, Torsten: Die Sachsen des frühen Mittelalters. Darmstadt 1998.

Carley, James P.: Glastonbury Abbey and the Arthurian Tradition. Cambridge 2001.

Carley, James P.: King Arthur. The truth behind the legend. London/New York 2000.

Davies, W.: Wales in the Early Middle Ages. London, New York 1982.

Egeler, Matthias: Avalon, 66° Nord. Zu Frühgeschichte und Rezeption eines Mythos. Berlin, Boston 2015 (Ergänzungsbände zum Reallexikon der Germanischen Altertumskunde 95).

Egeler, Matthias: Der Heilige Gral. Geschichte und Legende. München 2019.

Esmonde Clearly, A.S.: The Ending of Roman Britain. London 2000.

Fries-Knoblach, Janine: Die Kelten. 3000 Jahre europäischer Kultur und Geschichte. Stuttgart 2002.

Fulton, Helen (Hg.): A Companion to Arthurian Literature. Oxford 2009.

Furch, Karoline: Die Wiederkehr des Mythos. Zur Renaissance der Artus-Mythen in der modernen Fantasy-Literatur. Wetzlar 1998.

Gammerschlag, Kurt (Hg.): Moderne Artus-Rezeption 18.–20. Jahrhundert. Göppingen 1991.

Goodrich, Norma Lorre: Die Ritter von Camelot. König Artus, der Gral und die Entschlüsselung einer Legende. München 1994 (engl. King Arthur 1986).

Gottzmann, Carola L.: Artusdichtung. Stuttgart 1989.

Green, Miranda J.: Keltische Mythen. Stuttgart 1994.

Halsall, Guy: Worlds of Arthur. Facts & Fictions of the Dark Ages. Oxford 2013.

Harig, Ludwig: Der Bote aus Frankreich. Einladungen zu König Artus und Ritter Lancelot. Springe 2007.

Haywood, John: Die Zeit der Kelten. Ein Atlas. Frankfurt am Main 2002.

Higham, N.: Rome, Britain and the Anglo-Saxons. London 1992.

Higham, Nicholas J. Ryan, Martin J.: The Anglo-Saxon world. New Haven, London 2013.
Higham, Nicholas J.: King Arthur – myth-making and history. London 2002.
Hobbs, Richard/Jackson, Ralph: Das römische Britannien. Darmstadt 2011.
Jackson, William H./Silvia A. Ranawake (Hg.): The Arthur of the Germans. The Arthurian Legend in Medieval and Dutch Literature. Cardiff 2000.
Jones, M. E.: The End of Roman Britain. Ithaca, London 1996.
Kalinke, Marianne E.: King Arthur North-by-Northwest: The matière de Bretagne in Old Norse-Icelandic Romances. Kopenhagen 1981.
Krause, Arnulf: Die Normannen. Eroberer – Ritter – Staatengründer. Wiesbaden 2019.
Krause, Arnulf: Die Welt der Kelten. Geschichte und Mythos eines rätselhaften Volkes. Hamburg 2016 (3. Aufl.).
Krause, Arnulf: Von Göttern und Helden. Die mythische Welt der Kelten, Germanen und Wikinger. Stuttgart 2010.
Lacy, Norris J. (Hg.): The new Arthurian Encyclopedia. New York, London 1996.
Lapidge, Michael u. a. (Hg.): The Blackwell Encyclopaedia of Anglo-Saxon England. Oxford 1999.
Littleton, C. Scott/Linda A. Malcor: From Scythia to Camelot. A Radical Reassessment of the Legends of King Arthur, the Knights of the Round Table, and the Holy Grail. New York/London 1994.
Loomis, Roger Sherman (Hg.): Arthurian Literature in the Middle Ages. A collaborative History. Oxford 2001.
Ludowici, Babette (Hg.): Saxones. Darmstadt 2019.
Lupack, Alan: The Oxford Guide to Arthurian Literature and Legend. Oxford 2005.
Maier, Bernhard: Die Kelten. Ihre Geschichte von den Anfängen bis zur Gegenwart. München 2010 (3. Aufl.).
Maier, Bernhard: Lexikon der keltischen Religion und Kultur. Stuttgart 1994.

Mancoff, Debra N.: The Arthurian Revival in Victorian Art. New York 1990.
Meid, Wolfgang: Die Kelten. Stuttgart 2007.
Mertens, Volker: Der deutsche Artusroman. Stuttgart 1998.
Mertens, Volker: Der Gral. Mythos und Literatur. Stuttgart 2003.
Mertens, Volker. Müller, Ulrich (Hg.): Epische Stoffe des Mittelalters. Stuttgart 1984.
Ohff, Heinz: Artus. Biographie einer Legende. München 1993.
Padel, O. J.: Arthur in Medieval Welsh Literature. Cardiff 2000.
Petersmann, Astrid: Die Kelten. Heidelberg 2016.
Pilch, Herbert: Die keltischen Sprachen und Literaturen. Heidelberg 2007.
Schustereder, Stefan: Strategies of Identity Construction. The writings of Gildas, Aneirin and Bede. Göttingen 2015.
Simek, Rudolf: Artus-Lexikon. Mythos und Geschichte, Werke und Personen der europäischen Artusdichtung. Stuttgart 2012.
Taylor, Beverly/Brewer, Elisabeth: The Return of King Arthur: British and American Arthurian Literature Since 1800. Cambridge 1983.
Thomas, Charles: English Heritage book of Tintagel: Arthur and Archaeology. London 1993.
Wais, Kurt: Der Arthurische Roman. Darmstadt 1970.
Walker, D.: Medieval Wales. Cambridge 1990.
Willemsen, Carl A.: Das Rätsel von Otranto. Sigmaringen 1992.
Wilson, David M. (Hg.): Kulturen im Norden. Die Welt der Germanen, Kelten und Slawen 400–1100 n. Chr. München 1980.
Wolf, Jürgen: Auf der Suche nach König Artus. Mythos und Wahrheit. Darmstadt 2009.
Zimmer, Stefan (Hg.): Die ältesten Zeugnisse von Artus. In: Zimmer, Stefan (Hg.): König Artus lebt! Eine Ringvorlesung des Mittelalterzentrums der Universität Bonn. Heidelberg 2005. S. 9–34.
Zimmer, Stefan: Die Kelten. Mythos und Wirklichkeit. Stuttgart 2004.

Zimmer, Stefan: Die keltischen Wurzeln der Artussage. Heidelberg 2006.
Zimmer, Stefan (Hg.): König Artus lebt! Eine Ringvorlesung des Mittelalterzentrums der Universität Bonn. Heidelberg 2005.

Quellen- und Werkregister

Gerald von Wales (*Itinerarium Kambriae, Descriptio Kambriae*, etwa 1200)
Gervasius von Tilbury (*Otia imperialia*, um 1210)
Gildas (*De excidio et conquestu Britanniae*, um 540)
Gododdin (vielleicht 7. Jahrhundert)
Goodrich, Norma Lorre (*King Arthur*, 1986)
Gottfried von Straßburg (*Tristan*, um 1210)
Gottfried von Viterbo (*Pantheon*, um 1190)
Gregor von Tours (*Historia Francorum*, zweite Hälfte des 6. Jahrhunderts)
Grimmelshausen, Hans Jakob Christoffel von (*Der Abenteuerliche Simplicissimus*, 1669)
Halsall, Guy (*Worlds of Arthur. Facts & Fictions of the Dark Ages*, 2013)
Hartmann von Aue (*Erec, Iwein*, um 1180, um 1200)
Hein, Christoph (*Die Ritter der Tafelrunde*, 1989)
Hermann von Laon (*De miraculis Sanctae Mariae Laudunensis*, um 1140)
Historia Brittonum (manchmal Nennius zugeschrieben, um 830)
Hunt, William Holman (*The Lady of Shalott*, 1850, Gemälde)
Immermann, Carl Leberecht (*Merlin. Eine Mythe*, 1832)
Jordanes (*Getica*, um 550)
Kathedrale von Modena, Portalrelief (um 1120)
Kathedrale von Otranto, Fußbodenmosaik (um 1165)
Layamon (*Brut*, um 1200)
Lebor Gabála Érenn (12. Jahrhundert)
Lebor Laignech (Sammelhandschrift, um 1160)
Lebor na hUidre (Sammelhandschrift, um 1100)
Leland, John (*Itinerary*, 1542)
Llyfr Coch Hergest (Sammelhandschrift, um 1400)
Llyfr Du Caerfyrddin (Sammelhandschrift, um 1250)
Llyfr Gwyn Rhydderch (Sammelhandschrift, um 1350)
Llyfr Taliesin (um 1300)
Lucius Artorius Castus, Gedenkstein in Solin (um 200)
Malory, Thomas (*Le Morte Darthur*, 1485)
Manfredi, Valerio Massimo (Autor der Romanvorlage; *The Last Legion*, Verfilmung 2007)

Tieck, Ludwig (*Leben und Thaten des kleinen Thomas, genannt Däumchen*, 1811)
J. R. R. Tolkien (*The Fall of Arthur*, 2013)
Tristan-Stele von Fowey (6. Jahrhundert)
Twain, Mark (*A Connecticut yankee in King Arthur's Court*, 1889)
Ulrich von Zatzikhoven (*Lanzelet*, um 1200)
Vita Gildae (um 1120)
Wace (*Roman de Brut*, um 1150)
Wagner, Richard (*Tristan und Isolde*, 1865; *Parsifal*, 1882, Opern)
Waterhouse, John William (*The Lady of Shalott*, 1888, Gemälde)
White, T. H. (*The Once and Future King*, 1958)
William von Malmesbury (*Gesta Regum Anglorum*, etwa 1125)
Wirnt von Grafenberg (*Wigalois*, um 1210)
Wolfram von Eschenbach (*Parzival*, um 1210)
Zimmer Bradley, Marion (*The Mists of Avalon*, 1982)
Zosimos (*Historia nea*, um 500)
Zucker, Jerry (*First Knight*, Verfilmung 1995)

FSC
www.fsc.org
MIX
Papier aus verantwortungsvollen Quellen
FSC® C083411

Bibliografische Information der Deutschen Nationalbibliothek
Die Deutsche Nationalbibliothek verzeichnet diese Publikation in der Deutschen Nationalbibliografie; detaillierte bibliografische Daten sind im Internet über
http://dnb.d-nb.de abrufbar.

Covergestaltung: Anja Carrà, Weimar
Bildnachweis: Artus und Merlin beobachten, wie Excalibur aus dem See steigt.
Illustration von Alan Lathwell, © akg-images / Osprey Publishing / King Arthur / Alan Lathwell
Satz und Bearbeitung: SATZstudio Josef Pieper, Bedburg-Hau
Der Titel wurde in der Palatino Linotype gesetzt.
Gesamtherstellung: CPI books GmbH, Leck – Germany

ISBN: 978-3-7374-1159-2

Mehr über Ideen, Autoren und Programm des Verlags finden Sie auf www.verlagshausroemerweg.de und in Ihrer Buchhandlung.